「正しい」イスラームをめぐるダイナミズム

タイ南部ムスリム村落の宗教民族誌

小河 久志
Ogawa　Hisashi

大阪大学出版会

目　次

　　図表リスト　v
　　写真リスト　v
　　凡例　vii
　　タイ語のローマ字表記　viii
　　登場人物一覧　ix

序　章 ………………………………………………………………… 1
　　第1節　本書の目的　2
　　第2節　先行研究と本書の意義　4
　　　（1）人類学的イスラーム研究　4
　　　（2）タイ研究　8
　　第3節　調査の概要　11
　　第4節　本書の構成　13

第1章　イスラーム世界のなかのタイ、タイのなかのイスラーム ……17
　　第1節　イスラーム世界とタイ　18
　　第2節　タイ・ムスリム概観　23
　　　（1）タイ・ムスリムの多様性　23
　　　（2）対イスラーム政策　31
　　　（3）イスラーム復興運動　35
　　第3節　M村　41

i

目次

第2章　イスラーム復興運動団体タブリーグと村落社会……………53

第1節　タブリーグ概観　55
　（1）歴史と思想　55
　（2）組織と活動　57
第2節　タイにおけるタブリーグ　58
　（1）歴史　59
　（2）組織と運営　59
　（3）タイ政府との関係　66
第3節　M村におけるタブリーグ　67
　（1）伸展プロセス　67
　（2）組織と運営　69
　（3）活動　71
　（4）モスク委員会との連携　77
第4節　タブリーグをめぐる村人の対応　79
　（1）ダッワ・グループ　80
　（2）新しいグループ　82
　（3）古いグループ　83
　（4）村人の関係性　85

第3章　イスラーム教育の拡充と正当性をめぐるせめぎ合い…………93

第1節　タイの初等・中等教育段階におけるイスラーム教育　94
　（1）小学校・中等学校　94
　（2）クルアーン塾とモスク宗教教室　96
　（3）クルサンパン協会　98
第2節　M村におけるイスラーム教育の変遷過程　103
　（1）モスク宗教教室の誕生　103
　（2）クルサンパン協会への加盟と国家登録　105
　（3）タブリーグとの連携　107

（4）小学校におけるイスラーム教育の開始　109
　（5）国家管理下のイスラーム教育　111
第3節　「正しい」イスラーム教育をめぐるせめぎ合い　113
　（1）モスク宗教教室の中心化　113
　（2）存続するクルアーン塾　118
　（3）タブリーグをめぐる対立　121

第4章　民間信仰をめぐる実践の変容 …………………………………… 127
第1節　民間信仰の概要　129
　（1）船霊信仰　130
　（2）ターヤーイ信仰　135
　（3）アルア信仰　138
第2節　変容する民間信仰　141
　（1）古いグループ　141
　（2）ダッワ・グループ　144
　（3）新しいグループ　149
第3節　民間信仰をめぐる村人の関係　158
　（1）村人の相互関係　159
　（2）宗教リーダーの矛盾した対応　164

第5章　宗教実践の再編：インド洋津波後の動態 ………………………… 171
第1節　インド洋津波　173
　（1）インド洋津波の概要　173
　（2）インド洋津波とタイ　174
第2節　M村における津波被害と復興支援　176
　（1）被害と復興支援　176
　（2）復興支援をめぐる問題　181
　（3）村落社会の変化　183
　　①経済構造の変化　183

目 次

　　②政治対立の発生と村の分裂　188
　第3節　新たな宗教実践の誕生　191
　　（1）タブリーグの新たな宣教活動　191
　　（2）アッラーへの願掛け　195
　　（3）タブリーグの宣教用ビラの護符化　197
　第4節　民間信仰の再興　199
　　（1）船霊信仰　199
　　（2）ト・セ信仰　202
　第5節　村人の解釈　207
　　（1）行為主体の解釈　207
　　（2）他の村人の解釈　209

終　章　　　　　　　　　　　　　　　　　　　　　　　　　　　213
　第1節　まとめと考察　214
　第2節　M村のその後　223

あとがき　231
参考文献　235
索引（事項・人名・地名）　247

図表リスト

図

図1　南タイ地図　42
図2　タブリーグの組織構成図　60
図3　タイにおける初等・中等教育段階のムスリムの進学経路　95
図4　クルサンパン協会の組織構成図　99

表

表1　タイの宗教別人口統計　2
表2　トラン県の宗教別人口統計　43
表3　タイの県別ムスリム人口統計（上位10県）　43
表4　インド洋津波前後のM村村民の職業構成　44
表5　クルサンパン協会加盟校における進級試験の内容（第3段階：7〜9年生）　101
表6　M村で実施された主な復興支援　179

写真リスト

写真1　私立イスラーム学校　21
写真2　ヤラー・イスラーム大学と同大学の教員　22
写真3　クルセモスク　25
写真4　チャム系ムスリムが教鞭をとるクルアーン塾　28
写真5　沿岸漁業に用いられる漁船　45
写真6　魚商人に漁獲物を売る漁民　45
写真7　M村モスク　46
写真8　M村と隣村を結ぶ道路　48
写真9　タブリーグ総本部　58
写真10　タブリーグ・タイ国支部　60
写真11　タブリーグ・トラン県支部　63
写真12　トラン県支部付設のイスラーム寄宿学校で学ぶ生徒たち　63
写真13　建設中のタブリーグ・トラン県支部　64
写真14　タブリーグのイスラーム講話の様子　72
写真15　トラン県自治体が開催したクルサンパン協会の説明会の様子　102

写真 16 クルサンパン協会発行の終了証（6 年生） 103
写真 17 モスク宗教教室の授業風景 106
写真 18 タブリーグのイスラーム講話の後、供された食事を大人とともに食べるモスク宗教教室の男子生徒たち 108
写真 19 M 村小学校 110
写真 20 イスラーム式の制服を着た M 村小学校の女子児童 111
写真 21 結婚誓約儀礼で宗教リーダーから質問を受ける新郎 116
写真 22 船を修理する村人 131
写真 23 船霊儀礼で舳先に色布を巻く村人 133
写真 24 色布とともに花輪がかけられた舳先 133
写真 25 船内に香水を撒く船主 134
写真 26 犠牲祭の日に墓を掃除する村人 139
写真 27 津波により内陸まで押し流された大型漁船 175
写真 28 村の前浜 176
写真 29 津波で倒壊した家屋 177
写真 30 インド洋津波 1 周年の追悼式典で献花する参加者 178
写真 31 ワールド・ビジョンからの支援物資をもらうために並ぶ村人 180
写真 32 ワールド・ビジョンが小学校の校舎に作った児童センター 180
写真 33 商務省から支給された支援米の分配の様子 181
写真 34 村人が乗る遠洋漁船 186
写真 35 ワールド・ビジョンの支援を受けて津波後、菓子の製造・販売を始めた女性 187
写真 36 タブリーグの中心メンバーが村人に配ったスリランカの津波災害に関するビラ 193
写真 37 津波後に村モスクで行われた集団礼拝の様子 195
写真 38 ビラが貼られた家の戸口 197
写真 39 ト・セが住むとされる大木 203
写真 40 クラゲ加工施設で働く村の女性たち 224
写真 41 県道沿いに設置された M 村ビーチの案内板 225
写真 42 建設中の観光客向け宿泊施設 225
写真 43 村モスクの聖龕に掲げられた津波の航空写真 227
写真 44 再建された村モスク 228

凡　例

（１）外国語表記については、初出の際にローマ字表記を付した。ただし、以下の方針を設ける。
　　　・タイ語はイタリック体で表記する。
　　　・その他の外国語はローマン体で表記する。
（２）タイ語のローマ字表記は、次頁の一覧に従う。ただし、以下の方針を設ける。
　　　・声調記号やグロッタル・ストップなどの特殊記号は省略する。
　　　・長母音、短母音の区別はつけない。
（３）タイ語のカタカナ表記は、文字綴りに依拠しながら、現地での発音を尊重する。ただし、以下の方針を設ける。
　　　・地名や人名など慣用が確立しているものは、それを優先する。
　　　・末子音の ng は「ング」と記すべきであるが、慣用が確立しているものを除いて「ン」と記す。
（４）日本語に訳出しにくい意味をもつ語はカタカナで表記するが、初出時には説明や暫定的な訳語などをあてる。
（５）本書に登場する人物名および郡以下の地名は、プライバシー保護の観点から仮名とする。
（６）年代は原則として西暦で記す。ただし、法令名等に使われるタイの仏暦については、仏暦である旨を記すこととする。
（７）貨幣単位は、バーツで記す。2004年〜2006年の調査当時、1バーツあたりの日本円はその変動に幅があったが、平均をとって1バーツ＝約3円で概算することとする。
（８）写真は特に記載がない限り、著者が撮影したものである。

タイ語のローマ字表記

子音			母音	
	頭子音	末子音		
ก	k	k	อะ อ้ อา	a
ข ฃ ค ฅ	kh	k	อำ	am
ง	ng	ng	อิ อี	i
จ	c	t	อึ อื	u'
ฉ ช ฌ	ch	t	อุ อู	u
ญ	y	n	เอะ เอ็ เอ	e
ด ฎ (ฑ)	d	t	แอะ แอ	ae
ต ฏ	t	t	โอะ อ โอ (-)	o
ถ ฐ ท ฑ ธ ฒ	th	t	เอาะ ออ	or
น ณ	n	n	เออะ เอิ เออ - เอ็	oe
บ	b	p	เอียะ เอีย	ia
ป	p	p	เอือะ เอือ	u'a
ผ พ ภ	ph	p	อัวะ อัว	ua
ฝ ฟ	f	p	ใอ ไอ อัย ไอย อาย	ai
ม	m	m	เอา อาว	ao
ย	y	-	อุย	ui
ร	r	n	โอย	oi
ล ฬ	l	n	ออย	ori
ว	w	-	เอย	oei
ซ ทร ศ ษ ส	s	t	เอือย	u'ai
ห ฮ	h	-	อวย	uai
			อิว	iu
			เอ็ว เอว	eo
			แอว	aeo
			เอียว	ieo
			ฤ ฤๅ	ru' ri roe
			ฦ ฦๅ	lu'

出典：アヌマーン・ラーチャトーンのローマ字規則［phya Anuman Rajadhon 1961］に基づき筆者作成。

登場人物一覧（M村）

	氏名	性別	生年	初出箇所		氏名	性別	生年	初出箇所
1	アサーット	男性	1950年生まれ	2章3節	27	アブドゥロ	男性	1974年生まれ	4章2節
2	コンサック	男性	1964年生まれ	2章3節	28	マート	男性	1956年生まれ	4章2節
3	サマーン	男性	1955年生まれ	2章3節	29	ドーラー	男性	1962年生まれ	4章2節
4	アルン	男性	1973年生まれ	2章4節	30	アナン	既死	不明	4章2節
5	マッサー	男性	1944年生まれ	2章4節	31	ムッサー	男性	1965年生まれ	4章2節
6	ジャルーン	男性	1949年生まれ	2章4節	32	マダン	男性	1950年生まれ	4章2節
7	ソムチャイ	男性	1953年生まれ	2章4節	33	ヨンユット	既死	不明	4章2節
8	ウイフット	男性	1952年生まれ	2章4節	34	スワン	男性	1953年生まれ	4章2節
9	バンチャー	男性	1967年生まれ	3章2節	35	ティラサック	男性	1957年生まれ	4章2節
10	マケーッブ	男性	1958年生まれ	3章2節	36	ラヤン	男性	1939年生まれ	4章2節
11	ダーレ	男性	1964年生まれ	3章3節	37	アンカーン	男性	1959年生まれ	4章3節
12	ヤコブ	男性	1962年生まれ	3章3節	38	チューサック	男性	1954年生まれ	4章3節
13	ソムラック	男性	1983年生まれ	3章3節	39	コーレ	男性	1973年生まれ	4章3節
14	ニッサー	女性	1986年生まれ	3章3節	40	リーセン	男性	1970年生まれ	5章2節
15	ノッパドン	男性	1982年生まれ	3章3節	41	ウィロート	男性	1955年生まれ	5章2節
16	スカンヤー	女性	1953年生まれ	3章3節	42	ブンソン	男性	1970年生まれ	5章3節
17	マハーット	男性	1958年生まれ	3章3節	43	スライマン	男性	1963年生まれ	5章3節
18	リーマ	女性	1943年生まれ	3章3節	44	プラート	男性	1961年生まれ	5章4節
19	ポンサック	男性	1959年生まれ	3章3節	45	アーリー	男性	1965年生まれ	5章4節
20	ラミン	男性	1964年生まれ	3章3節	46	ミート	男性	1931年生まれ	5章4節
21	アーリヤ	女性	1965年生まれ	3章3節	47	タワッチャイ	男性	1947年生まれ	5章4節
22	ユンヨン	男性	1931年生まれ	4章1節	48	ワンナー	女性	1952年生まれ	5章4節
23	デート	男性	1934年生まれ	4章1節	49	ナタワット	男性	1945年生まれ	5章4節
24	マッドン	男性	1936年生まれ	4章1節	50	アマート	男性	1958年生まれ	5章5節
25	デーチャー	男性	1937年生まれ	4章1節	51	ヤリン	男性	1960年生まれ	終章2節
26	ビドン	男性	1963年生まれ	4章2節					

出所：筆者作成

序　章

村の前浜からの風景

(M††)

序章

第1節　本書の目的

「ダッワに行く」

　2004年4月28日早朝、タイ深南部のパタニー（Pattani）、ヤラー（Yala）、ソンクラー（Songkhla）の3県にある10ヶ所の警察派出所をムスリム[1]住民が襲撃し、そのうちの108人が治安当局に射殺された。現在も同地で止むことなく続くムスリムによる反政府武装闘争のなかで最も多くの犠牲者を生んだこの事件。襲撃に参加したムスリムの多くが事件の前日、こう言い残して現場に向かったという［Phumibutra 2004］。

　ダッワ（dawa）とは、複数のムスリムが同胞に対してイスラームの教えを広めるとともに、それを日常生活において実践させることを試みるイスラームの宣教運動である（詳細は第1章2節3項を参照）。こうしたイスラームの実践を社会的に組織する動きは、一般に「イスラーム復興運動[2]」と呼ばれる［小杉 1996：22］。イスラーム復興運動は、1979年のイラン・イスラーム革命を契機に、世界各地で展開してきた。国民の93％ほどが仏教徒でムスリムが全人口の約5.2％、322万人[3]にすぎないタイ（表1参照）でも、海外からのイスラーム系団体の来訪やマスメディアの普及にともなうイスラーム復興思想の

表1　タイの宗教別人口統計

宗教名	信徒人口（人）	人口比（％）
仏教	57,134,880	92.95
イスラーム	3,220,233	5.24
キリスト教[注]	991,600	1.61
ヒンドゥー教／シーク教	21,661	0.04
その他	97,813	0.16
合計	61,466,187	100

出所：［Krom Kansatsana 2000］より筆者作成。
注）キリスト教にはローマカトリックとプロテスタントが含まれる。

流入などを通して、国内各地で見られるものとなっている。この動きは、上述したムスリムによる反政府武装闘争との関係がテレビや新聞、雑誌などで取り上げられているように、現代タイにおいて看過しがたい現象として立ち現れている。

こうしたなかタイ政府は、これまでイスラーム復興運動を国家の枠内に収斂するようなことをほとんどしてこなかった。しかし、イスラームを放任してきたわけでは決してない。むしろ第1章2節3項で詳述するように、イスラームを対象とするさまざまな政策を実施してきた。それは、主にイスラーム行政とイスラーム教育の制度化を推し進めるものであった。その結果として、公的な支援と承認を受けたイスラーム行政機関とイスラーム教育機関が、国家から村落に至る幅広いレベルで誕生した。

このような状況のもと今日、ムスリムのイスラーム解釈は多様化し、各人が是とするイスラームの正当性をめぐるせめぎ合いが彼らのあいだに生まれている。たとえば、タイ・ムスリムの大半が住む村落部に古くから存在する土着の民間信仰。アッラー以外の超自然的存在を対象とするこれらの信仰は、イスラーム復興運動や国家といった外的諸力の介入により、さまざまなかたちに解釈、実践されるようになった。それは、イスラームと民間信仰の対立や融合、相補といった動態として立ち現れている。同様の状況は、いわゆるローカルなイスラームと上記の外的諸力が説くイスラームをめぐるムスリムの解釈、実践にも見られるものとなっているのである。

以上を踏まえて本書は、筆者が長期のフィールドワーク[4]を行った南部のムスリム村落M村を事例に、現代タイに生起する「正しい」イスラームをめぐる錯綜した状況を明らかにすることを目的とする。その際、ムスリムの宗教実践に注目し、それが立ち現れるミクロな文脈とともに、イスラーム復興運動を中心とするイスラームをめぐるマクロな政治的、社会的な動きに連携させて考察する。具体的には、ムスリムの宗教実践を、「イスラームの規範をめぐる解釈、実践」と定義する。そして、それが表出する場として、イスラーム復興運動団体の宣教活動やイスラーム教育の現場、民間信仰の儀礼といった調査地における日常の生活領域を取り上げる。また本書は、宗教実践をめぐる村人の

関係性や上記3つの領域間の関係性、マクロな外的諸力のあいだの関係性といった横の繋がりにも注目する。こうした本書の試みは、調査地におけるイスラーム復興のダイナミズムを描き出すものと換言できる。

加えて本書は、2004年12月26日に調査地を襲ったインド洋津波の影響も考慮に入れる。なぜなら、津波を契機に、調査地における宗教の領域のあり様に大きな変化が生まれたからである。つまり本書は、津波という自然災害との関係からイスラームをめぐる動きをとらえるというもう1つの目的を有しているのである。

第2節　先行研究と本書の意義

本節では、本書の内容に関わる人類学的イスラーム研究とタイ研究を概観する。これにより、先行研究における本書の位置づけを明らかにする。

（1）人類学的イスラーム研究

無文字の「未開」社会を研究してきた人類学、民族学が、ムスリム社会を含む非西洋の「文明」社会に研究対象を拡大したのは、20世紀の中頃以降のことであった［大塚2004c：94］。この当時の研究は、ムスリム民衆が保持する「小伝統（little tradition）」に関心を集中してきた［中村1987：110］。たとえば、人類学者のアブドゥル・ハミド・エル－ゼイン（Abdul Hamid el-Zein）は、1960年代から1970年代中葉にかけて行われた人類学的イスラーム研究を検討した上で、人類学はイスラームをめぐるムスリムの多様な実践（islams、「民衆的なイスラーム」）により注目すべきであると説いている［el-Zein 1977：242-264］。そこにおいて、教義をはじめとするイスラームの規範的側面[5]（Islam、「規範的なイスラーム」）は、主としてイスラーム学が扱うものとされた。このため、ムスリム社会を扱った当時の人類学的研究は、数多くの民族誌的報告をもたらしながらも、全体としてはテキスト軽視の傾向を生み、ムスリムの宗教実践においてイスラームの教義が持つ中心性と活力を矮小化した［中

村 1987：132］。その結果、本来、研究対象となるはずのフィールドにおけるイスラーム的なものが、調査地の社会構造や慣習というイスラームとは異なる枠組みのなかで説明されることになったのである。

　しかし、1970年代後半からイスラーム復興の動きが世界規模で進展すると、イスラームの教義を軽視する傾向は、次第に薄れていった。代わって出現したのが、「規範的なイスラーム」と「民衆的なイスラーム」の双方を議論の射程に入れた研究である。この研究を主導したのが、アメリカの人類学者デイル・アイケルマン（Dale Eickelman）であった。彼は、上述したイスラームに対するエル－ゼインのアプローチについて、以下の点を批判した。第一は、エル－ゼインのアプローチが、彼が批判した研究と同様に、イスラームを「単一の本質的な教理のまとまり」と見なしている点である。第二は、ムスリムの大半が、自身の信仰するイスラームが聖典クルアーン（Qur'an）[6]や預言者ムハンマド（Muhammad）の言行録であるハディース（Hadith）といったテキストを有していると考えており、それらのテキストが彼らの信仰実践の理解に不可欠なものであるにも関わらずこの点を軽視していることである［Eickelman 1982：1］。アイケルマンは、こうしたエル－ゼインのアプローチが持つ問題点を踏まえたうえで、イスラームを、普遍的な規範としての側面と同時に、ムスリムが生きるローカルな場に見られる多様なあり様から理解することを目指す「ローカルな文脈を重視するアプローチ」を提示した。そこにおいて彼は、大伝統に対する小伝統や、規範的に対する民衆的の代替語として、「ローカル（local）」という語の使用を提唱している［Eickelman 1982：3-4］。具体的にそれは、全時間的、空間的な存在であるイスラームよりも狭く、特定の村落よりも広い「中間領域（middle ground）」として設定された［Eickelman 1982：11］。

　その後、アイケルマンはウィリアム・ロフ（William Roff）とともに、このアプローチをさらに精緻化することを試みた［Eickelman 1987、Roff 1987b］。そこにおいて彼らは、自身の生活に関するムスリムの語りや行為といった微細な実践に注目し、それを「イスラームの規範に従うもの」でありながらも、「個別の状況のなかにしか現れることのできないもの」と見なした。その上で、こうしたムスリムによるミクロな実践を、象徴的、文化的に分析するとと

序章

もに、ムスリムが置かれた政治的、経済的状況と結びつけることで、それらがどのように構成されているのかを理解することを目指した［Eickelman 1987：16-17、Roff 1987a：2］。このアプローチは、ある特定の範囲におけるムスリムの言動を理解する際に、イスラームに由来する「規範的な条件」と、その行動が行われる「状況的な条件」の2つを結びつけている。それは、先に見た「ローカルな文脈を重視するアプローチ」と同様に、イスラームの教義を軽視したそれまでの人類学者による研究を批判的に乗り越える可能性を有していた。また、そこでは、ムスリムの日常を包摂するマクロな政治・経済的、社会的文脈という先の「ローカルな文脈を重視するアプローチ」では必ずしも重視されていたとは言えない点についても目配りがなされている。アイケルマンとロフが提唱するこのアプローチは、イスラームをめぐりムスリム個々人が営む多様な実践と、それらの累積により引き起こされる解釈や実践のさらなる変化といったイスラームの動態的側面［多和田2001：62］を明らかにすることを可能にするものであった[7]。それは、今日の人類学的イスラーム研究において広く支持されている。本書もこのアイケルマンとロフのアプローチの有効性を認め、それを採用する。

　続いて視点を東南アジアのイスラームを対象とした人類学的研究に移したい。東南アジアのイスラームが人類学の研究対象として取り上げられるようになったのは、他の地域と同様およそ20世紀中葉のことである。しかし、ロイ・エレン（Roy Ellen）によると、当時（1940年代〜1950年代）の研究は、対象とするムスリム社会が持つ社会構造の記述に終始したため、イスラームに関する理論的な考察は進まなかったという［Ellen 1983：90］。言い換えるならば、初期の研究は、イスラームの持つ宗教的、文化的な役割を軽視してきたのである［Roff 1985：7］。そのような事態が起きた背景には、東南アジアを「イスラーム世界の周辺」と見なす認識と、東南アジアの宗教の特質を「多宗教の混淆状態」とする認識が、当時の学界において支配的であったことがあげられる。このため、イスラームは、ごく僅かの例外[8]を除き、東南アジア固有の文化の表面を覆う「薄いベニヤ板（thin veneer）」であるかのように見なされてきたのである［Roff 1985：7-8］。

第 2 節　先行研究と本書の意義

　しかし、東南アジアでも 1970 年代以降、イスラーム復興の動きが、無視できない社会現象として立ち現れた。イスラームが、ムスリムの日常生活から国内政治に至る多様なレベル、次元への関与を強めるなか、東南アジア各地のムスリムのあいだに「正しい」イスラームをめぐり葛藤や対立、連携といった動きが生まれたのである。

　こうした状況を受けて先行研究は、イスラーム復興運動をはじめとするマクロな外的諸力への包摂が進むなか、東南アジアのムスリムが見せる宗教実践の変化のあり様やその多義性について明らかにしてきた。しかし、イスラームは、ムスリムが多数派を占めるインドネシアやマレーシアなど多くの東南アジア諸国において、国内政治と深く結び付いている。各国では、政府が国民統合や経済発展といった国内政治のための道具としてイスラームを積極的に取り込んでおり、両者は分かちがたい関係を結んでいる。このため、先行研究の多くが、国内の政治対立やイスラーム行政の制度化といった国家との関係から、イスラームをめぐるムスリムの微細な実践を分析してきた［e.g. 長津 2006、多和田 1993］。同様の傾向は、人類学者のロバート・ヘフナー（Robert Hefner）とパトリシア・ホバティッチ（Patricia Horvatich）が編集した著書『国民国家時代のイスラーム：ムスリム東南アジアの政治と宗教の再生』［Hefner and Horvatich（eds.）1997］からも読み取れる。同書は、そのタイトルからもわかるように、東南アジアにおいて近年、宗教実践をはじめとするムスリムの宗教生活が変化した最大の要因として、国民国家を取り上げているのである。

　それでは、イスラーム復興運動は既存の研究においてどのように扱われてきたのだろうか。東南アジアのイスラームを扱った先行研究をレビューしたジョン・ボーウェン（John Bowen）によると、イスラーム復興運動は依然として「ローカルな観念に反するもので文化的に面白味のないもの」、「ローカルな文化に対する脅威」と見なされる傾向にあるという［Bowen 1995b: 1055］。そこからは、国家と並ぶマクロな外的諸力であるイスラーム復興運動に対して、先行研究が十分な配慮を行っていないことを読み取ることができる。また、イスラーム復興運動は、主としてそれを管轄する国家との関係［e.g. Nagata 1984、Nakamura 1983、Peacock 1978］や、それが持つ思想や組織といった側面

序　章

[e.g. 中澤 1988] に焦点が当てられてきた。

　このように、従来の東南アジアのイスラームを扱った人類学的研究では、イスラームをめぐるムスリムの実践の変化を、マクロな政治的、社会的文脈に連繋させてとらえる視点の必要性が共有されていながらも、そこで取り上げられる外的諸力は、イスラームを管理、統制する国家にほぼ限られていたと言える。そこにおいてイスラーム復興運動がムスリム社会に与える影響は、国家の前に矮小化される傾向にあったのである[9]。

　以上の点を踏まえると本書は、他の東南アジア諸国と比べてイスラーム復興運動に対する国家の管理、統制が緩いというタイの状況（詳細は第 1 章 2 節 3 項を参照）をいかし、イスラームをめぐるムスリムの実践を分析する際に、イスラーム復興運動の存在を国家の前に希薄化することなく扱う点において第一の意義がある。また、本書は、イスラーム復興運動をはじめとするマクロな外的諸力とムスリムのミクロな宗教実践という縦のつながりに注目するが、同時に外的諸力のあいだの関係性や、ムスリムの宗教実践が立ち現れる日常の諸領域のあいだの関係性という横のつながりにも焦点を当てる。その上で、それらを接合することにより、従来の研究以上にムスリムの宗教実践を動態的かつ総合的に理解することが可能となる。加えて本書は、外的諸力の 1 つとして、2004 年末に起きたインド洋津波を取り上げ、自然災害とイスラームの関係を明らかにする。この試みは、従来の人類学的イスラーム研究にはなかった視点からムスリムの宗教実践を把握、分析するという点において、学問上の新規性を有していると言える。

（2）タイ研究

　タイ研究はこれまで、社会や文化、政治、経済などムスリムの日常のさまざまな領域を対象としてきた。本項では、既存のタイ研究が、ムスリムの宗教実践をどのようにとらえ、いかに分析してきたのかという点に注目しながら、その概要と問題点を明らかにする。

　タイ・ムスリムの宗教実践を扱った研究は、1960 年のトーマス・フレーザー（Thomas Fraser）の研究が嚆矢となっている [Fraser 1960]。彼は、1960 年と

第 2 節　先行研究と本書の意義

　1966 年に刊行した 2 冊の民族誌のなかで、タイ深南部のパタニー県のマレー系ムスリム漁村における村人の宗教実践を取り上げた［Fraser 1960、1966］。調査地の社会文化的体系の全体像を把握するという目的のもとになされたフレーザーの研究において、村人の宗教実践は、それを構成する一部として描かれている。その後、深南部のソンクラー県の仏教徒とムスリムが混住する漁村を調査したアンジェラ・バー（Angela Burr）は、同地におけるムスリム住民の宗教実践を分析した。そこにおいて彼女は、ムスリム住民のあいだに見られる精霊信仰をはじめとした非イスラーム的な宗教実践に注目し、それとイスラームや仏教という世界宗教との関係性について分析を行うなど、調査地におけるフォーク・イスラームの様態を詳細に描写している［Burr 1972］。

　彼らと異なる視点や対象からムスリムの宗教実践をとらえる研究も、主に1980 年代以降になされている。たとえば、マレー系ムスリム女性の宗教実践に注目したチャウィワン・プラチュアップモ（Chavivun Prachuabmoh）は、それがタイにおける民族マイノリティであるマレー系ムスリムの持つアイデンティティやマレー系ムスリムと他民族の民族境界の維持、強化に寄与していることを指摘した［Chavivun 1980］。また、西井凉子は、深南部のサトゥーン（Satun）県の仏教徒とムスリムが混住する村で営まれる宗教を「実践宗教」ととらえ、そこに見られるムスリムの錯綜した宗教実践を、仏教や民間信仰との関係を踏まえながら詳細に分析した［西井 2001］。他にも、佐藤規子が首都バンコクに住むシーア派ムスリム［佐藤 1998］、アンドリュー・フォーブス（Andrew Forbes）が中国系ムスリム［Forbes 1988］、ウィチャン・スーチュアイ（Wichan Suchu'ai）が東北タイのムスリム［Wichan 1990］といったように、これまでほとんど研究の対象とされてこなかったムスリムの宗教実践について報告している。

　以上の研究は、多様な属性を持つタイ・ムスリムの宗教実践について、彼らが生きるローカルな社会的文脈を踏まえつつ詳細に記述、分析してきた。しかし、その一方で、ミクロな宗教実践に注目するあまり、それを包摂するマクロな政治的、社会的状況との関係については十分に触れられていない。つまり、ムスリムが、イスラーム復興運動をはじめとするイスラームをめぐるマクロな

外的諸力といかに対峙し、イスラームを実践しているのか、という点に関する考察がほとんど抜け落ちているのである。

　他方で、僅かではあるが、上述したマクロな外的諸力との関係を踏まえた研究もなされている。その初期のものとして、レイモンド・スクーピン（Raymond Scupin）の研究をあげることができる［Scupin 1978］。彼は、1970年代のバンコクで見られた急進的なイスラーム主義運動と近代化の動きに注目し、それをめぐるムスリム間の対立関係を明らかにした。そしてスクーピンは、そこに顕在化した「正しい」イスラームをめぐる彼らの多様な解釈、実践を詳しく描いている。また、前出のバーは、村落部におけるムスリムの宗教実践とイスラーム復興運動の関係を分析した［Burr 1988b］。彼女は、ソンクラー県にある調査村の村人が持つフォーク・イスラーム的な信仰形態と、都市部に移住してイスラーム主義者となった元村人の見せる宗教実践の相違を明らかにしたうえで、都市と農村という生活環境の違いをその原因として指摘した。1980年代後半に都市部で見られた学校などの公的な場におけるムスリム女性のヴェール着用の権利を求める運動を、タイ社会というコンテキストに位置づけて分析したチャイワット・サーターアーナンド（Chaiwat Satha-Anand）の研究も見逃せない。彼は、ヴェール着用をめぐる一連の運動にムスリムや仏教徒、タイ政府など多様なアクターが絡む状況を紐解きながら、仏教が国家イデオロギーとして機能するタイ社会のなかでムスリムが見せる「正しい」イスラームをめぐる多声的な状況と、イスラーム的に生きることの困難さを明らかにした［Chaiwat 1994］。

　これらの研究は、先のフレーザーらの研究と異なり、ローカルな文脈を踏まえつつマクロな外的諸力の影響を考慮に入れながらムスリムのミクロな宗教実践を描写、分析している。しかし、そこにも看過できない問題が存在する。それは、一言で言うとムスリムの宗教実践を一面的にとらえる傾向である。たとえば、スクーピンやバーは、イスラームをめぐるムスリムの多様な解釈、実践を考察する際に、それを「非イスラーム的なもの」と「イスラーム的なもの」に分けた上で、両者を「対立するもの」と見なしていた。このため、彼らによるムスリムの宗教実践の描写は静態的なものとなり、そのダイナミズムをとら

えきれていないのである⁽¹⁰⁾。

　以上のように、既存のタイ研究は、ムスリムの宗教実践を把握、分析する際に、そこに外的諸力が及ぼす影響をほとんど考慮に入れないか、その影響を踏まえてもムスリムの宗教実践を一面的にとらえる傾向にあった。これに対して本書は、イスラーム復興運動をはじめとするマクロな外的諸力が及ぼす影響を踏まえながら、タイ・ムスリムの宗教実践の動態、言い換えれば「正しい」イスラームをめぐるダイナミズムを総合的に描き出す。そうすることで、これまで看過されてきた上記の問題を解消することを目指す。

第3節　調査の概要

　本書は、筆者が2004年10月末から2006年7月末までの約21ヶ月間、南タイのトラン（*Trang*）県中西部に位置するM村において行った長期のフィールドワークに基づいている。フィールドワーク期間中は、村で海産物の仲買業を営む村人の家に同居した。そこを起点に、以下のような調査を実施した。

　まず、フィールドワークの初期は、村における各世帯の家族構成、親族関係、生業、学歴、宗教等に関する状況を把握するために、質問票を用いた悉皆調査を行った。また、それと並行して、①漁業を中心とする生業活動、②民間信仰や通過儀礼などの慣習、③宗教教育や宣教活動といったイスラームについて、それぞれの分野に精通している村人に詳細な聞き取り調査を行った。加えて、イスラーム復興運動団体ダブリーギー・ジャマーアト（Tablighi Jama'at、以下、タブリーグ）の宣教活動やモスク付設の宗教教室をはじめとするイスラーム教育の現場、断食明けの祭（*raya buat*）などの年中行事、割礼（*khao sunna*）をはじめとする通過儀礼などを参与観察した。また、M村滞在中にインド洋津波が同地を襲来したことを受けて、津波による被害とそこからの復旧・復興プロセスについても調査を行った。具体的には、津波による被害状況や復興支援の内容、復興支援をめぐる諸問題に関する聞き取り調査を、村の全世帯と役職者、村を訪れていた復興支援団体の職員らに対して行った。また、

序　章

支援の申請・分配や各種の会合といった復興支援に関わるさまざまな現場を参与観察した。

　M村以外で行った調査としては、イスラーム行政については郡文化局（*samnakngan watthanatham amphoe*）やトラン県文化局（*samnakngan watthanatham cangwat Trang*）、トラン県自治体の教育・宗教・文化局（*kon kansu'ksa satsana lae watthanatham*）といったM村を統括する郡、県レベルの宗教行政部門で、それらが実施する具体的な活動の中身などについて、担当職員への聞き取り調査と資料収集を行った。第2章で詳しく見るイスラーム復興運動については、トラン県カンタン（*Kantang*）郡にあるタブリーグのトラン県支部と付設のイスラーム学校で、組織構成や活動内容、他の支部との関係などについて関係者に聞き取り調査を行うとともに、同所で行われる会議やイスラーム講話など一連の活動を参与観察した。同様の調査は、バンコクにあるタブリーグのタイ国支部においても実施している。第3章で取り上げるイスラーム教育については、村モスク付設の宗教教室が加盟するイスラーム教育普及団体クルサンパン協会（*samakhom khurusamphan*）のトラン県の中心であるS村の教室で、教育の内容やシステムなどについて関係者に聞き取り調査を行った。また、同所では、教科書をはじめとする関連資料も収集した。第5章で詳述するインド洋津波については、M村で復興支援活動を行った郡役場（*thi thamkan amphoe*）をはじめとする行政機関やワールド・ビジョン（World Vision）などのNGOのオフィスに赴き、関係者に支援活動の内容や支援にまつわる問題点などについて聞き取り調査を実施した。このほかにも、トラン県公文書館（*ho cotmaihet cangwat Trang*）やチュラロンコーン大学（*culalongkon mahawitthayalai*）といった学術機関とバンコクを中心とする都市部にある書店で、本書に関係する文献資料を収集した。

　調査に際しては、標準タイ語ならびにタイ語の南部方言を用いた。調査助手等は使用していない。また、相手にできるだけ自然な状況のなかで発話してもらうため、録音・撮影機材の使用は極力避けた。しかし、儀礼をはじめとする宗教実践については、事前に許可が得られた場合のみビデオカメラやデジタルカメラ、ICレコーダーを用いて記録した。

第4節　本書の構成

　本書は全部で7つの章から構成される。本章以降の内容は以下のとおりである。

　第1章は、本書の対象となるタイ・ムスリムの概要を描く。具体的には、イスラーム世界におけるタイの位置づけを把握した上で、視点をタイに移し、エスニシティや宗派といったタイ・ムスリムの属性と、彼らの日常に影響を与える外的諸力であるイスラーム復興運動と政府の対イスラーム政策について概観する。また、本書の舞台である調査地M村の概況を描き出す。

　第2章は、トランスナショナルな宣教活動を展開するイスラーム復興運動団体タブリーグを取り上げ、その歴史や思想、組織構成といった概要と、タイにおける伸展の過程を明らかにする。なかでもタイ・ムスリムが、タブリーグとそれが説くイスラームをいかなる背景のもと、いかに解釈しているのか。また、タブリーグの活動にいかに対応しているのか。タブリーグをめぐる彼らの多様な実践について、インド洋津波前のM村の事例から考察する。

　第3章では、M村におけるイスラーム教育の拡充プロセスを明らかにする。タブリーグをはじめとするイスラーム復興運動や政府機関の介入が進む同地にあって、村のイスラーム教育はいかに変化したのか。また、そうした状況のもと、村人たちは、村の宗教教育機関とそこで教えられるイスラームをどのように解釈しているのか。そのことが、彼らの宗教実践にいかなる影響を及ぼしているのか。本章では、前章で考察したタブリーグをめぐる村人の対応との関係を踏まえながら、彼らの考える「正しい」イスラーム教育とそれをめぐるせめぎ合いの様相を分析する。

　第4章では、1970年代以前と、イスラーム復興運動が伸展する1980年代からインド洋津波直前までの時期を取り上げ、民間信仰をめぐるM村村民の実践にいかなる変化が生じたのかを明らかにする。ここでは、船霊をはじめとした超自然的存在に対する村人の信仰を事例に、イスラームと民間信仰の錯綜し

た関係を詳述し、考察を加える。その際、これまでに見てきたイスラーム復興運動をはじめとする外的諸力の影響を加味する。

　第5章では、インド洋津波に被災した後、M村村民の宗教実践がどのように変わったのか、津波前の宗教実践との比較を通して、変化の諸相を明らかにする。具体的には、第2章と第4章で取り上げたタブリーグの宣教活動と船霊信仰に加えて、アッラーへの願掛けなど津波後新たに生まれた宗教実践にも焦点を当てることにより、村人の宗教実践が再編されていく様相とその要因について検討する。

　そして最後の終章では、これまでに見てきたM村の事例を、先行研究を踏まえて考察する。また、本書のもととなる長期フィールドワークの後に行った追跡調査で得られた資料から、M村のその後の状況を描き、今後の変化の可能性について指摘する。

注
（1）以下、本書では、性別に関係なくイスラームを信仰する者を「ムスリム」と呼ぶ。また、タイに住むムスリムの総称として「タイ・ムスリム」を用いる。
（2）本書は、このイスラーム復興運動のなかでも、「社会のイスラーム的な変革を求める政治的運動」［大塚2004a：15］を意味するものとして「イスラーム主義運動」を用いる。また、イスラーム復興運動に加えて個人レベルでの生活のイスラーム化の動き（イスラーム覚醒）を含むイスラームを復興させようとする動き全般を「イスラーム復興」と呼ぶ。
（3）タイの全人口に占めるムスリムの割合は、調査機関や研究者により4〜14％と大きな開きがあるため正確な数値を定めるのは難しい［Omar 1999：221-222］。本書では便宜的に、宗教局（*krom kansatsana*）の統計［Krom Kansatsana 2000］を用いた。
（4）詳しい調査の内容については本章3節を参照されたい。
（5）規範的なイスラームもまた、民衆的なイスラームと同様に統一されたものではなく、多様で多元的なものとする見解もある［al-Azmeh 1993、大塚1989］。
（6）コーランともいう。本書ではアラビア語の原語の発音により近いクルアーンを用いる。
（7）人類学者の大塚和夫も、ロフらの研究とほぼ同じ時期に、彼らと類似した方法論を提唱し、それを用いた調査、研究を行った［大塚1989］。

(8) たとえば、クライヴ・ケスラー（Clive Kessler）やジェームス・シーゲル（James Siegel）が、社会変化のなかを生きるムスリムの現実理解に影響を与えるイディオムとしてイスラームをとらえる研究を行った［Kessler 1978、Siegel 1969］。しかし、彼らの研究は、社会変化にともなうイスラーム自体の変化についてはほとんど考察していない。

(9) フィリピンを事例にムスリムの宗教実践を扱った前出のホバティッチの研究［Horvatich 1997］と床呂郁哉の研究［床呂 1996］は、数少ない例外と言える。しかし、両者の研究とも、外的諸力の1つとして取り上げたイスラーム復興運動に対して十分な目配りをしているとは言い難い。

(10) 拙稿［小河 2008］は、こうした既存の研究の欠落点を埋める試みの1つである。

第1章　イスラーム世界のなかのタイ、タイのなかのイスラーム

タイ国イスラーム中央センター　　（バンコク）

第1章　イスラーム世界のなかのタイ、タイのなかのイスラーム

第1節　イスラーム世界とタイ

　イスラームという宗教は理念上、アラビア半島をその「中心」に位置づけてきた。それにはいくつかの理由が考えられる。たとえば、イスラームの発生起源に関するもの。歴史的に見るとイスラームは、西暦7世紀にアラビア半島で誕生した。当時、預言者ムハンマドとその教友（sohaba）たちは、同地においてイスラーム上、模範的な生き方を実践していたと考えられている。そして、その彼らがアラビア半島に作り上げた初期のイスラーム共同体（unma）は、一般のムスリムにとって疑うことのできない歴史的な実在とされている。このため、後に体系化されたイスラーム法学やイスラーム神学では、この初期イスラーム共同体を、「模範的なイスラームを内包する祖型」、「目指すべき理想型」と見なした。同様の認識は、現在における一連のイスラーム主義運動やイスラーム復興運動にも共通して見られるものとなっている［大塚 1989：60-63］。このように、アラビア半島は、理念型としてのイスラームが成立した場所であり、それゆえ同地域には中心性が付与されているのである［小杉 1986］。

　信仰のレベルでは、イスラームが誕生したとされるメッカ（Makkah）がイスラームの第一の聖地となっている。全てのムスリムには、「五行[1]」と呼ばれる5つの信仰行為（信仰告白、礼拝、喜捨、ラマダーン月の断食、巡礼）が義務として課されているが、そのなかの礼拝と巡礼はメッカを対象に行われている。つまり、礼拝は常にメッカの方角を向いて行われなければならず、巡礼は「メッカへの巡礼」を意味する。このようにメッカは、ムスリムの信仰の領域において「中心」として機能している。そして、その中心性は、礼拝をはじめとする宗教実践を通して、日々タイを含む世界各地のムスリムに認識され、強化されているのである[2]。

　このメッカを含むアラビア半島をイスラームの「中心」とする認識、言い換えればタイを含むそれ以外の地域をイスラームの「周辺」とする認識は、その基盤が聖典クルアーンに求められる以上、理念の上では全てのムスリムに共有

されるものとなっている。

　続いて、イスラーム教育に焦点を当ててイスラーム世界におけるタイの位置づけを見ていきたい。イスラームの聖典クルアーンはアラビア語で書かれている。世界各地には、アラビア語以外の言語で記されたクルアーンが存在するが、それらは単なる「注釈本」と見なされている。このため、アラビア語が母語であろうとなかろうと全てのムスリムは、「声に出して読むもの」という意味を持つこの聖典を朗唱することが求められる。また、礼拝や儀礼時にクルアーンの章句を唱えることが義務づけられているなど、宗教実践の場でアラビア語は頻繁に用いられている。それゆえ、タイをはじめとする非アラビア語圏に住むムスリムは、外国語であるアラビア語を学習しなければならない。

　また、ムスリムは、これまで預言者ムハンマドの言行録であるハディースをはじめ、アラビア語で書かれた書物を通してイスラーム法学やイスラーム神学といったイスラームに関する学問を発展させてきた。その中心は、アラビア語圏、なかでもサウディアラビアやエジプトといった中東地域であった。このため、古くから世界各地のムスリムが、イスラームの知識を習得するため同地に集まった。タイ・ムスリムもその例外ではない。今日、彼らの留学先は、エジプトやクウェート、サウディアラビアなどの中東諸国から、パキスタンやマレーシア、インドネシアといったアジア諸国まで多岐にわたっている。また、留学生の数は、たとえばエジプトで学ぶタイ・ムスリムが、1987年の時点で750人であったのが1995年には1600人に急増したように増加傾向にある [Hasan 2000：61-62、小野澤 1985b：58]。

　この留学生数の増加については、いくつかの内的要因が存在する。たとえば、タイ政府によるイスラーム寄宿学校ポーノ（*pono*）を教育省（*krasuang su'ksathikan*）管轄の私立イスラーム学校（*rongrian son satsana ekkachon*）に改編する一連の政策があげられる（詳細は次節2項を参照）。ポーノは、イスラームに関する豊富な知識や教養を持つ宗教教師（*to khru*）が、自宅の敷地内に教室や礼拝所を併設した寄宿制の宗教学校である。マレー系ムスリムが集住する深南部を中心に古くから存在し、宗教教師やイマーム（*imam*、礼拝時の導師）といったタイにおけるイスラーム・エリートの再生産に中心的な役割を

果たしてきた。そこでは、国家から金銭をはじめとする支援を一切受けない代わりに自由な教育活動が行われてきた。

　上記の政策が始められた1960年代は、深南部でマレー系ムスリムによるタイからの分離・独立を目指す反政府武装闘争が激化していた時期であった。こうしたなか、時の政府は、ポーノを「反政府武装闘争の温床」と見なした。このポーノを私立イスラーム学校に改編する政策は、それを政府の管理下に置くことで、マレー系ムスリムによる反政府武装闘争を沈静化するという目的を有していた。

　こうして誕生した私立イスラーム学校は、さまざまな側面で国家の介入を受けることになった。たとえば、イスラーム教師の裁量で決められていたポーノの教育内容は、国家（教育省）が作成した統一のカリキュラムに従わなければならなくなった。また、それまでイスラームだけが教えられていたところに、タイ語をはじめとする世俗科目の導入が義務づけられた。その結果、私立イスラーム学校は、ポーノと比べてイスラーム教育に費やす時間は減り、教育内容も大幅な変更を余儀なくされた。こうして、私立イスラーム学校におけるイスラーム教育の質や量は低下することになったのである。しかし、他方では、政府からの財政援助により、学習段階に基づく学級制や進級試験を実施したり、机や椅子といった学習用具を整えたりするなど、近代的な学校としての体裁を整えていった（写真1参照）[3]。

　スリン・ピッツワン（Surin Pitsuwan）らは、一連のポーノ改編政策にともない、ポーノに高度なイスラーム教育を期待できなくなったことがムスリムに危機感を与え、中東を中心とするイスラーム諸国に留学するムスリムが増加したと見る［橋本1987：243、Scupin 1998：236、Surin 1985：78］。また、ハッサン・マドマン（Hasan Madmarn）らは、改編政策への対応として、ポーノ側が中東諸国から近代的なイスラーム学習システムを導入した結果、イスラーム諸国への留学が以前と比べて容易になり、留学生の数が増加したと指摘する［Hasan 2000：65、小野澤1985a：58］。このほかにも、サウディアラビアやエジプトといった中東諸国が、1970年代中頃以降にタイ・ムスリムの子弟を対象とした留学奨学金制度を設置するなどの外的要因も無視できない［Andrews

写真1　私立イスラーム学校
（バンコク）

1988：34-35][4]。

　こうした動きに対してタイ政府は、1989年に国立ソンクラー大学（*mahawitthayalai songkhlanakharin*）のパタニーキャンパスにイスラーム学部（*khana itsalam su'ksa*）を設置したのを皮切りに、国内のイスラーム高等教育の整備、拡充を進めてきた。たとえば、ソンクラー大学のイスラーム学部は現在、イスラーム学（*itsalam su'ksa*）、イスラーム法（*kotmai itsalam*）、イスラーム経済・管理学（*setthasat lae kancatkan nai itsalam*）、中東研究（*tawanok klang su'ksa*）、イスラーム教育学（*kanson itsalam su'ksa*）の5つの学科から構成され、修士課程と博士課程を併設している（国立ソンクラー大学ホームページ参照）。また2005年には、パタニー県と同じ深南部のナラーティワート（*Narathiwat*）県にある国立ナラーティワート大学（*mahawitthayalai narathiwat rachanakharin*）に、イスラーム・アラブ学の学士号の取得が可能な機関として、イスラーム・アラブ研究センター（*sathaban itsalam lae arap su'ksa*）を設置した。このほかにも政府は、国内外のムスリムなどからの金銭的支援を受けた私立ヤラー・イスラーム大学（*mahawitthayalai itsalam yala*）の設置を認可した（写真2参照）。1998年に深南部のヤラー県に開学したこの大学は、当初はイスラーム学部だけの単科大学であった。しかし、現在では、人文社会学部（*khana sinlapasat*

写真2　ヤラー・イスラーム大学と同大学の教員（中央は筆者）
（ヤラー県）

lae sangkhomsat）と理学テクノロジー学部（*khana witthayasat lae theknoloyi*）、教育学部（*khana su'ksasat*）を加えた4学部体制となっている（ヤラー・イスラーム大学ホームページ参照）。同大学には、タイ国内のムスリムだけでなく、マレーシアやカンボジアといった海外出身のムスリムも在籍しているという（同大学教員への聞き取り：2006年1月23日）。

　こうしたタイ政府の取り組みは、しかしながら、増加傾向にあるイスラーム諸国への留学生数の減少を目指すという目的［Cornish 1999：9］においては大きな効果を生んでいない。この事実もまた、タイのイスラーム教育における中東を中心とするイスラーム諸国の影響力の大きさを物語っている[5]。

　イスラーム復興運動をめぐる人の動きもまた、上と類似の状況にある。タイには、国外に拠点を持つイスラーム復興運動団体がある一方、国内で生まれた団体もバンコクを中心に数多く存在する。それらのなかでも、規模やタイ・ムスリムへの影響力において突出しているのが、国外由来の団体である。たとえ

ば、本書で取り上げるタブリーグは、タイにおいて今日、最大の規模と影響力を誇るイスラーム復興運動団体である。次章で詳しく触れるように、その支持者は、国内各地で草の根レベルの宣教活動に従事する傍ら、機会があればインドにある総本部や同地で行われる年次集会などのイベントに参加することを目指す傾向にある。

　以上から理解できるのは、イスラームに関するさまざまな知識や情報が、中東をはじめとする海外からタイに伝わっているという事実である。「中東がイスラーム的な知の『生産地』であり、それ以外の地域は『消費者』」とする小杉泰の表現［小杉1999：131］を借りるなら、タイのムスリムにとって中東や南アジア、東南アジアのイスラーム諸国は、イスラームに関する「正しい」知識を生み、保持する場所であり、逆にタイはそれらを受容する立場にある、と言うことができる。その意味においてタイは、イスラーム世界の「周辺」に位置しているのである[6]。

第2節　タイ・ムスリム概観

　本節では、タイ・ムスリムについて概観する。具体的には、エスニシティと宗派に注目してタイ・ムスリムが持つ多様性を明らかにするとともに、イスラーム復興運動とタイ政府というタイ・ムスリムを包摂する外的諸力について詳しく見ていく。

(1) タイ・ムスリムの多様性
　タイ・ムスリムといっても決して一枚岩な存在ではなく、その属性において多様である。以下ではまず、タイ・ムスリムのエスニシティをめぐる状況に焦点を当てることで、彼らが持つ多様性の一端を明らかにする。その際、国レベルのムスリムの民族別統計が存在しないことから、タイ・ムスリム内のエスニック・グループを概観した先行研究［Omar 1988、Scupin 1998］[7]に従い、便宜的に彼らをマレー系、中国系、南アジア系、西アジア系、中東系、チャム

第 1 章　イスラーム世界のなかのタイ、タイのなかのイスラーム

系、インドネシア系ムスリムとサムサムの 8 つに分けて、それぞれの概要を記す。なお、オマール・ファルク・バジュニド（Omar Farouk Bajunid）が設定したタイ系ムスリムというカテゴリー［Omar 1988：5-6］は、サムサムを含む他のエスニック・グループとの相違が不明確なため、本書では使用しない。

i．マレー系ムスリム

　タイ・ムスリムのなかで多数派を占めるマレー系ムスリムは、その大半が南タイに居住する一方、バンコクを含む中央タイや北タイにもコミュニティを形成している。なかでも南タイのマレー系ムスリムは、マレーシアとの国境に近いヤラー、パタニー、ナラーティワート、サトゥーンの 4 県（*si cangwat chaidaen phak tai*、以下、南タイ国境 4 県）に集住している。この 4 県は、タイでは珍しくムスリムが県人口の過半数を占めているが、その大半はマレー系ムスリムである。

　南タイ国境 4 県の県域は、1909 年のイギリス＝シャム条約締結以前はケダー（Kedah）やプルリス（Perlis）、パタニーといった現在のマレーシアとタイの領域を含む旧マレー系小王国群の領内に位置していた。このため、4 県に住むマレー系ムスリムは、後述するようにクランタン（Kelantan）をはじめとする現在の北マレーシア諸州のムスリムと民族や言語、文化などを広く共有していた。ところが、イギリス＝シャム条約が締結されたことによって、小王国群はその領域を無視するかたちでタイとイギリス領マラヤに二分された。条約締結後、タイ政府は、国民統合を進める過程で、マレー系ムスリムに対して、タイ社会への同化を目的とするさまざまな政策を実施してきた（次項で詳述）。それは、彼らの文化や社会の改編を強く推し進めるものであった。このため、一連の統合政策は、マレー系ムスリム側の反感を買うことになり、タイからの分離独立を目指す反政府武装闘争が生まれるきっかけとなった（写真 3 参照）。マレー系ムスリムによるとされる反政府武装闘争は、サトゥーン県を除く南タイ国境 3 県とソンクラー県の一部を中心に、現在まで絶え間なく続いている［e.g. 黒田 2012］。

　南タイ国境 4 県は、古くからイスラーム教育が盛んな地域である。とくにパ

写真3　クルセモスク
2004年4月28日にこのモスクで反政府武装グループと治安当局が激しい銃撃戦を行い多数の死傷者がでた。
(パタニー県)

タニーは、著名なウラマー（ulama、イスラーム知識人）を多数輩出した場所として名高い。パタニー出身のウラマーは、宗教書を数多く出版するとともに、先述したイスラーム寄宿学校ポーノを運営してムスリム子弟の教育にあたった。タイ政府による一連の統合政策により、往時の勢いは陰りを見せているものの、同地は未だにタイのみならず広く東南アジアのムスリムのあいだで、イスラーム教育の中心として認知されている。

　言語面では、南タイ国境4県のうちサトゥーン県を除く3県に住むムスリムが、タイ語で「ヤーウィー（yawi）」と呼ばれるマレー語の方言を使用している。しかし、サリット・タナラット（Sarit Thanarat）が実施した第一次国家経済開発計画（1961～1966年）で南タイが開発重点区域となり、本格的な国民教育の普及が図られて以降、マレー語とともにタイ語を使用できる者の数は着実に増加している。生業に関しては、ゴムや水稲栽培などの農業や漁業といった第一次産業に従事している者が多数を占めている［Omar 1988：9-10］。

　バンコクやアユタヤー（Ayutthaya）県といった中部タイに居住するマレー系ムスリムの多くは、ラッタナコーシン王朝（1782年～1932年）が成立した直

後に起きたパタニー戦役（1785年）と南部七朝貢国の反乱（1832年）の鎮圧により、戦争捕虜や奴隷として深南部から強制移住させられたマレー系ムスリムの子孫とされる［石井1977］。今日、彼らは、バンコク在住のムスリムのなかで最大の人口を占めている。使用言語がマレー語からタイ語に変わったり、タイ式の姓を名乗ったりするなどタイ社会への同化が進む一方、マレー式サロンの着用をはじめとした「マレー的」とされる要素も保持している。生業は、農業従事者や都市労働者など多岐にわたる［今永 1994：263-264］。

ii．中国系ムスリム

　タイに住む中国系ムスリムは、その大半が、中国の雲南地方からの移住者とその子孫から構成される。彼らは、19世紀後半に雲南で起きたムスリム弾圧や、1940年代から1950年代の中国の政治動乱により難民となってタイに移住した者とその子孫である。中国系ムスリムは、タイ語で「ホー（*ho*）」または「ハウ（*hao*）」、「チン・ホー（*ching ho*）」と呼ばれており、その大半がチェンマイ（*Chiang Mai*）県やチェンラーイ（*Chiang Rai*）県といった北タイに居住している。彼らの多くは、タイ語の北部方言の他に中国語の雲南方言や北京語を話すことができるが、日常語としてはタイ語を使用している。また、中国名の他に、タイ名とイスラーム名を持っている者が多い。生業に関しては今日、さまざまな分野の仕事に従事しているが、農作物の仲買業や小売業に進出しているという特徴がある［e.g.Forbes 1988、王 2011、Omar 1988、Scupin 1998、横山 1992］。

iii．南アジア系ムスリム

　南アジア系ムスリムは、現在のインドやパキスタン、バングラデシュといった国々からタイにやってきた人々、あるいはその子孫を指す。その多くが、タミル系、パンジャブ系、ベンガル系といったサブ・グループよって構成されている。歴史的に見ると、彼らの多くは、アユタヤー王朝時代（1351年〜1767年）以降、特にタイ－イギリス間の交易とイギリス国民に治外法権を認めたボーリング条約が1855年に締結されたことを契機に、商人として中部タイに

移住してきた者の子孫である。また、一部にバングラデシュやパキスタンからの難民も存在する。生業面では、ベンガル系が牛の屠殺と牛肉の流通、タミル系が宝石や衣服の売買といったように、サブ・グループごとに特化した生業を有している。南アジア系ムスリムの居住範囲は、チェンマイやバンコクなどタイ全土に渡る。言語に関しては、タイ語教育やタイ人との通婚が進むことで、タイ語の使用能力が向上する一方、各サブ・グループの母語も維持されている [e.g. 村上 2001、Omar 1988、佐藤 1995、Scupin 1998]。

iv. 西アジア系ムスリム

　西アジア系ムスリムとは、主にペルシャ系のムスリムを指す。彼らは、アユタヤー王朝時代から王室や貴族階級の人々との通婚を頻繁に行うことで、国政の中枢との関係を維持、強化してきた。その様子は、今日、タイにおける仏教徒の有力者の多くが、西アジア系ムスリムの子孫であると言われていることからも看取できる。今日、彼らは、バンコクのトンブリー（*Thonburi*）地区を中心に、中部タイや南タイに散住している。そのほとんどが、タイ・ムスリム内の少数派であるシーア派のムスリムである [e.g. 今永 1994、Omar 1988、桜井 1998、佐藤 1998、Scupin 1998]。

v. 中東系ムスリム

　中東系ムスリムは、主にエジプト、イエメン、レバノンといった中東諸国から移住したムスリムから構成される。彼らは、1970年代からタイに移住を開始し、1980年代にタイと中東諸国の貿易が活発化したことを受けて、その数を増加させた。現在では、交易から観光、宗教に至るさまざまな領域の職業に就いている。地理的には、バンコクのナーナー（*Nana*）地区に集住している。また、サウディアラビア出身のムスリムが、イスラーム教師をはじめとする宗教専門家として南タイ全域に居住している [e.g.Omar 1988、Scupin 1998]。

vi. チャム系ムスリム

　タイに住むチャム系ムスリムの多くは、アユタヤー王朝時代に難民として暮

第1章　イスラーム世界のなかのタイ、タイのなかのイスラーム

写真4　チャム系ムスリムが教鞭をとるクルアーン塾
（バンコク）

らしていたカンポン・トム（Kampong Thom）とカンポン・チャム（Kampong Cham、両地とも現在のカンボジアに位置）からアユタヤーへ移住してきた者の末裔とされる。このほかにも、18世紀末から19世紀前半にかけて起きたタイとカンボジアのあいだの紛争により捕虜としてタイに連行された者や、ポルポト時代（1975年～1979年）に難民としてタイに移住した者が含まれる。彼らは今日、バンコクのバーン・クルア（*Ban Khrua*）地区やアユタヤー県といった中部タイ、トラート（*Trat*）県をはじめとする東タイ諸県等にコミュニティを形成している（写真4参照）。生業は多岐に渡る。バンコクでは、アメリカ人実業家のジム・トンプソン（Jim Thompson）によって「発見」されて以降、絹織物業が発展した点が特徴的である。また、近年では、バーン・クルア地区を横断する高速道路の建設計画をめぐり激しい反対活動を行って注目を集めた［Chaiwat 2001］。通婚などを通した国内外のムスリムとの交流も盛んである。言語状況については、タイ語教育の浸透にともない、チャム語を使用する者の数は減少傾向にある［e.g. Omar 1988、Scupin 1998］。

vii. インドネシア系ムスリム

　インドネシア系ムスリムは、ジャワ系やミナンカバウ系といったサブ・グ

ループから構成される。彼らの移住の歴史を見ると、17世紀頃に商人として当時の首都であるアユタヤーにやってきたのが最初とされる。この時の移住は集団的なものではなく、ろうけつ染め布（*batik*）をはじめとする現地物産の販売等を目的とした個人的なものであった。この傾向は、現在においても大きく変わらない。タイに住むインドネシア系ムスリムの数は、詳細な人口統計が存在しないために正確な数値はわからないものの、その大半がジャワ系で、バウェン系やミナンカバウ系といった他のサブ・グループは僅かとされる。居住地に関してはジャワ系とバウェン系のムスリムはバンコクに集住し、それぞれのコミュニティを形成している一方、ミナンカバウ系のムスリムは、前者とは異なり南タイ諸県の都市部に分散して居住している。今日、この3つのグループともに、仏教徒タイ人や他のエスニック・グループのムスリムとの通婚が常態化しており、母語使用能力を含めた彼らの文化的特徴は薄れつつある［e.g.Omar 1988、Scupin 1980、1998］。

viii. サムサム

　サムサム（Sam Sam、中国語「㥮」の福建音 Tcham-Tcham の訛りで「交える」、「混ざる」の意味を持つ）とは、チャールズ・アルシャンポー（Charles Archaimbault）によると、現在のナコンシータンマラート（*Nakhon Si Thamarat*）県やソンクラー県といった南タイから北マレーシアに移住した者で、マレー語とタイ語を交えて話し、仏教徒の場合とムスリムの場合があるという［Archaimbault 1957］。彼は、仏教徒のサムサムを「サムサム・シャム（Sam Sam Siam）」、ムスリムのサムサムを「サムサム・メラユ（Sam Sam Melayu）」と呼び、両者は結婚や葬式、農業、守護霊等にまつわる儀礼において、タイ的な要素とマレー的な要素を混交しているとした［Archaimbault 1957：75-77］。通常、サムサムと呼ばれるのは、アルシャンポーが「リムリム・メラユ」と呼んだタイ語を話すムスリムである［黒田 1989：49］。しかし、西井が指摘するように、タイ語にはサムサムという単語は存在せず、サムサム自身も自らをサムサムというカテゴリーでとらえることはない［西井 1991：326-328］。

　今日、サムサムは、タイとマレーシアの国境地域に集住しており、タイ側で

はサトゥーン県やトラン県といったマレー半島の西海岸側に居住している。彼らの多くは、漁業や農業に従事している。また、タイに住むサムサムは、東海岸側に集住するマレー系ムスリムと異なり、これまで政府が実施してきた一連のムスリム統合政策にほとんど反発してこなかった。その意味で、タイ社会によく同化した存在と言える［e.g. Omar 1988、Scupin 1998］。

　続いて、タイ・ムスリムが属す宗派について見ていきたい。
　タイのイスラームは、他のイスラーム諸国と同様に、大きくスンナ派とシーア派に分けられる。スンナ派とは、字義的には「ムハンマドの慣行であるスンナ（sunna）と正統な共同体であるジャマーア（jema'ah）を護持する人々」を意味する一派である［小杉 2002b］。同派は、イスラーム法学のなかでもハナフィー学派、マーリク学派、シャーフィイー学派、ハンバル学派の4つの法学派を認めているが、タイのスンナ派ムスリムの大半はシャーフィイー学派で占められている。それ以外では、少数のインド系ムスリムと中国系ムスリムがハナフィー学派である［Omar 1999：224］。
　タイにおけるスンナ派ムスリムの人口は、宗派ごとの統計が存在しないため定かではない。しかし、桜井啓子によると、スンナ派ムスリムが、世界のイスラーム宗派別人口比率と同様に、タイ・ムスリムの大半を占めるという［桜井 1998：76］。彼らは、タイ全土に居住しており、国内のイスラーム系組織において中心的な地位を占めている。
　一方のシーア派は、ムハンマドの後継者について、他派とは異なる見解を展開した人々、およびその説教を指す。シーア派内部では、指導者が誰であるかを巡る見解の相違をもとにいくつかの派に分かれている［鎌田 2002］。タイには、12人の指導者のみを認める十二イマーム派やインド起源のボーホラー派[8]などが存在するが、十二イマーム派の信者がシーア派信者の大半を占めている［佐藤 1998：91］。しかし、その人口は、「統計上ほとんど問題にならないぐらい」［桜井 1998：76］僅かであるという。彼らの居住地は、バンコクを中心にアユタヤー県やチャチューンサオ（Cachoengsao）県といった中部タイから南タイまでタイ全土に広がっている。信者のエスニシティは、ペルシャ系やイン

ド系、マレー系など多岐にわたる一方、タイ人との通婚等により、宗教以外のさまざまな領域において「タイ化」が進んでいる。

　以上、本項では、エスニシティと宗派に焦点を当ててタイ・ムスリムを概観した。そこからは、タイ・ムスリムが持つ多様性の一端を垣間見ることができた。続く次項では、タイ政府とタイ・ムスリムの関係について、対イスラーム政策を事例に見ていく。

(2) 対イスラーム政策

　タイ政府の対イスラーム政策を概観する前に、「ラック・タイ (rak thai)」と呼ばれる国家イデオロギーについて見たい。現行のタイ王国憲法は、そのなかで「何人もチャート (chat、民族)、サーサナー (satsana、宗教)、プラマハーガサット (phramahakasat、国王)、および本憲法に基づく民主主義政体を護持する義務を有する」と定めている。このことは、タイ国民が、憲法だけでなくチャート、サーサナー、プラマハーガサットにも忠誠を示さなければならないことを意味している。ここに登場するチャート、サーサナー、プラマハーガサットという概念は、西欧列強の脅威を契機として19世紀末に作られた。それらは、タイ的政治原理の固有性とその価値を強調する反西欧的なものであった［村嶋 1987：131］。元来、仏教的王制論の主要な構成要素であったサーサナーとプラマハーガサットは、チャートという概念と密接に結び付くことで、現在の国家イデオロギーであるラック・タイの原型となったのである［吉川 1990：221］。それは後に、タイ人概念とも関連づけられた国民統合のシンボルとしても機能し、今日まで継承されている［Arong 1989：94、村嶋 1987：131-132］。

　このラック・タイの構成要素を検討すると、そこに仏教的な性格が存在することがわかる。たとえば、サーサナーという概念は、チャールズ・カイズ (Charles Keyes) によると、仏教と非常に強く結び付いているという［Keyes 1989］。石井米雄は、「今日（諸）宗教を意味するサーサナーという単語は元来、仏教を意味していた」と指摘した上で、「仏教徒であることは、タイ国民としての資質の一部で（中略）仏教はすでに一般タイ人の意識に上らないほど

『タイ民族に内属』している」［石井 1975：65-67］と述べている。また、1997年の憲法改正時に憲法草案委員が、「仏教は歴史や伝統、規範としてすでに国教と認められている。全てのタイ国民はこのことを血として受け継いでいる」［Bangkok Post 1997］と語っているように、サーサナーを仏教と同義とする観念は、タイ社会に深く根づいているのである(9)。

　公的な国家イデオロギーであるラック・タイが強い仏教的志向性を持つということは、仏教がタイ国民としてのアイデンティティの形成やタイ社会の統合に大きな役割を果たしていることを意味している。それは同時に、イスラームを含む仏教以外の宗教が、国家イデオロギーから外れることを示唆する。この事実からは、タイ政府がムスリムを、仏教以外の宗教を信仰する他の国民とともに2番目、2級の国民と想定していることが容易に看取できる［Burr 1988a：53、プリーダ 1994：250］。それゆえ、ラック・タイが、タイ・ムスリムと政府のあいだに緊張関係を生む原因になっているとする見解も存在する［Ruohomäki 1999：100］。

　以上の点を踏まえた上で、次に第二次大戦後のタイ政府による対イスラーム政策に目を転じたい。それは、1945年に出された「仏暦2488年イスラーム擁護に関する勅令」に始まり今日に至っている。この勅令は、国王による擁護の対象を、仏教からイスラームを含む全ての宗教に広げるものであった。具体的には、アユタヤー王朝以来、王からムスリムに下賜されていた称号であるチュラーラーチャモントリー（chularatchamontri）を新たに官職名として復活させ、これの保持者に、タイ国王を代表してイスラームに対するタイ国王の擁護を実施する任務を与えた［石井 1977：358］。その後、1948年に出された「仏暦2491年イスラーム擁護に関する勅令（第2）」により、チュラーラーチャモントリー位は文部省事務当局の諮問に応じる一顧問職（イスラームに関する国王の相談役）に引き下げられたが、国内イスラームの最高指導者としての地位は維持した［石井 1977、War Veteran Organization of Thailand 1989］。また、同年には「タイ国イスラーム中央委員会規則」が制定され、チュラーラーチャモントリーを頂点とする中央集権的なイスラーム管理組織が確立した。それは、下から、一般のムスリム、マスジット(10)・イスラーム委員会（khanakammakan *itsalam pracam matsayit*、以下、モスク委員会）、県イスラーム委員会（*khanakammakan itsalam pracam cangwat*）、タイ国イスラーム中央委員会（*khanakammakan klang itsalam haeng prathet thai*）、チュラーラーチャモントリーに至る階層構造を有している。この中央集権的なイスラーム管理組織において、タイ国民であるムスリムは、国内にあるいずれか1つのモスクに登録することが義務づけられた。

　各委員会の概要を見ると、モスク委員会は、選挙で選ばれた任期4年の6人以上12人以下の委員（以下、モスク委員）と、終身委員であるイマーム、コーテプ（*khotep*、金曜日の昼に行われる集団礼拝［以下、金曜礼拝］[11]の説教師）、ビラン（*bilan*、礼拝の呼びかけ役）から構成され、モスクを中心に行われる宗教関係の活動を組織、運営している［Krom Kansatsana 2005a：15-19］。県イスラーム委員会は、選挙で選ばれた任期6年の9人以上30人以下の委員から構成される。ムスリムの人口が多い36県に設置されており、県内に住むムスリムの活動の監督、支援とともに、イスラームに関する県知事の相談役的な役割も果たしている［Krom Kansatsana 2005a：27-29］。そして、タイ国イスラーム中央委員会は、チュラーラーチャモントリーを委員長に、各県のイスラーム委員会の代表者とチュラーラーチャモントリーが選んだ者から構成される。同委員会は、国内ムスリムの宗教生活全般を監督、指導するほか、政府の行うイスラーム支援事業の実施機関としての役割も担っている［Krom Kansatsana 2005a：25-27］。このイスラーム管理組織は、僧侶を国家の管理下に置くことを目指したサンガ組織と酷似していることからもわかるように、国家によるムスリムの管理、統制を試みたものであった［Ishii 1994：358-360、小野澤 1985b：55］。しかし、それは、ムスリムのなかに仏教の出家者のような存在がいないことや、ムスリムのモスクへの所属が流動的であることなど、イスラームが持つ特性を十分に踏まえたものとは必ずしも言えない。それゆえ、このイスラーム管理組織は、さまざまな問題を抱えているのである［石井 1977：360］。

　続いて、対イスラーム政策のなかでも、イスラーム教育に関する政策について見ていきたい。第二次世界大戦後に初めて実施されたイスラーム教育関連の

政策は、1960年の「南タイ4県のムスリムの教育問題に関する委員会」の設置であった。そして、それ以降、立て続けにイスラーム教育関連の政策が打ち出されていく。その背景には、先にも触れた1960年代のムスリムをめぐるタイ国内の政治状況があった。先述のように当時の深南部では、マレー系ムスリムによるタイからの分離・独立を目指す反政府武装闘争が激化していた。タイ政府は、この動きを早期に沈静化させるべくさまざまな手段を講じるが、その1つがイスラーム教育の改編であった。とくに政府は、「反政府武装闘争の温床」と見なしたイスラーム寄宿学校ポーノを国家の管理下に置くことにより、その機能を低下させようと試みた［小野澤 1985a：251］。

こうして、イスラーム教育をめぐるさまざまな政策が、今日に至るまで実施されている。それは、ポーノに関するものだけでも、上述した「南タイ4県のイスラーム教徒の教育問題に関する委員会」の設置を端緒に、教育省への登録の推奨と登録済ポーノに対するカリキュラム編成と財政面での援助（1961年）、私立イスラーム学校としての登録の義務化（1965年）、週4時間のタイ語と社会科の授業の義務化（1968年）、教育省への登録の停止と未登録ポーノの廃止（1971年）と続いた。しかし、一連の政策は、イスラーム教育に対する教育省の介入を進めるものであったがゆえに、ムスリム住民の側から激しい反発を受けることになった。こうした動きが反政府武装闘争の活性化につながることを恐れたタイ政府は、同化色を薄めた政策も並行して実施している。それは、たとえば、大学をはじめとする高等教育機関へのムスリム子弟の優先入学の実施（1971年）や南タイ国境4県とソンクラー県の一部の小学校におけるイスラーム科目の必修化（1981年）といったものであった。

多くの研究者が指摘するように、先述した仏教中心的な志向性を持つラック・タイは、それが国家イデオロギーとして作用している限りにおいて、政府の実施する各種政策、とりわけ国民統合政策の基盤になっていることは疑い得ない［Chaiwat 1994：295-296、小野澤 1985b：59］。上で概観した一連の対イスラーム政策においても、その基礎に「仏暦2488年イスラーム擁護に関する勅令」があることからもわかるように、王が宗教を擁護し監督するというラック・タイが持つプラマハーガサットとサーサナーの関係が存在している。そし

て、国王による擁護の範囲をイスラームに広げることは、イスラームに対する国家の介入を進めることにもつながる。また、「擁護」という単語が、タイ的な文脈では、「統制」や「浄化」の意味を強く持つものであるために、ムスリムをはじめとする非仏教徒からは「抑圧」と受けとめられる可能性もある［小野澤 1985b：54］。このように、ラック・タイを基盤に持つ一連の対イスラーム政策には、ムスリムの国民統合を促進すること、さらには彼らに対する支配の正当性を確保しようとする政府の意図が、ムスリムから反発を招く可能性とともに存在しているのである［村上 2001：324］。

(3) イスラーム復興運動

　続いて、タイにおけるイスラーム復興運動を概観する。具体的には、イスラーム主義運動が盛んであった 1920 年代から 1970 年代頃までの時期と、世界的なイスラーム復興の動きを受けて非政治的なイスラーム復興運動が国内に出現した 1970 年代後半以降の時期に分けて見ていく。

　まずは、1920 年代から 1970 年代にかけてタイで勃興したイスラーム主義運動について見たい。20 世紀初頭のタイは、他の非欧米諸国と同様に、政治面では西欧列強による植民地化の脅威に晒される一方、経済面では世界経済に包摂されつつあった。このような状況の下、サラフィー主義[12]と呼ばれるイスラーム主義運動の影響を受けたアーマド・ワッハーブ（Ahmad Wahab）が、1920 年代にオランダ領東インド（現在のインドネシア）からタイに亡命した。サラフィー主義とは、19 世紀末にエジプトで生まれた反植民地運動の一形態で、ムハンマド・アブドゥ（Muhammad Abduh）やその弟子であるムハンマド・ラシード・リダー（Muhammad Rashid Rida）といったムスリム知識人を中心とした運動であった。ムスリムが真のムスリムとなり真のイスラーム[13]を回復することによってのみ植民地支配から脱却できると主張したこの運動は、エジプトのみならずイスラーム世界の各地に広がり、とりわけ知識人に大きな影響を与えた［大塚 2000：62-64］。バンコクに移住したワッハーブは、アブドゥらサラフィー主義のイデオローグの思想を、都市部のムスリムに教授した[14]。後に彼は、数多くの支持者を獲得し、タイ初のイスラーム主義団体

となるアンソリ・スンナ（*ansori sunna*）をバンコクに設立、月刊誌を刊行するなど活動の範囲を広げた。ワッハーブの没後、その思想は彼の支持者に引き継がれ、運動としての体裁を整えていった［Scupin 1980a：1225］(15)。

　ワッハーブの下で改革主義的思想を学んだムスリムたちは、タイ・ムスリムの大半を「真の信仰を無くした結果、社会的、道徳的、知的な意思が薄弱で無力、怠惰な存在になった」と見なした。他宗教の構成要素を持つシンクレティックな信仰形態は、まさにそのことを示す証拠とされた。彼らはこうした状況を改善するには、個々のムスリムが信仰を純化する必要があると考えた。そこで、真の信仰を持っていないと見なしたムスリムを批判しつつ、クルアーンとハディースに記された教えに戻ることを説く宣教活動を積極的に展開したのである［Scupin 1987：82］。

　イスラーム主義運動の支持者の多くは、脱宗教的なカリキュラムを持つ西欧型の教育を受けた経歴を持つという点で共通していた。同様の傾向は、エジプトのイスラーム主義運動にも見られる［大塚2000：138-140］。彼らは、バンコクをはじめとする都市部に居住しており、後に初期中間層を構成するとともに、民主化運動の担い手ともなった。その意味で、当時のイスラーム主義運動の支持者は、バンコクの都市化や西欧型の教育システムの導入といったタイ社会の近代化の申し子であったと言える。しかし、それは、都市部でのみ行われる局地的な運動ではなかった。彼らは、活動の範囲を地方にまで広げ、着実に支持者の数を増やしていったのである［Scupin 1998：250-253］。

　イスラーム主義運動の伸張にともない、タイ・ムスリムは大きく2つのグループに分裂することになった。それは、「カナ・マイ（*khana mai*、新しいグループ）」と「カナ・カオ（*khana kao*、古いグループ）」と呼ばれるグループである。カナ・カオは、先述したチュラーラーチャモントリーを筆頭にタイのイスラーム管理組織のなかで高位を占める保守的なウラマーがその中心に位置している。彼らは、伝統的なイスラーム教育を受けた宗教リーダーで、地方の伝統主義的なムスリムから支持を得ていた。他方でカナ・マイは、イスラーム主義を信奉するムスリムが担っていた。彼らは、イスラーム世界において「後進的な存在」と見なすタイ・ムスリムのなかで、自身を「真の信仰を体現する

者」ととらえていた。主にカナ・マイはカナ・カオの保持するシンクレティックな信仰形態やリーダーとしての能力の低さ、カナ・カオはカナ・マイが持つイスラーム知識の少なさや伝統的＝正統なイスラーム教育を受けていないという経歴を取り上げて、激しい論戦を繰り広げたのである［Scupin 1980a：786、Scupin 1998：253］[16]。

　ところでカナ・マイは、真のイスラームへの回帰を目指す動きと並行して、タイ・ムスリムの周辺化された政治・経済的状況を改善するための運動を展開した。後にこの運動は、急進的左翼や市民運動と結び付くことで、当時のタイ政治の主流であった保守的右翼の軍事政権に対立するなど、積極的に国内政治に介入していった。その際に、彼らが批判の対象としたのが、政府の構築したイスラーム管理組織とそれを取り仕切る保守的ムスリム指導者層、なかでもチュラーラーチャモントリーであった。カナ・マイは、チュラーラーチャモントリーを「王室と政府にのみ支持された象徴的な存在」、「政治的な影響力が欠如した名ばかりの存在」と見なした。加えて彼らは、チュラーラーチャモントリーには多数派の仏教徒と比べて低いレベルにあるムスリムの社会経済的状況に対する関心と、それを改善するだけの能力に欠けていると断じた。その上で、チュラーラーチャモントリーを中心とするタイ国イスラーム中央委員会を、タイ全土のムスリムが抱える要望や苦情に対処できるような組織に刷新することを目指したのである。しかし、批判の対象となった保守的ムスリム指導者層を構成するカナ・カオの見解は、カナ・マイのそれとは異なっていた。彼らは第一に、自分たちと同じカナ・カオに属すチュラーラーチャモントリーが、アユタヤー王朝時代に有していた王室の相談役としての権力を回復することを望んだ。それによりカナ・カオは、国内におけるムスリムの社会的、経済的地位の向上を試みたのである［Scupin 1980b：1229、Scupin 1987：82-83］。

　イスラーム管理組織改革をめぐる両者の対立は、時の政権の政治方針の影響を受けながら展開してきた。とりわけ、1932年の無血クーデターからプレーク・ピブーンソンクラーム（Plaek Phibunsongkhram）によるクーデターが成功した1947年までの15年間と、1973年10月の学生革命から1976年のクーデターによる軍事政権（ターニン・クライウィチエン政権）誕生までの3年間、

カナ・マイは、民主主義的な政権の下、ムスリム同胞に対する政治活動を積極的に行った。その結果、運動の担い手は、都市部の中間層から、多様な年齢、学歴、階層の人々に広がった[17]。

タイ国ムスリム青年協会（*samakhom yua mutsalim haeng prathet thai*）の設立（1964年）は、そのことを示す好例である。この団体は、カナ・マイのイスラーム主義運動に共鳴した学生を中心に結成されたもので、都市部に留まらない幅広い地域からの参加者を集めた。そのリーダーは、カナ・マイの指導者と緊密な関係を構築しており、カナ・マイの方針に従い、ムスリムの信仰の純化とムスリムが置かれた社会的、経済的状況の改善を目的とする活動を行った［Scupin 1980b：1233］。

このほかにも、平和運動党（Peace Front Political Party）と呼ばれる政党が、カナ・マイのメンバーを中心に学生革命直後の1973年に設立された。同党は、カナ・マイの思想を体現した最初の政治団体で、ムスリムを中心とする国内少数派の法的権利の回復と拡大を目指すとともに、イスラーム管理組織の改革の必要性を説いた［Scupin 1980b：1226-1231］。

しかし、平和運動党は、結成後の最初の国政選挙で12人の候補者を擁立したにもかかわらず、議席を獲得することができなかった。その要因としては、彼らが主張したイスラーム管理組織の改革が、カナ・カオの支持を得られなかったことがあげられる。当時、公的宗教リーダーとして政府から金銭面を含むさまざまな支援を受けていたカナ・カオは、政府と連携して、自身の地位を脅かす平和運動党に対抗した。また、平和運動党の主張自体が、その急進性ゆえに多くのムスリムの支持を集めることができなかった。こうして平和運動党、さらにはカナ・マイの活動は、収束していったのである［Scupin 1980b：1231］。

以上が、1920年代から1970年代のタイで見られたイスラーム主義運動をめぐる一連の動きである。その後、1979年のイラン・イスラーム革命を契機に世界各地でイスラーム復興の動きが広がるなか、より穏健なかたちでムスリムの信仰の純化、強化を目指す運動があらわれた。それが、タイ語で「ダッワ」と総称されるイスラーム復興運動である。

ダッワは、「イスラームへの呼びかけ」、つまり「布教」を意味するアラビア語のダアワ（da'awa）に由来する。このダアワは、「ムスリムによる非ムスリムへのイスラームの布教」と、「イスラーム社会内部におけるムスリム同朋に対する宣教」という2つの側面を有している［小杉2002a：589、Nagata 1984：243］。

　このダアワ概念に基づく諸活動は、一般に非ムスリムに対するイスラームの宣教というかたちをとってきた。それが、1970年代以降に活性化したイスラーム復興を通して、対象を非ムスリムからムスリムへと拡大した。また、イスラームの教えの普及から日常生活における諸問題の解決に至るまで、活動の範囲を広げている。こうしたダアワの概念に基づく活動やネットワークは今日、一国内のみならず国家の枠を越えたトランスナショナルな運動となり、イスラーム世界の水平的連帯の中心軸ともなっている［宮田2000：57-58］。

　タイにおけるダッワも、こうしたダアワ概念に基づく活動の1つであった。ダッワが生まれた背景は複雑であるが、大きく以下のようにまとめられる。第一に、先述した中東諸国を中心とするイスラーム復興の発生とその世界的な拡がりである。サイード・クトゥブ（Sayyid Qutb）やアンワル・イブラヒム（Anwar Ibrahim）、ルーホッラー・ホメイニー（Ruhollah Khomeini）、ムアンマル・カッダーフィー（Muammar Qaddafi）など当時のムスリム知識人の思想が、著作や雑誌といったマスメディアを通じてタイにも波及した。ダッワの先進国であるマレーシアやインドなどからいくつものダッワ団体（klum dawa）[18]がタイを訪問し、各地で草の根レベルの活動を展開したことや、中東諸国を中心とする海外の政府やイスラーム系財団が、ダッワ団体の設立のために資金提供をはじめとする支援を行ったことなども、タイにおけるダッワの発生につながったと言われる［Scupin 1987、1998］。

　また、1970年代以降、急速な経済発展を遂げたタイであったが、欧米諸国とのあいだの政治・経済的格差は依然として大きかった。国内においても、仏教徒とムスリムのあいだに同様の格差が存在するなど、タイ・ムスリムは国内外で不平等な状況に置かれていた。政治・経済の発展とともにタイ社会に広がった飲酒や売春、物質中心主義や拝金主義といった価値観は、ムスリム社会

にも浸透し、タイ・ムスリムの生活様式やムスリムとしてのアイデンティティのあり様に影響を及ぼしつつあった。こうした西欧社会やタイ社会との不平等な関係、タイ社会における西欧化、世俗化の進展も、ムスリムの真の信仰の回復を目指すダッワが生まれる要因となったのである［Scupin 1987：84-87、Surin 1985：248-249］。

　つまりダッワとは、このような社会が抱える問題を解決すべきものと見なした都市部の学生や中間層を中心とするムスリムが採った、現状打開のための1つの手段であった［Surin 1985：247-251］。そこでは、非イスラーム的な要素を排除することで、ムスリムの乱れた道徳性の回復や信仰の強化、純化が試みられた。これにより、彼らはムスリムの日常、ひいてはムスリム社会全体の「再イスラーム化」を目指したのである。具体的には、クルアーンやハディースに描かれたイスラームの「原点」に戻るため、宣教とともに福祉や教育といった分野における草の根レベルの活動が行われた。彼らは、これらの活動を行う際の母体として、バンコクを中心とする都市部にさまざまなダッワ団体を設立した。1980年代に入るとダッワ団体は、国内経済の発展やダッワ団体に対する政府の寛容な姿勢なども影響し、活動の規模、範囲を拡大していった。その結果、本書で取り上げるタブリーグのように全国に支持者を持つ団体や、マレーシアで非合法化されたダルル・アルカム[19]のような団体が現れるなど、タイは「イスラーム復興運動の天国」［Preeda 2001：114］と呼ばれるまでになった。

　タイにおけるダッワの特筆すべき特徴としてあげられるのは、程度の差はあれ政治への関与を避けようとする志向性である。これが、国内政治への積極的な介入を試みたイスラーム主義運動とダッワを分ける点となっている。

　以上、本節では、エスニシティや宗派、対イスラーム政策、イスラーム復興運動に注目してタイ・ムスリムを概観した。そこから明らかになったのは、その属性において彼らが持つ多様性である。また、イスラーム復興運動が、国内外の影響を受けながら、バンコクを中心とするタイのスリム社会のあいだに広がっていることが理解された。他方で、タイ・ムスリムは、仏教中心的な志向性を持つラック・タイがタイの国家イデオロギーとして作用するなか、仏教以外の宗教を信仰する他の国民とともにそこから外れる存在であった。対イス

ラーム政策に代表される国家の対応は、国家がタイ・ムスリムの多様性を捨象しているのと同時に、タイ国内において多数派仏教徒の「周辺」にタイ・ムスリムを位置づけていることを示しているのである。

第3節　M村

　本書の舞台となるのは、タイの首都バンコクから南に約860キロメートル離れたトラン県のM村[20]である（図1参照）。トラン県は、西をアンダマン海、東をバンタット山脈に接し、陸地の大半が丘陵地帯となっている。県の総人口が約58万4千人の同県にあって、ムスリムは9万4千人ほどと県人口の約16％を占めるにすぎない（表2参照）。同じ西海岸に面した隣県のサトゥーン県とクラビー（Krabi）県のムスリム人口が、それぞれ約19万4千人（県人口の約75％）と約14万3千人（県人口の約41％）であることを踏まえると、この地域におけるトラン県のムスリム社会の規模の小ささが際立っていることがわかる（表3参照）。これまでの本章の内容からもわかるように、トラン県のムスリムは、イスラーム世界のみならず、タイ社会、タイのムスリム社会においても「周辺」に位置しているのである。

　M村は、トラン県の西部に位置し、アンダマン海に面している。筆者の調査では2004年12月現在、村の世帯数は195世帯、人口は約1000人で、その全てがムスリムである。村の古老によると、村人の祖先は、時期は定かではないが現在のマレーシアにあるランカウィ（Langkawi）島から魚を追って北上し、今日のサトゥーン県、トラン県へと移動した後、M村に定住したという。その名残か50年ほど前までは、マレー語が村で日常的に用いられていた。現在でも60代以上の村人は、男女を問わずほぼ全員がタイ語とマレー語のバイリンガルである。

　M村は、周囲を海と運河に囲まれており、地形的には島の様相を呈している。村の沿岸は、海棲生物の保育場である藻場が広がるなど海洋資源が豊富な場所である。他方で内陸部は、土地自体が少ない上に、その多くが農業に適さ

第1章　イスラーム世界のなかのタイ、タイのなかのイスラーム

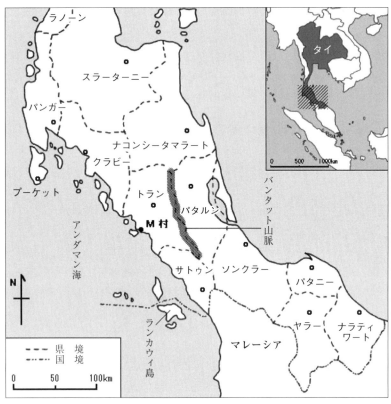

図1　南タイ地図

出所：筆者作成。

表2　トラン県の宗教別人口統計

宗教名	信徒人口（人）	人口比（％）
仏教	487,328	83.425
イスラーム	93,990	16.089
キリスト教(注)	2,833	0.485
ヒンドゥー教／シーク教	2	0.001
合計	584,153	100

出所：［Krom Kansatsana 2000］より筆者作成。
注）キリスト教にはローマカトリックとプロテスタントが含まれる。

表3　タイの県別ムスリム人口統計
（上位10県）

県　名	ムスリム人口（人）
①ナラティワート	565,633
②パタニー	481,610
③バンコク	359,200
④ソンクラー	307,452
⑤ヤラー	254,075
⑥サトゥーン	193,660
⑦チェンマイ	144,701
⑧クラビー	143,072
⑨トラン	93,990
⑩ナコンシータンマラート	91,171

出所：［Krom Kansatsana 2000］より筆者作成。

ない砂地となっている。こうした自然環境により、2004年12月の時点で、全195世帯の世帯主の約65％が、主たる生業として村の周辺海域で行う漁業に従事していた（表4参照）。それは、船外機エンジンの付いた木造小型船（*ru'a hua thong*、*ru'a hang yao*）[21]を使った小規模な沿岸漁業である（写真5参照）。

第 1 章　イスラーム世界のなかのタイ、タイのなかのイスラーム

漁の方法は、漁業に従事する村人（*chao pramong*、以下、漁民）により若干の違いはあるものの、一般に乾季（12 月～5 月）にイカ籠（*sai pla mu'k*）、雨季（6 月～11 月）にキス網（*uan pla sai*）やガザミ網（*uan pu ma*）が用いられている。また、生簀を用いたハタ（*pla kao*）やアカメ（*pla krapon khao*）といった高級魚の養殖が、村の富裕層を中心に行われている。漁民の大半は、村の内外に住む海産物仲買人（*thaokae*、以下、魚商人）と一対一の排他的な売買関係を結んでいる（写真 6 参照）。一般に村の漁民は、資本が僅かなため、その大半が魚商人から漁具や操業資金を前借りしている。しかし、その代わりに彼らは、市価よりも低価でほぼ全ての漁獲物を魚商人に販売する。水産局（*krom*

表 4　インド洋津波前後の M 村村民の職業構成

2004 年 12 月 ⇒ 2005 年 12 月

職業	世帯数	職業	世帯数
漁業	127	漁業	73
遠洋漁船乗組員（出）	19	遠洋漁船乗組員（出）	59
農業	10	農業	11
観光業（出）	5	観光業（出）	7
商店	5	商店	4
土木作業員	5	土木作業員	7
海産物仲買人	4	海産物仲買人	3
運送業	3	運送業	3
飲食業	2	飲食業	5
エビ養殖場作業員（出）	2	エビ養殖場作業員（出）	5
土木作業員（出）	2	土木作業員（出）	6
工場作業員	1	工場作業員	1
木炭製造	1	木炭製造	1
無職	9	無職	13
合計（世帯）	195	合計（世帯）	198

出所：筆者調査より作成。
注：・世帯主の職業を記した。世帯主が複数の職業を持つ場合は、その中で最も収入が高いものを選んだ。
　　・（出）は「出稼ぎ」を意味する。
　　・世帯数は津波後、3 世帯増えた。この 3 世帯の職業は遠洋漁船乗組員、エビ養殖場作業員、農業である。

第3節　M村

写真5　沿岸漁業に用いられる漁船
(M村)

写真6　魚商人に漁獲物を売る漁民
(M村)

pramong) やNGOなどは、漁民の経済力の低さの原因として、こうした魚商人の搾取的な性格を指摘している。だが、他方で魚商人は、資金力に乏しい漁民が継続して漁業を行うことを可能にするセーフティーネットとしての機能も果たしている［小河2007］。

　M村の政治の領域で中心的な役割を果たしているのは、村長（phu yai ban）とタムボン自治体（ongkan borihan suan tambon、以下、OBT）の議員である。タイの村長は、村人のなかから選挙で選ばれる。村長は村の政治、経済に中心

第1章　イスラーム世界のなかのタイ、タイのなかのイスラーム

的な役割を果たし、高い権威と多くの職権、利権[22]を有してきた。しかし、1990年代から進む地方分権化の流れのなかで、村長はそれらの大半をOBTに移譲し、住民登録などの事務手続きを担当する地方行政の下請け役となった。その結果、村長の地位は相対的に低下した。しかし、M村では、後述するように、村長が村落政治に持つ影響力は依然として大きい。

　他方で地方分権化にともない近年、急速に力を付けているのがOBT議員である。OBTは、1995年に施行された「仏暦2537年タムボン評議会およびタムボン自治体法」により一定の基準を満たしたタムボンに設置された自治体である。独自の財政基盤や開発計画の策定権を持ち、地域開発を主導する役割を担っている［北原2004］。その運営に携わるOBT議員には、さまざまな職権とそれに付随した利権[23]がある。OBT議員は、タムボンを構成する村毎に村人のなかから選挙で2人が選ばれる。M村には、2人の議員と副首長（*rong nayok*）が1人いる。

　全ての住民がムスリムであるM村には、他のムスリム・コミュニティと同様にイスラームの礼拝所であるモスクが1つある（写真7参照）。モスクは、礼拝のみならずイスラーム教育や村落レベルの宗教行事を行う場としても機能してきた。また、村には、イマームをはじめとする選挙で選ばれた複数名の村

写真7　M村モスク

(M村)

第3節　M村

人からなるモスク委員会がある。M村のモスク委員会は、後述するように、喜捨や宣教、イスラーム教育といった村で行われる宗教関係の活動を管理、運営する役割を担っている。モスクの敷地内には、村の子供たちにイスラームの基礎を教える宗教教室がある。第3章で詳述するように、そこでは、イマームを中心とする公的な宗教リーダー（*phunam satsana*）を教師に、義務教育段階（小学校1年生〜前期中等学校3年生）の子供の9割以上が学んでいる。同教室は近年、行政やイスラーム系団体などの外部機関から金銭をはじめとするさまざまな支援を受けるようになった。その結果、教育内容や学習環境を整備、拡充させている。このほかにも村には、モスクに宗教教室が設置される以前から、村の子供にクルアーンの読誦を中心としたイスラーム教育を行う私塾が存在する。

　M村の信仰の領域において無視できないものの1つに民間信仰がある。これは、村人の日常生活と密接に結びついた信仰観念や実践で、現世利益的な傾向が強く、呪術的な実践がしばしば重視される類のもの［三尾 2004：136］である。第4章で詳しく触れるように、村では古くからさまざまな超自然的存在が信仰されてきた。他方、1980年代からトランスナショナルな宣教活動を展開するイスラーム復興運動団体タブリーグが台頭した。次章で詳しく述べるように、タブリーグは、上述したモスク委員会やモスク付設の宗教教室など、村内の公的宗教機関と連携して精力的な宣教活動を展開することで、村人の支持を獲得することに成功した。六信五行の遵守などイスラームの規範に則った生活を送ることを目指すこの団体にとって民間信仰は、イスラームに反する存在であり、それゆえにタブリーグを支持する村人は、民間信仰を否定的にとらえる傾向にある。その結果、第4章で詳述するように、民間信仰、さらにはタブリーグをめぐって村人のあいだにさまざまな解釈、実践が生まれることになった。

　1996年に村と隣のTh村を結ぶ道路（写真8参照）が開通するまで、村人が村外へ出るには、対岸のC村か内陸のTh村に船を使って移動する以外に方法は無かった。また、電気が引かれたのも、道路の開通と同じく1996年と近隣の他の村に比べて遅かった。しかし、こうしたインフラストラクチャーの整備

第1章　イスラーム世界のなかのタイ、タイのなかのイスラーム

写真8　M村と隣村を結ぶ道路
(M村)

を契機に、村外へのアクセスが容易になり、外部との交流が盛んになった。たとえば、イスラームについて見ると、タブリーグをはじめとするイスラーム復興運動団体の関係者が村を訪れる回数が、道路の開通を境に大幅に増加している。

　インフラストラクチャーの整備はまた、村の基幹産業である沿岸漁業に従事する村人のマーケットへのアクセスを容易にした。1996年以前の漁獲物の販売先は、C村に住む魚商人1人にほぼ限られていた。それが、道路や電気が開通したことを契機に、村内にも複数の魚商人が誕生するなど漁獲物の販売先が増えた[24]。その結果、漁獲物の売値は上昇した。また、魚商人から市価よりも高値で購入していた漁具の価格が下がるなど、操業コストは低下した。こうして漁民の収入は、個人差はあるものの増加することになった。2004年12月時点の村人の平均月収は、約4000バーツ（約1万2000円）である。これは、2004年のタイ国民の平均月収14963バーツ（約44889円）の37％にすぎない。ここからは、収入が増加したといっても、M村の村人が経済面においてタイ社会の「周辺」に位置していることを看取できる。

　2004年12月26日にインドネシアのスマトラ島沖で発生したマグニチュード9を超える巨大地震は、大規模な津波を引き起こした。インド洋沿岸を襲っ

たこの津波は、アンダマン海に面したM村にも押し寄せ、人的、物的に甚大な被害をもたらした。被災後、村の復旧・復興のため、さまざまな支援がタイ政府やNGOなどによって行われた。しかし、支援そのものの不足に加えて、支援の申請・分配の過程でさまざまな不正が起きるなど、支援の現場は混乱を極めた。その結果、村の政治や経済、宗教の領域をめぐる状況は、劇的に変化することになったのである（詳細は第5章を参照）。

注

（1）このほかにムスリムは、「六信」と呼ばれる6つの存在（神、天使、経典、預言者、来世、天命）を信じなければならない。

（2）タイでは一般に、メッカ巡礼を終えた者は「ト・ジー（to yi）」や「ジー（yi）」という尊称を付けて呼ばれ、その社会的、宗教的な地位は高い。そのことも、タイのムスリム社会におけるメッカ巡礼の重要性の高さ、ひいてはメッカが持つ中心性を示していると言える。

（3）しかし、教育省への登録を行わずに教育活動を続けるポーノも依然として存在する［尾中 2002：170］。

（4）これに対して、タイ政府が、中東諸国に留学するムスリムに資金援助をすることはほとんどない［Surin 1987：95］。

（5）ポーノに中東諸国からの留学生がほとんどいないこと［e.g. 尾中 2000：124］も、その証左と言える。ちなみにポーノには、多くはないものの教員として働く中東諸国出身のムスリムが存在する。

（6）タイが、イスラーム諸国をメンバーとするイスラーム協力機構（Organisation of Islamic Cooperation）のなかで、オブザーバーの地位にあることも、イスラーム世界におけるタイの周辺的な位置づけを示していると言える。

（7）タイ社会への同化や他のエスニック・グループとの通婚等が進み、グループ間の境界が曖昧になっている現在、タイ・ムスリムをこのような明確なかたちで分けることができなくなっていることもまた確かである。

（8）ボーホラー派とは、シーア派の一分派であるイスマーイール派が分裂した時に誕生したムスラアリー派がインドに伝わることで形成された。同派の信者は、インド西部に集中するほか、パキスタンや東アフリカにも居住している。彼らの大半は、ヒンドゥー教徒からの改宗者の末裔と言われる。ボーホラーの語源は、グジャラーティー語の「買う」、「商いをする」という動詞であるとの説が有力で、実際に今日にいたるまで同派には、商業に携わる者が多い［井坂 2002］。

第 1 章　イスラーム世界のなかのタイ、タイのなかのイスラーム

（9）この傾向は、タイ国旗にも見てとることができる。吉川利治によると、タイ国旗を構成する赤、白、青の 3 色のうち白色は宗教、すなわち「仏教」を意味するという［吉川 1990：224］。
（10）マスジットは、「イスラームの礼拝所」を意味するアラビア語の masjid に由来するタイ語である。本書では、日本においてモスクの方がイスラームの礼拝所を指す単語として一般的であることから、マスジットのかわりにモスクを用いる。ちなみに、マスジットをはじめタイでは、アラビア語やマレー語、ウルドゥー語、ペルシャ語などに起源を持つイスラーム関係の単語が、しばしばタイ語風に読まれて用いられている。
（11）この礼拝への参加は「成人男性の義務」とされる。
（12）サラフィー主義を含むイスラーム主義運動の原点は、18 世紀後半にアラビア半島で生まれたワッハーブ運動に求めることができる。これは、ハンバル派のイスラーム法学者ムハンマド・イブン・アブドゥルワッハーブ（Muhammad Ibn 'Abd al-Wahhab）の厳格主義的な思想に共鳴したナジュド地方の豪族ムハンマド・イブン・サウード（Muhammad Ibn Saud）が、その宣教のために起こした宗教・政治・軍事キャンペーンである。19 世紀初頭に一時衰退するが、20 世紀初頭に復活し、サウディアラビア建国の基礎を築いた［大塚 2000：134-137、Scupin 1980a：1224］。
（13）ここで言う「真のイスラーム」とは、預言者ムハンマドの時代やムハンマドの死後にイスラーム共同体を率いたムハンマドの 4 人の後継者（caliphs）の時代など、初期イスラームの時代に実現されていたイスラームを指している［大塚 2000：63］。
（14）その来歴からもわかるように、この運動は都市的な現象であった。同様の傾向は、他の東南アジア諸国のイスラーム主義運動にも見られる［Scupin 1987：82］。
（15）ワッハーブの死後、彼の思想を継いだ弟子の 1 人に、イブラヒム・クレイシィ（Ibrahim Qureyshi）がいる。彼は、クルアーンやハディースのタイ語翻訳を行うとともに、イスラームに関する著作を数多く著すなど、タイにおけるイスラーム主義運動の発展に尽力した［Scupin 1998：251］。
（16）カナ・カオとカナ・マイは、その主張やメンバー構成等を見るに、それぞれマレーシアにおける「カウム・トゥア（kaum tua、古いグループの意）」と「カウム・ムダ（kaum muda、新しいグループの意）」と同じものと言える［Scupin 1987：88-89］。
（17）その背景には、タイ経済の発展やマスメディアの普及、イスラーム諸国への留学生数の増加といった要因が存在した。

(18) たとえば、当時のマレーシアには、小規模な学習団体を含めると数多くのイスラーム復興運動団体が存在した。そのなかでも規模とムスリムに対する影響力で群を抜いていたのが、大学生の組織であるマレーシア・ムスリム青年同盟（Angkatan Belia Islam Malaysia）と、本書で取り上げるタブリーグ（詳細は第2章を参照）、都市中間層のイスラーム復興運動団体であるダルル・アルカム（Darul Arqam、詳細は注19を参照）であった［福田1997、Nagata 1984］。
(19) ダルル・アルカムは、神秘主義的思想を特徴とするイスラーム復興運動団体である。「イスラーム村」と呼ばれる信者の共同体での生活や活動資金獲得の為に行われる経済活動、新聞や雑誌といったマスメディアを用いた布教活動などを特徴としており、タイでは南部と北部にイスラーム村を形成していた［福田1997、Nagata 1984、佐藤1996］。
(20) タイの地方行政は、内務省（*krasuang mahatthai*）支配のもと県（*cangwat*）から郡（*amphoe*）、タムボン（*tambon*、複数の村から構成）、村（*muban*）に至る階層構造を持つ。
(21) 長く伸びた舳先がこの船の特徴である。
(22) 徴収税額の10分の1を手当として受け取れる土地税徴収権（*sip lot*）は、その代表的なものであった［北原2000：393］。
(23) たとえば、開発事業の実施に際して業者からコミッションが支払われることがあげられる。
(24) 2004年12月の時点で4人の魚商人がいた。

第2章　イスラーム復興運動団体タブリーグと村落社会

犠牲祭で盛装した子供たち

(M村)

第2章　イスラーム復興運動団体タブリーグと村落社会

　1970年代、世界各地でイスラーム復興の動きが顕在化するなか、タイ・ムスリムもそれと無関係ではなかった。エジプトやマレーシアといったイスラーム諸国への留学や、書籍や雑誌、DVDなどのマスメディアの発達、浸透等を通して、各地からさまざまなイスラーム復興思想がタイに流入した。その結果、バンコクを中心とする都市部に数多くのイスラーム復興運動団体が誕生することになった。1980年代に入ると、国内経済の発展や政府の寛容な姿勢も影響し、イスラーム復興運動団体は活動を活発化させていった。

　イスラーム復興運動団体は、それぞれの方針のもと、宣教や福祉、教育活動などを通して、ムスリムの日常、ひいてはムスリム社会全体の「再イスラーム化」を目指していた。彼らが説くイスラームに関する諸事は、多くの場合、タイ・ムスリムが保持してきたローカルなイスラーム伝統とは異なっていた。それゆえイスラーム復興運動団体は、その活動の過程において、タイ・ムスリムの社会、文化のあり様にさまざまな変化を引き起こすことになったのである。

　しかし、既存のタイ研究は、来歴や活動といったイスラーム復興運動団体の概要を描くこと［e.g. Horstmann 2007、Preeda 2001］や、マイノリティであるムスリムのアイデンティティや権利を主張、表明する機会、手段、あるいはそうした活動を支援、強化するものとしてイスラーム復興運動をとらえること［e.g. Chaiwat 1994、2004、Surin 1988］に終始する傾向にあった。このため、タイにおいてイスラーム復興運動が、いかなるプロセスのもとムスリムのあいだに広がっているのか、彼らの日常にいかなる影響を与えているのかなど、その実態についてはいまだ不明な点が多い。

　以上を踏まえて本章は、トランスナショナルな宣教活動を展開するイスラーム復興運動団体タブリーグを取り上げ、その概要とタイにおける活動の実態、ならびにタブリーグをめぐるタイ・ムスリムの対応のダイナミズムを明らかにする。

　以下、第1節では、歴史、思想、組織、活動といったタブリーグの概要を示す。

　第2節では、視点をタイに移し、同国におけるタブリーグの概要を描く。そこでは、タイ政府とタブリーグの関係性についても明らかにされる。

第3節では、南タイのトラン県のムスリム村落M村を取り上げ、ローカルなレベルにおけるタブリーグの伸展のプロセスと活動の実態について明らかにする。

第4節では、タブリーグをめぐる村人の多様な解釈、実践のあり様について見ていく。具体的には、タブリーグの伸展を契機に村人のあいだに生まれた実体化されない認識上の住民範疇に基づき、その様子を描写、分析する。そこではまた、タブリーグをめぐる村人の関係性も明らかにされる。なお、本節と前節で対象とするのは、インド洋津波が襲来する以前のM村である。

第1節　タブリーグ概観

（1）歴史と思想

タブリーグは、1926年にイスラーム学者のマウラーナー・ムハンマド・イリヤース（Maulana Muhammad Ilyas）が北インドのメワート（Mewat）で始めたイスラーム復興運動団体である。イリヤースがタブリーグの活動を始めた当時、インドのムスリム社会は、他国のムスリム社会と同様に西欧化、世俗化が進み、ムスリムの信仰は形骸化していた。この状況を憂慮した彼は、イスラームの実践（aman）を促し、真の信仰（iman）を取り戻させることで、ムスリム社会の健全化を試みたのである［Ahmad 1991、Ali 2003、中澤 1988］。

では、彼はどのようにして堕落したムスリムやムスリム社会を健全化しようとしたのか。イリヤースが出した答えは、ムスリム社会をスンナに復帰させることであった。スンナとは「生活様式」を意味し、ムスリムに提示された理想とされるイスラーム的な生活規範とこの世の全てに関わる法則の体系である［中澤 1988：80］。イリヤースは、クルアーンとハディースのなかに存在するこのスンナを、日常生活において忠実に実践することをムスリムに求めたのである。その際に理想とされたのが、アッラーへの真の信仰が存在したとされるムハンマドと彼に献身した教友たちが送った信仰生活であった。より具体的には、ムスリムに以下の6つの信仰行為を実践することを要求した。

第 2 章　イスラーム復興運動団体タブリーグと村落社会

　第一は、「ラー・イラーハ・イッラッラー、ムハンマド・ラスールッラー（アッラーの他に神は無し、ムハンマドは神の使徒なり）」というクルアーンの一句（khalima、以下、カリマ）を唱えることである。これを通して、アッラーとムハンマドに対する自身の信仰に確信（yakin）を持つことが目指される。第二は、1 日 5 回の礼拝（salat）である。それは、出来る限り礼拝の呼びかけであるアザーンがあり、多くのムスリムが集まるモスクや礼拝所で行われなければならない。第三は、知識（irum）の習得とアッラーを想起すること（zikr）である。イスラームに関する知識を学ぶことで、その正しい由来を知り、アッラーを想起することでアッラーに近づくことが目指される。第四は、ムスリム同胞を敬愛することである。それは決して見返りを求めるものであってはならない。第五は、アッラーに誠実であることである。「全ての行為には必ずアッラーに対する誠実さがなければならない」とされる。第六は、宣教（tabligh、dawa）に励むことである。それはアッラーの道に犠牲を払うことでもある［Ahmad 1991：513-154、Ali 2003：176-177、Saidkhan n.d.,：1-7］。

　タブリーグにおいてムスリムは、この 6 つの信仰行為の実践を通して、精神の純化と人格の再生が果たされるという。それは、宗教的な徳を積むことと同義であり、「カリマを唱えることで死後に霊魂が身体から抜け出る前にアッラーが天国行きを保証してくれる」［Saidkhan n.d.：2］といったように、最後の審判の後の天国行きという褒賞をアッラーから与えられることにもつながると考えられている。つまり、上記の信仰行為を実践することで、アッラーへの真の信仰の回復とそれにともなう来世の天国行きが可能になるとイリヤースは考えたのである［Ali 2003：175、中澤 1988：78-83］[1]。

　こうした教えは、『タブリーギー・ニサーブ（tablighi nisab）』というタブリーグの教本のなかに記されている。『タブリーギー・ニサーブ』は、クルアーンとハディースからの引用で占められており、この 2 冊との関係性が、その教えの宗教的な正当性を保証するものとなっている。

　タブリーグは、上記の 6 つの信仰行為を実践し、かつその意義と必要性をムスリム同胞に広めるために、モスクを拠点とした超俗的な活動を行っている。続く次項では、そうしたタブリーグの活動と組織について見ていく。

（2）組織と活動

　上述したような歴史的、思想的背景を持つタブリーグは、tabligh が「イスラームへの回帰を訴えること」を意味するアラビア語の単語［小杉 2002c］であることからもわかるように、宣教を活動の中心に据えている。この活動は、イスラーム法学者やウラマーなどの知識人に限られるものではなく、男性のムスリムであれば誰でも参加することができる[2]。しかし、「活動への参加は、信仰心に基づいて自発的になされなければならない」とされる。このため、参加者は、交通費や食費といった活動資金を自己負担する。

　宣教の参加者は、2～10 人前後で宣教団を組織し、週 1 日間（以下、日帰り宣教）、月 3 日間（以下、3 日間宣教）、年 40 日間（以下、40 日間宣教）、生涯 4 ヶ月間（4 ヶ月間宣教）、居住地の内外で宣教活動を行うことが求められる。その際、ムハンマドが宣教の場としてモスクを使用していたことに依拠して、モスクが活動の拠点となる。ここでは、住民の勧誘や住民を交えた集団礼拝、イスラーム講話（bayan）、ならびに『タブリーギー・ニサーブ』を用いたイスラーム学習などが行われる。これらの活動を通して参加者は、上述したタブリーグの 6 つの信仰行為を実践すると同時に、それが持つ宗教的な意味とその実践の必要性について学ぶ（詳細は本章 3 節）。

　宣教に際して参加者には、一連の規律（usun）を遵守することが求められる。それは大きく、①絶対に行わなければならないこと、②気をつけなければならないこと、③行う回数を減らさなければならないこと、④避けなければならないこと、⑤関係を持ってはならないこと、の 5 つに分けられる。さらに、たとえば 5 番目の「関係を持ってはならないこと」が、①宗教に反すること、②国内外の政治、③地位と役職、④寄付の要求と社会の威信を傷つけること、に分けられているように、上記の 5 つの領域は、それぞれ 4 つの項目から構成される［Saidkhan n.d.：19-20］。このように、タブリーグの宣教では、参加者に細かな規則が課されているのである。

　このほかにもタブリーグは、世界各地で年次集会（ijtema）を開いている。なかでも、パキスタンのラーイウィンド（Raiwind）とインドのボーパール（Bhopal）、バングラデシュのトンギ（Tongi）で行われる年次集会には、世界

第2章　イスラーム復興運動団体タブリーグと村落社会

写真9　タブリーグ総本部
（デリー）

各地から100万人を超える信者が集まる。それは、イスラームにおいてメッカ巡礼に次ぐ規模を誇る宗教集会となっている［Ahmad 1991：510］。

　今日、タブリーグは、そのシンプルな教えや来る者を拒まないオープンな姿勢が一般信徒に受け入れられ、デリーのニザムッディーン（Nizamuddin）地区にある総本部（写真9参照）を中心に、タイを含む80を超える国で活動を展開している［Masud 2000：vii］。活動を通したヒト、情報の交流は盛んであり、その範囲は一国内からトランスナショナルなレベルにまで広がっている[3]。タブリーグは、インドというイスラーム世界の「周辺」を中心に全世界に広がったという点で、これまでにないタイプのイスラーム復興運動団体と言える。

第2節　タイにおけるタブリーグ

　タブリーグの概要について触れた前節に続き本節では、視点をタイに移し、同国におけるタブリーグの歴史、組織、活動の実態を明らかにする。

第 2 節　タイにおけるタブリーグ

(1) 歴史

　タブリーグがタイで活動を開始したのは、北タイのターク（*Tak*）県メーソット（*Maesot*）郡に住むハッジ・ユースフ・カーン（Haji Yusuf Khan）が居住地で宣教を始めた 1965 年とされる［Saowani 1988：239］。当時の活動の担い手は、主に都市部に住むインドやパキスタンといった南アジア諸国出身のムスリムであった［Nimit 2001：99、Scupin 1998：245-246］。彼らは活動に際して、タイ語ではなく母語であるウルドゥー語やベンガル語を用いていたこともあり、南アジア系という特定のグループによる外来の運動という性格が強かった。1975 年には、タブリーグの宣教団が北マレーシアのクランタン州からタイ深南部のナラティワート県にやって来たという［Masakari 2000：108］。しかし、1980 年代以降、参加者の範囲は南アジア系以外のムスリムにも広がり、活動地域も都市部から地方へと拡大することになる［Khret Lap 1984］。その背景には、当時のタイ経済の発展や、タブリーグに対するタイ政府の寛容な姿勢（詳細は本節 3 項を参照）が存在した。結果としてタブリーグは、オマール・ファルク・バジュニドが「しっかりと定着している」［Omar 1999：230］と表現するように、現代タイにおいて最大の規模と影響力を誇るイスラーム復興運動団体となっている。

　今日、タイでは、先述した規定の日数の宣教活動のほか、国内外から 10 万人を超す参加者を集める年次集会（*yo*）が毎年、3 日間にわたって開催されるなど、さまざま活動が行われている。また、南アジア 3 ヶ国で開かれる年次集会をはじめ、国外に宣教に出るタイ・ムスリムも全国各地で見られる。

(2) 組織と運営

　他国におけるタブリーグの特徴としてしばしば指摘されるのが、その組織性の低さである［Nagata 1984：117、中澤 1988：77］。しかし、筆者の調査によると、タイの状況は大きく異なる。タイにおいてタブリーグは、バンコクのミンブリー（*Minburi*）区にあるタイ国支部（*markat prathet*、写真 10 参照）[4] を頂点に、県支部（*markat cangwat*）、地区支部（*hanko*、各県に複数存在。複数の村支部から構成される）、村支部（*mahanla*、活動に参加する村）に至る階層

第2章 イスラーム復興運動団体タブリーグと村落社会

写真10 タブリーグ・タイ国支部
(バンコク)

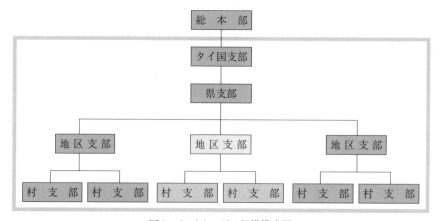

図2 タブリーグの組織構成図
出所：[Nimit 2001] と聞き取り調査より筆者作成。
注：網線の内側はタイ国内を示す。

構造を有している（図2参照）。そのなかで県支部は、北部はナコンサワン（*Nakhon Sawan*）、ピッサヌローク（*Phitsanulok*）、ターク、チェンマイ、チェンラーイ、ラムパーン（*Lampang*）、メーホーンソーン（*Maehongson*）の7県、東部はチョンブリー（*Chonburi*）、ラヨーン（*Rayong*）、トラートの3県、東北

部はウドンターニー（*Udonthani*）、ナコンラーチャシーマー（*Nakhon Ratchasima*）、シーサケット（*Sisaket*）の3県、中央部はバンコク、チャチューンサオ、アユヤター、ノンタブリー（*Nonthaburi*）の4県、南部はパタニー、ヤラー、ナラーティワート、ソンクラー、サトゥーン、トラン、クラビー、パンガー（*Phang Nga*）、パッタルン（*Phatthalung*）、ナコンシータンマラート、プーケット（*Phuket*）、スラーターニー（*Suratthani*）、ラノーン（*Ranong*）、チュムポン（*Chumphon*）の14県と国内のほぼ全域に存在する［Nimit 2001：101］。タブリーグにおいてヒトと情報は、この階層構造を基盤に双方向に流れている。以下では、4ヶ月間宣教を事例に、タブリーグの組織性の高さの一端を明らかにしたい。

　まず、4ヶ月間宣教の参加者募集の案内が、タイ国支部から県支部を経由して地区支部に届けられる。その際、たとえば「参加者は地区支部毎に5人以上」といったように、目標とされる参加者の数が決められているという。地区支部は、期日までに参加希望者の氏名や居住地、性別、希望する宣教先といった情報を取りまとめる。それは、県支部を経由してタイ国支部へと送られる。

　宣教を始めるにあたり参加者は、決められた日に自身が属する県支部に赴き、担当者の指示のもと特定の宣教団に組み込まれる[5]。その後、タイ国支部に移動して宣教先の県名とそこでの滞在日数を伝えられる。同じ県からの参加者が少ない場合、ここで他県からの参加者を合わせた宣教団が形成される。目的地までの移動手段は、バスや電車といった公共交通機関や自家用車など地域の交通事情により異なる。

　宣教団を受け入れる県支部は、タイ国支部が決めた滞在日数のなかで、宣教団の訪問先となる地区支部とそこでの滞在日数を決める。宣教団はそれに従い、指定された地区支部に移動する。地区支部に到着した宣教団は、県支部が決めたスケジュールのもと、イスラーム講話や集団礼拝といった活動を行う。

　以上のような宣教の実施プロセスを見るに、タイ国内におけるタブリーグの部局間のつながりは緊密と言える。

　次に、タイ国支部と県支部における運営と活動の実態について見ていきたい。この2つのレベルの部局は、それぞれの管轄区内に住むムスリムのなかか

第 2 章　イスラーム復興運動団体タブリーグと村落社会

ら選ばれた者がその管理、運営にあたっている。その選定にあたっては、イスラーム知識の多寡や宣教活動の参加経験等が勘案される。彼らは全員男性であり、後述する支部付設のイスラーム寄宿学校長（*churo rongrian*）を除き無償でその任に就いている。

　タイ国支部には、15 人の運営委員（*churo prathet thai*）が存在し、委員会（*khanakanmakan churo prathet thai*、以下、タイ国支部運営委員会）を形成している。そのうちの 4 人が、大アミーン（*amin yai*）[6] としてタイ国内で実施される宣教活動を統括している。大アミーンは南タイに 2 人、中部タイに 1 人、北タイに 1 人と地域ごとに定数があり、上述の 15 人の委員のなかから持ち回りで選ばれる［Nimit 2001：100］。残りの委員は、国支部の活動資金の管理や国内外で行われる活動の管理、運営など 8 つの部門に振り分けられ、それを統括している。

　タイ国支部運営委員会は、2 ヶ月に 1 度、「ムシャワラッ・プラテート（*musawarat prathet*）」と呼ばれる全国会議を、タイ国支部とヤラー県支部で交互に開催している。会議には、後述する各県支部の代表者が参加する。そこでは、村支部から地区支部を経由して届けられた宣教に関するさまざまな情報が、各県支部の代表者から報告される。また、それを踏まえて今後の活動方針が協議される。

　県支部では、県内在住者のなかから選ばれた複数の男性信徒が、支部の運営と県内で行われる一連の活動の管理に中心的な役割を果たしている。以下では、タイ国支部との関係を含めた県支部の概要について、調査地の M 村が所属するトラン県支部（*markat cangwat trang*）を事例に見ていきたい。なお、トラン県支部に関する資料は、後述する県支部長（*amin markat*）のアダムと県支部運営委員（*churo markat*）のヤーシーンへの聞き取り（2006 年 7 月 21 日）に基づく。

　トラン県支部は、カンタン郡クローンチーローム（*Khlong Chi Lom*）区に位置する（写真 11 参照）。1992 年に、それまでカンタン郡と県南部のパリアン（*Palian*）郡にあった 2 つの拠点を統合して現在の場所に設置された。同所には、平屋建てのモスクと会議室があるほか、イスラーム寄宿学校が併設されて

第2節　タイにおけるタブリーグ

写真11　タブリーグ・トラン県支部
(トラン県)

写真12　トラン県支部付設のイスラーム寄宿学校で学ぶ
　　　　生徒たち
(トラン県)

いる（写真12参照）。現在、このモスクが手狭になったため、新たにコンクリート製2階建てのモスクの建設が敷地内で進められている（写真13参照）。トラン県支部には、イスラーム寄宿学校長（1人）と県支部長（1人）、県支部運営委員（15人）という3つの役職が置かれている。それぞれについて見ていくと、まずイスラーム寄宿学校長は、県支部に付設されたイスラーム寄宿学

第2章　イスラーム復興運動団体タブリーグと村落社会

写真 13　建設中のタブリーグ・トラン県支部
(トラン県)

校の管理、運営の責任者である。県支部運営委員の経験者のなかから選ばれる県支部長は、県内で行われる宣教活動の統括から運営資金の管理に至るまで、タブリーグに関する県レベルの全ての事柄について責任を負う。また、県支部の代表として、先述した全国会議にも出席する。県支部運営委員は、運営委員会（khanakanmakan borihan）を構成し、イスラーム寄宿学校を除くタブリーグの活動の管理、運営を担っている。彼らは、タイ国支部の運営委員会と同様に8つの部門に振り分けられている。

　彼らは全員、男性であり、イスラーム寄宿学校長を除き無償でその任にあたっている。なかでも県支部運営委員は、県内にある15の地区支部から1人ずつが選ばれる。県支部運営委員に任期（wara）はないが、病気等で欠員が出た場合、急ぎ後任が決められる。その選出は、欠員の出た地区支部内に住む者のなかから、イスラームに関する知識の多寡や宣教活動の参加歴、活動に対する意欲などを勘案して進められる。候補者が決まると、県支部長がタイ国支部に報告し、それを大アミーンが承認することで正式に決定する。

　トラン県では、県内に住むムスリムの活動の監督、支援を担う公的なイスラーム機関であるトラン県イスラーム委員会とタブリーグが密接な関係にある。その様子は、15人いる県支部運営委員のうち、県イスラーム委員会の委員を兼任する者が過半数を占めていることからも読み取れる。具体的な数は、

タイ国イスラーム中央委員会の委員も務めるトラン県イスラーム委員会の委員長がタブリーグのトラン県支部長であるのを筆頭に、総勢12人にのぼる。こうした公的宗教リーダーの「親タブリーグ化」の動きは、後述するように、彼らの地域社会における社会的な影響力の大きさから、タブリーグに対する一般のムスリムの評価を高める一因となった。

　県支部では週例、月例の2種類の会議（*musawarat cangwat*）が開かれる。週例会議（*musawarat pracam sapda*）は、毎週金曜日の午後6時頃にはじまる。「マルカットの夜（*khu'n markat*）」とも呼ばれるこの会議に参加するのは、先述したメンバーと地区支部の活動を取り仕切る地区支部長（*churo hanko*、詳細は本章の第3節2項）である。会議の主な目的は、県内で行われる3日間宣教の参加者の取りまとめと宣教先の決定である。それは、地区支部長が提出する参加者リストに基づき、参加者の宣教活動の参加歴や同じ日程で宣教を行う県外の宣教団の有無等を勘案して決められる。これにより、参加者が前回と同じ場所に赴くことや、他の宣教団と行き先が重なることが極力避けられる仕組みになっている。ちなみに、トラン県支部では、「M村の所属する地区支部からの参加者は毎月第4土曜日に出発」というように、あらかじめ地区支部ごとに3日間宣教の日程が決められている。会議終了後、参加者の氏名や国民登録カード（*bat prachachon*）に記載された国民番号、住所、職業、ならびに宣教先が記された紙（*bai rot*、以下、宣教団票）が地区支部長に手渡される。また、この会議では適宜、タイ国支部からの連絡の伝達や40日間宣教、4ヶ月間宣教の参加希望者の取りまとめ、県外からトラン県を訪れる宣教団のスケジュールなども決められる。会議の最後には、付設のイスラーム寄宿学校の教師や県支部運営委員によるイスラーム講話と集団礼拝（イシャー礼拝、夜の礼拝）が行われる。

　月例会議（*musawarat pracam du an*）は、週例会議と同じ参加者のもとに開催される。そこでは主に、地区支部長によって地区支部ごとの活動状況が報告される。また、活動にまつわる問題がある場合には適宜、その解決に向けた方策が検討される。会議で取りまとめた情報は、県支部長が県支部の代表として、先述した全国会議の場で報告される。トラン県支部の場合、イスラーム寄

宿学校を含む運営費は、地区支部から毎月寄せられる喜捨を中心に賄われている。

以上のようにタブリーグは、国内に張りめぐらしたネットワークを基盤に、タイのほぼ全域にわたり組織的、体系的な宣教活動を行っているのである。

(3) タイ政府との関係

タイにおいてタブリーグが1965年の活動開始から勢力を拡大できた背景には、そのシンプルな教理や来る者を拒まない姿勢といった内的要因とともに、タイ政府の寛容な姿勢も存在する。政府はこれまで、タブリーグの活動を制限するようなことはほとんどしてこなかった。その理由としては、第一に、「世俗政治から一線を置く」という方針のもと、タブリーグが社会の変革を目的に国内政治に関与することを避けてきた点があげられる［Scupin 1998：246］。また、タブリーグは、「他者（人間）を批判できるのはアッラーのみ」という理念に従い、他のイスラーム復興運動団体を批判せず、またイスラーム思想をめぐる学派間の争いから距離を置くなど平和裏に活動を行ってきた点も無視できない。プリダー・プラプルットチョープ（Preeda Prapertchob）も指摘するように、こうした特徴を持つタブリーグは、タイ政府の側からすると反社会的勢力でも治安上の脅威でもなかった［Preeda 2001：114］。それゆえタイ政府は、タブリーグの活動を静観するだけで、敢えてそれを取り締まるようなことはしてこなかったのである。また、タイ・ムスリムの宗教生活全般を監督、指導する任務を担っているタイ国イスラーム中央委員会も、政府と同様に、タブリーグを公式なかたちで批判することはなかった。

この状況は、深南部でムスリムによる反政府武装闘争が再燃した2003年末以降も大きく変わらない。たとえば、アーネスト・ブラーム（Ernesto Braam）の報告によると、深南部においてムスリムの移動が制限されるなか、タブリーグは変わらずに宣教活動を行っているという［Braam 2006］。

加えてタイ政府は、タブリーグの活動を支援もしてきた。たとえば、1982年4月にヤラーで開催されたタブリーグの年次集会では、タイ政府が会場を提供している［Saowani 1988：239］。

以上のようにタブリーグは、これまでタイにおいて、政府の干渉をほとんど受けずに活動を展開することができた。タイでは、マレーシアで非合法化されたダルル・アルカム（詳細は第1章の注19を参照）ですら、マレーシア政府から度重なる取り締まりの要請を受けるまで活動を制限されることはなかった［Scupin 1998：257、Nation 1994］。その様子は、タイ政府がダルル・アルカムの独自の経済活動を評価して同団体に支援を行っていた［Scupin 1998：257］ことからもうかがえる。こうしたタイ政府の対応は、タブリーグを含めたイスラーム復興運動団体を厳しく管理、統制することで国家の枠内に収斂してきたマレーシアなど近隣諸国の対応とは異なるものと言える。

第3節　M村におけるタブリーグ

　本節では、視点を村落レベルに移すことで、より微視的な視点からタブリーグの伸展の過程とその活動の実態を描き出す。具体的には、M村を事例に、同地におけるタブリーグの展開史、組織構成と運営方法、活動内容、ならびにタブリーグと公的宗教機関の関係について見ていく。

（1）伸展プロセス
　まずは、M村におけるタブリーグの伸展の歴史を跡づけたい。1975年から1999年までイマーム（礼拝時の導師）を務めたアサーット（男性、1950年生まれ）によると、村に初めてタブリーグの宣教団がやって来たのは、深南部のヤラー県に住むムスリムからなる宣教団が来村した1978年のことであった。この時、宣教団がモスクで行ったイスラーム講話に参加した村人は、彼を含めて数名にすぎなかった。当時の村人は、イスラームの知識に乏しく、イスラームの実践にも不熱心で、「イスラーム名があるだけ（*mi tae chu' itsalam*）」だったとアサーットは回顧する。
　それから4年が経った1982年に、40日間宣教のためパタニー県から来村した宣教団の誘いを受けて、アサーットが、村外で行われるダブリーグの宣教活

第 2 章　イスラーム復興運動団体タブリーグと村落社会

動に村で初めて参加した。彼によると、宣教団の一員として隣のクラビー県で活動を行うなか、タブリーグが説くイスラームを「真のイスラーム（*itsalam thae*）」と見なすようになった。そして、それ以降、宗教リーダーとしての立場を利用して、金曜礼拝をはじめとする多くの村人が集まる場での説教や戸別訪問などを行い、村人にタブリーグの活動への参加を促した。その場でアサーットは、主に①現世（*lok ni*）の短さとそれとは正反対の来世（*lok na*）の永続性、②来世における天国の素晴らしさと地獄の恐ろしさ、③現世は来世のための準備期間であり、それゆえ現世においてムスリムは強固な信仰心を持ってイスラームの実践に専心しなければならないこと、④タブリーグの説く 6 つの信仰行為（*lak hok prakan*）を実践すれば、日常的な宗教実践よりも多くの功徳（*bun*）が得られることを説いたという[7]。こうしたアサーットの地道な活動は、まず自身も委員であるモスク委員会のメンバーの多くを取り込むことに成功した。その後、彼らからの支援を受けて、勧誘活動は広がりを見せる。これにともない、タブリーグに関心を持つ村人の数は次第に増え、なかには定期的に宣教活動に参加する者も現れた。しかし、アサーットによると、当時の M 村は、外部からのアクセスが困難で村人の経済力も低く、また彼らの多くが未だイスラームに不熱心であったこともあり、その数は限られていたという。

　こうした状況は、1990 年代に入ると大きく変化する。つまり、この時期からタブリーグの活動に参加する村人の数が急速に増加した。その要因の 1 つとしてあげられるのが、インフラストラクチャーの整備である。先述のように M 村は、周りを海と運河に囲まれた島のような地理的環境にある。1996 年に村と隣の Th 村を結ぶ道路が開通するまで、村人が村外に移動するための手段は船に限られていた。このため、村外からタブリーグの宣教団が M 村を訪れるには、内陸の村と比べて困難をともなった。それが、道路が開通することにより改善され、タブリーグの宣教団が M 村を訪れる回数は漸増していった。

　インフラストラクチャーの整備により、M 村の主要産業である漁業に従事する村人が、市場にアクセスすることが容易になったことも無視できない。以前は、漁獲物の販売先が隣の C 村に住む魚商人 1 人に限られていたため、村人は言い値でそれを売らねばならなかった。その額は市価よりも低く、タブ

第3節　M村におけるタブリーグ

リーグの活動に参加するための費用を捻出できる村人は、ごく限られていた。しかし、道路の開通により漁獲物の販売先は増え、それにともない漁獲物の売値は上昇した。その結果、村人の収入は増加し、宣教に参加できるだけの経済的、時間的な余裕が生まれることになったのである。

こうした生活環境の変化を受けて、タブリーグの宣教活動に参加する村人の数は増加した。参加の頻度に差はあるものの、村に住む既婚男性の大半がタブリーグの宣教活動に参加した経験を持つまでになった[8]。その様子は、トラン県支部に評価され、M村は1996年にタブリーグの村支部、1998年には近隣の6つの村を統括する地区支部に指定された。

(2) 組織と運営

続いて、M村を事例にタブリーグの組織構成と運営の実態について述べる。本項では、前節2項と同様に、タイにおけるタブリーグの組織性の高さを明らかにすることになる。

M村地区支部（hanko M）には、先述した地区支部長（1人）と地区支部運営委員（16人）という2つの役職が置かれている。彼らは全員男性であり、無償でその任にあたっている。現在、M村在住のコンサック（男性、1964年生まれ）がつとめる地区支部長は、地区支部におけるタブリーグの活動全般を指揮するリーダーであり責任者で、地区支部運営委員の経験者のなかから選ばれる。地区支部運営委員は、先述した県支部等の上位機関と同様に8つの部門に分けられており、地区支部におけるタブリーグの運営を担っている。運営委員は、地区支部を構成する7つの村支部に住む者のなかから、宣教の参加経験や宣教に対する意欲、イスラーム知識の多寡等を勘案して決められる。委員に任期はないが、体調不良など個人的な理由により委員を辞めることは認められており、欠員が出た場合は適宜、後任が選出される。

M村はタブリーグの地区支部である一方、村支部としても機能している。村内で行われるタブリーグの活動は、地区支部長であるコンサックの指揮のもと、上述した8つの部門に分けられた16人の運営委員によって管理されている。

第 2 章　イスラーム復興運動団体タブリーグと村落社会

　M 村では、定期的にタブリーグの運営会議が開かれる。それは、村支部会議（*musawarat mahanla*）と地区支部会議（*musawarat hanko*）である。村支部会議は、午後 4 時頃に行われるアスル礼拝（午後の礼拝）終了後の 30 分～1 時間ほど、M 村のモスクで毎日行われる。「アミーン・ロープ・サップダー（*amin rop sapda*）」と呼ばれる議長（1 人）によって進められるこの会議では、村における宣教活動の現況や問題点について、委員をはじめとする参加者のあいだで情報の交換と課題の解決に向けた話し合いが行われる。また、村の内外で行われる各種活動の参加者の募集と取りまとめが適宜、実施される。アミーン・ロープ・サップダーは、直訳すると「1 週間のアミーン」であることからもわかるように、その任期は指名を受けた金曜日の村支部会議から翌週金曜日の村支部会議までの 1 週間である。後任は、前任者による指名という方法で、委員をはじめ会議に定期的に参加する村人（*khon nai won*）のなかから決められる。

　地区支部会議は、毎週火曜日のズフル礼拝（昼の礼拝）の後に M 村のモスクで開催される。この日、午後 1 時を過ぎると、地区支部内の各村支部から、地区支部運営委員をはじめとする参加者が M 村のモスクに集まる。会議では、地区支部長のコンサックの進行のもと、村支部毎に活動の状況と課題が報告される。また、この会議では、地区支部長が先述した県支部会議で得られた情報を参加者に伝える。情報の内容は、一連の宣教活動の参加者募集の案内や活動方法の改善点など多岐にわたる。このほかにも、地区支部から県支部に渡す喜捨の回収や、県支部で行う活動への参加希望者の取りまとめ等が行われる。会議翌日に地区支部内の村支部で行われる宣教（詳細は後述）の対象地も、この時に決められる。地区支部会議の所要時間は 1 時間ほどである。参加者のなかには会議終了後、モスクに残ってアスル礼拝をする者や、その後に行われる村支部会議と後述する日帰り宣教に参加する者もいる。

　このように、M 村においてタブリーグは、地区支部長をはじめとする村人によって管理、運営されている。また、地区支部である M 村は、上述した会議を通して、傘下にある村支部とのあいだで情報の伝達や協議を行っているのである。

(3）活動

　続いて、村人が参加する主なタブリーグの宣教活動について見ていきたい。まずは、「カット[9] 1（*kat nu'ng*）」という地区支部内の一村落で行われる日帰り宣教である。これは毎週水曜日に、地区支部内の住民によって行われる。その実施プロセスは、以下の通りである。まず、午後4時頃に参加者が、前日の地区支部会議で決められた村のモスクに集まる。そこでは会議が開かれ、宣教に関するルールの確認とともに、イスラームを学習する班と住民宅を訪問してタブリーグの活動に勧誘する班に参加者が分けられる。勧誘班は、2人以上の偶数名の参加者から構成される。会議後、勧誘班は、水先案内人（*rohaba*、地元住民1人）を先頭に2列縦隊で村内のムスリム家庭を訪れる。そこでは、班のなかから事前に選ばれた勧誘役（*mutakanlim*、1人）が、これからモスクで行う礼拝とイスラーム講話に参加するよう住民を勧誘する。その際、他の班員が村人に話しかけることはできない。学習班は会議後、モスクに残り、タイ語に翻訳された『タブリーギー・ニサーブ（*nangsu' talim*[10]）』を用いて、各々イスラームについて自習する。以上の活動は、1時間ほど行われる。活動を終えた参加者は、休憩を挟んだ後、地元住民とともにモスクでマグリブ礼拝（日没後の礼拝）を行う。その後、参加者の1人が、イシャー礼拝の開始時刻までのあいだイスラームの講話を行う（写真14参照）。講話では、タブリーグが説く6つの信仰行為の意味とそれを実践する宗教的な意義が、話者の経験等を引き合いに出すかたちで平易に説かれる。たとえば、2006年2月8日にM村のモスクで行われたカット1のイスラーム講話を見たい。この日、話者となったサマーン（男性、1955年生まれ）は、以下の話をした。

［事例1：サマーンの語り］
　「（省略）先日、N村（M村近くの村）で交通事故により多くの人が亡くなった。（省略）このように人の命は短い。また、我々は自分がいつ死ぬかわからない。全てはアッラーがお決めになることだ。（省略）現世はすぐに終わるが、来世は永遠に続く。来世で地獄に行って苦しむのか、天国で何不自由なく幸せに暮らすのか？我々はみな天国に行きたいはずだ。そうでしょ

第2章 イスラーム復興運動団体タブリーグと村落社会

う？。天国へ行くには、現世でできる限り徳を積む（*tham bun*）必要がある。宣教は我々の義務（*nathi*）であり、宣教に出れば多くの功徳を得ることができる。だからこそ我々は、宣教に出なければならないのだ。（省略）」

　この講話でサマーンは、来世と現世、天国と地獄の相違を指摘しつつ、それとの関係から宣教の意義と必要性を説いていた。
　講話が終わると参加者は、モスクに留まり再び村人とともにイシャー礼拝を行う。これをもってカット1の所定のスケジュールは終了する。しかし、参加者のなかには、モスクに1泊し、翌日の日の出前の礼拝（ファジュル礼拝）を終えてから帰宅する者もいる。M村からは、運営委員ら定期的に参加する者も含め常時20人前後の村人がカット1に参加していた。
　続く木曜日には、M村のなかでカット1と同じスケジュールと内容の宣教（*kat song*、以下、カット2）が行われる。参加者の取りまとめと各班への振り分けは、当日の村支部会議で決められる。カット2の参加者は、M村の住民に限られており、カット1以上の参加者が集まる傾向にあった。
　このほかにもM村では、「クースーシー（*khu su si*）」と呼ばれる日帰り宣教が不定期に行われている。これは、村支部会議終了後から翌日の村支部会議開

写真14　タブリーグのイスラーム講話の様子
（M村）

第 3 節　M 村におけるタブリーグ

始前までの時間であれば、イシャー礼拝終了後からファジュル礼拝開始前までの時間を除きいつ行ってもよいとされる。ただし、上述したカット 1 とカット 2 が行われる水曜と木曜日は除かれる。参加者は、当日の村支部会議で募られ、アミーン・ロープ・サップダーによって 2 人 1 組（khu）に分けられる。これがクースーシーにおける活動の基本単位となる。活動内容は、イスラーム講話がない以外は上述したカット 1 とカット 2 のそれと大きく変わらない。参加者は、開始時間にもよるが、組毎に住民の勧誘かイスラーム学習のいずれかを行った後、モスクで他の村人とともにマグリブ礼拝とイシャー礼拝をする。カット 2 と異なり、クースーシーには、希望すれば村外の者も参加することができる。ただし、参加希望者は、班分け等の都合上、必ず当日の村支部会議に出席しなければならない。

　以上に見てきた宣教活動は、その全てが成人男性を対象としたものである。しかし、なかには、女性が参加できる活動もある。その 1 つが、村人が「タリム（talim）」あるいは「カーン・タリム（kan talim）」と呼ぶイスラームの勉強会（以下、タリム）である。タリムは、毎週金曜日のズフル礼拝（昼の礼拝）後の約 2 時間、村人宅で開かれる。イスラーム服を着用しタイ語が読めるムスリム女性であれば未婚、既婚を問わず誰でも参加することができる。しかし、開催場所の決定をはじめとするタリムの管理は、女性ではなくタブリーグの運営委員会の委員（2 人）が担っていた[11]。

　タリムの概要を時系列に沿ってまとめると以下のようになる。勉強会の会場となる家に集まった参加者は、最初に 1 人 5 分ずつのペースでタイ語に翻訳された『タブリーギー・ニサーブ』を輪読する。それを通して参加者は、タブリーグが説くイスラームの教えについて学ぶことになる。輪読後、参加者の 1 人（毎回異なる）が、『タブリーギー・ニサーブ』に記された教えについて話す。そこでは、先述したイスラーム講話と同様に、タブリーグの教えが話者の体験などを事例としながら平易なかたちで語られる。その後、参加者は、講話の内容について議論する。議論は、菓子などを食べながら、くつろいだ雰囲気で進められるが、イスラーム以外の話をすることは固く禁じられている。M 村では、常時 10 人ほどの女性がタリムに参加していた［小河 2009b］[12]。

続いて、地区支部の外で行われる宣教活動について見ていく。まずは、前節2項で触れた、毎週金曜日の夕方に県支部で開かれるイスラーム講話と集団礼拝を取り上げる。それはM村において、宣教に初めて参加する村人が、3日間宣教に出る前の予行演習として位置づけられている。なぜなら、短時間ではあるが、他所から来た多くのムスリムと村外で活動をともにすることで、3日間宣教と類似の経験をすることができるからである。時間的、金銭的な負担や求められる知識が3日間宣教よりも少ないためか、小学生から老年層に至る幅広い年齢の村人（男性）が、それへの参加経験を有していた。

次に、村で「ヨック・サーム・ワン（*yok sam wan*）」と呼ばれる3日間宣教について見る。先述のようにM村地区支部の住民が参加するそれは、毎月第4土曜日に行われる。宣教先は、出発の前日に県支部で行われる週例会議で地区支部長が受け取った宣教団票に記載されているため、事前に知ることができる。また、これはタブリーグの全ての活動に当てはまるのだが、「信徒間の平等性」というイスラームの規範を守るために、参加者は全員、帽子かターバンに丈の長いシャツとサロンという同じ種類の服装（*chut dawa*）を着用する。装飾品など参加者の地位がわかるようなモノの着用も、同様の理由から禁止されている[13]。

3日間宣教ではまず、初日の午前8時頃に参加者がM村のモスクに集まる。そこで、「ムシャワラッ・ダッワ（*musawarat dawa*）」と呼ばれる会議が開かれる。会議では、地区支部長が、活動に際しての遵守事項や心構えなど宣教に関わる基本的な事柄に関する講義（*bayan hidayat*、以下、バーヤーン・ヒダヤット）を行った後、参加者の役職が決められる。具体的には、参加者のなかからこれまでの宣教歴などを踏まえて、宣教活動全般を取り仕切るアミーン（*amin*）1人と、食事の作成を担当するト・アム（*to am*）3人が選ばれる。その際、地位の固定化を避けるために、毎回同じ人物が指名されないよう配慮される[14]。会議を終えると参加者は、車に乗って指定された宣教先に向かう。宣教先が遠方の場合などは、金曜日の会議の後にトラン県支部に泊まり、翌朝、同所でバーヤーン・ヒダヤットと会議を行う。宣教先に到着すると、モスクでイマームら地元のイスラーム関係者に挨拶をする。それを済ますとアミー

第3節　M村におけるタブリーグ

ンが、参加者のなかからその日の勧誘役やイスラーム講話の担当者を決める。原則として宣教期間中、全ての参加者が一度はこれらの役職を担わなければならないことになっている。こうして宣教活動が開始される。宣教先では、モスクを拠点に集団礼拝やイスラーム講話、住民の勧誘といった活動が行われる。食事や水浴びもモスクの敷地内で行われ、モスクから出られるのは勧誘の時かアミーンの許可を得た特別な場合に限られる。宣教期間中、参加者は、バーヤーン・ヒダヤットで教授された規則を遵守することが求められる。それは、政治をはじめとするイスラームと関係のない会話をしない、外出時は右側を通行する、食事や排泄などの所作毎に特定のドゥアー（*dua*）[15]を唱える、といったように細かく規定されている。宣教活動は、火曜日の午前中には終了し、昼前にはトラン県支部に立ち寄る。そこでズフル礼拝を行い、駐在する県支部運営委員に宣教団票の返却と、活動の報告をして帰宅する。宣教先から自宅までの経路に県支部がない場合は、県支部に寄る必要はなく、宣教団票は次回の金曜日に返却される。

　以上が3日間宣教の概要である。そこにおいて参加者は、日常から隔絶された環境の下、タブリーグが説く6つの信仰行為を中心とするイスラームの諸事について集中して学び、実践することになる。ただし、それで終わりではなく、参加者には帰宅後も宣教活動で学び、実践したことを継続して行うこと（*wap si*）が求められる。

　M村において3日間宣教に参加した経験を持つ村人は、男性の世帯主に限っても195人中164人にのぼっている。そのうち、タブリーグの運営委員を中心とする21人が、そこへ定期的に参加していた。

　3日間宣教ほどではないが、40日間宣教、4ヶ月間宣教に参加する村人もいる。M村では、2～3ヶ月に1度のペースで地区支部長から村人に参加の募集がアナウンスされる。参加の申請から活動の実施に至るプロセスは、第2節2項で述べた通りである。この長期の宣教でも、移動日を除く1日のスケジュールは、3日間宣教のそれと基本的に同じである。多額の費用と時間が必要なため、それへの参加は多くの村人にとって容易なことではない。にも関わらずM村では、17人（全て男性）が40日間宣教、8人が4ヶ月間宣教（海外を含む）

に参加した経験を有していた。

　M村には、月に3、4回の頻度で村外から宣教団がやって来ていた[16]。筆者の滞在期間中、最も少なかった月で1回、逆に最も多かった月で7回であった。たとえば、2006年4月の1ヶ月間にダブリーグの宣教団が村を訪れた回数は5回で、各宣教団の出身地は地区支部内（カット1）、トラン県（3日間宣教）、アユタヤー県（中部、4ヶ月間宣教）、パタニー県（南部、40日間宣教）、パッタルン県（南部、40日間宣教）であった。ここからは、この1ヶ月間だけでも、県内のみならず南部を中心とする県外からも宣教団が来村していることがわかる。地区支部長のコンサックによると、これまでにM村を訪れた宣教団の出身地は、南部の近隣諸県からバンコク（中部）やチェンマイ県（北部）、ナコンラーチャシーマー県（東北部）など国内全域に及んでいるという。また、その回数は多くないが、タブリーグの総本部があるインドやパキスタン、マレーシア、中国といったアジア諸国、ならびにサウディアラビアやオマーンといった中東諸国等からも宣教団が来村している[17]。

　これまでに見てきた活動のうち、カット1、カット2、3日間宣教、村支部会議、県支部の週例会議後に行われるイスラーム講話と集団礼拝、モスクでのイスラーム学習、家庭でのイスラーム学習、1日2時間半以上の宣教活動（上記以外）の8つは、タイ語で「バーコーミー・ベート・ヤーン（*bakomi bet yang*、以下、8種類のバーコーミー）」と呼ばれ、タブリーグにおいてムスリムが必ず行わなければならない義務的行為とされる。M村では、それらを実践することは「成人男性[18]の義務」であるとして、先述した講話などの機会に頻繁に説かれていた[19]。その一方で、40日間宣教、4ヶ月間宣教、年次集会については状況が異なる。第1章で述べたようにM村は、近隣の村と比べて経済的に貧しい。このため、多額の費用と時間を必要とするこれらの活動への参加は、多くの村人にとって極めて難しいことである。それゆえM村では、次項で詳述するように、喜捨というかたちでの参加が義務づけられていた。

　以上の活動への参加を通して、村人は、様々な背景を持つムスリムと同じ時間、空間を共有しながら宗教上の交流を深めていた。彼らの多くが、その過程において「自分がムスリムであること（*khwam pen khaek*[20]）」や「海外のム

スリムが自分たちのキョウダイであること（*phi non kan*）」を強く意識するようになったと語るように、ダブリーグの宣教活動は、そこに参加する村人のあいだにムスリムとしてのアイデンティティを生みだす機会となっている。また、後に詳しく触れるように、それは、一部の村人からイスラーム学習の場としてもとらえられていた。このようにダブリーグの宣教活動は、M村において、「よりよい来世のための積徳」という側面に限られない多面的な機能を有していたのである。

(4) モスク委員会との連携

　これまで見てきたように、M村では、アサーットをはじめとするタブリーグの中心メンバーの主導により、1990年代以降、数多くの村人がタブリーグの宣教活動に参加するようになった。その結果、同村は、地区支部として近隣の村々を統括する役割を担うまでになった。このようにM村でタブリーグが伸展した背景には、先に取り上げたインフラストラクチャーの整備を契機とする社会経済の変化をはじめとしたさまざまな要因が存在する。以下では、そのなかでも、村の公的宗教機関であるモスク委員会とタブリーグの連携について見ていきたい[21]。

　M村においてタブリーグは、その活動の初期段階からモスク委員会と協働してきた。たとえば、本節1項で触れたように、初期にタブリーグの活動を牽引したアサーットら当時の中心メンバーの多くは、モスク委員会の委員であった。第1章2節2項で詳しく述べたように、文化省（*krasuang watthanatham*）の下位機関であるモスク委員会は、村レベルのイスラーム活動全般を支援、管理する唯一の公的機関である。その委員は、宗教局に登録される公的な宗教リーダーであると同時に、直接選挙で選ばれることからも明らかなように、住民からも認められた存在でもある。M村においてもこの状況は同じである。村人は、「彼らには威光（*barami*）がある」とし、畏敬の念をこめて「スラオ・グループ（*bo surao*[22]）」と呼んでいる。その彼らが、自身が持つ宗教的な威光や権力を用いて、精力的に村人をタブリーグに勧誘したのである。その結果、先にも見たように、タブリーグの活動に関心を持つ村人の数は次第に増

え、なかには定期的に宣教活動に参加する者まで現れた。

　1990年代に入ると、両者の関係はより強固なものとなる。前出のアサートによると、この時期には、16人いた全てのモスク委員がタブリーグの運営委員を兼任するようになった。そして彼らは、タブリーグの活動のさらなる支援と推進を目的に、モスク委員会のなかにタブリーグの運営委員会の役職の一部を併置した。たとえば、「トン・ラップ（ton rap）」という名の役職に就く2人の委員には、宣教団が村で支障なく活動を行えるよう、モスクの使用説明から道先案内まであらゆる便宜を図る役割が与えられている。彼らは、タブリーグの運営委員会において、活動全般の管理を担当する委員（khit mat）を兼任している。同様に、トラン県支部付設のイスラーム寄宿学校やモスク付設のイスラーム教室（詳細は第3章）での学習を村人に勧める教育担当（kannsu'ksa、2人）、喜捨をはじめとする宗教関係の現金を徴収、管理する会計担当（kan ngun、2人）のモスク委員は、タブリーグの運営委員会においても、それぞれ同じ名称で同じ内容の仕事にあたっている。こうした強固な連携関係のもと、タブリーグの中心メンバーは、それまで以上に体系的かつ広範囲にわたり宣教活動を展開できるようになった。そこにおいて彼らは、自身の持つ宗教的な正当性を盾に、本節1項で見たアサートの勧誘の語りを継続して用いつつ、タブリーグの6つの信仰行為を実践することが「成人男性の義務」であるとして、さまざまな機会にそのことを村人に訴えたのである。

　タブリーグの活動資金の獲得を目的としたモスクへの喜捨の義務化も、モスク委員会とタブリーグの運営委員会の連携によって生まれた。喜捨は本来、自発的な宗教行為である。その額や喜捨そのものをするか否かは、個人の意思に任されている。しかし、M村では、任意の喜捨[23]とは別に、1世帯あたり月に100バーツ（約300円）の喜捨が義務として課されていた。月末になると、先述した会計担当のモスク委員が、高齢者世帯や寡婦世帯などを除く村内の家々を1軒ずつ回り喜捨を徴収した。徴収状況はノートに記録されており、滞納している世帯には支払いが催促される。筆者の世帯調査によると、対象となるほぼ全ての世帯が支払いに応じていた。こうして集められた喜捨は、先述したトラン県支部に渡す毎月の喜捨や、地区支部長らが村を代表して参加する

40日間宣教と4ヶ月間宣教の費用（詳細は後述）といったタブリーグの活動資金に充てられている。

　この喜捨について、会計担当をはじめとするタブリーグの中心メンバーは、「成人男性の義務である」、「喜捨をした者とその家族にとっての積徳である」と村人に説いていた。その理由は以下の通りである。先に述べたように、タブリーグの教義において40日間宣教は毎年、4ヶ月間宣教は生涯に一度ムスリムが行わねばならない義務とされる。しかし、貧しいM村において、村人がそれを行うのは経済的、時間的に極めて難しい。そこで、この義務化した喜捨を使って、地区支部長ら数名の村人をそこに参加させる。そうすることで、喜捨をした者は、宣教活動に参加した村人と同様に義務を果たしたことになり、かつ喜捨をした者とその家族は徳を積んだことにもなる。ゆえにこの喜捨は、「義務」と見なされていたのである。

　義務の喜捨を設置したことで、M村は、継続して長期間の宣教活動に参加者を送り出すこと、トラン県支部に毎月の喜捨を滞納することなく支払うことが可能になった。それは、マクロな視点から見ると、トラン県支部が課した喜捨の支払いと長期宣教の参加者数のノルマをクリアすることにより、M村に対する県支部の評価を高めることにつながっていると言える。

　確かに次節以降で詳述するように、村人のあいだにはタブリーグをめぐり相反する見解や対応が見られた。しかし、それにも関わらず、対象となる全ての世帯が喜捨に応じていた。この事実は、少なくとも彼らがタブリーグに宗教的な正当性を認めていることの1つの証左であると言えるだろう。

第4節　タブリーグをめぐる村人の対応

　前節では、M村におけるタブリーグの伸展の過程と活動の実態について詳述した。そこからはタブリーグが、インフラストラクチャーの整備にともなう生活環境の改善や公的宗教機関であるモスク委員会との連携等を背景に、着実に賛同者を増やしている様子が明らかになった。しかし、タブリーグをめぐる

第2章　イスラーム復興運動団体タブリーグと村落社会

村人の解釈や対応について詳しく見ていくと、彼らが決して一枚岩ではないことがわかる。その様子は、多くの村人がタブリーグに対して自身とは異なる態度を示す村人を範疇化していることからも見てとれた。村人の語りをまとめると、この住民範疇には「ダッワ・グループ（*bo dawa*）」、「新しいグループ（*bo mai*）」、「古いグループ（*bo kao*）」の3つがあった。各グループに位置づけられる村人は概ね一致していたが、グループ自体はあくまで認識上のものであり、実体的な集団ではなかった。また、その全てが他称として用いられていた。

本節では、タブリーグの伸展を契機に村人の認識上に出現した上記の住民範疇を取り上げ、タブリーグをめぐる村人の多様な解釈、実践を分析する。また、これら3つのグループの関係性についても考察を加える。この試みを通して、M村における「正しい」イスラームをめぐる錯綜した状況を明らかにする。

（1）ダッワ・グループ

まずは「ダッワ・グループ」について見ていきたい。村人の見解をまとめると、以下の点をこのグループの特徴として指摘することができる。まず、「ダッワ・グループ」には、タブリーグ運営委員を中心とするタブリーグの教理の実践に真摯に取り組む村人が位置づけられていた。そのなかには、先述した公的宗教リーダーであるモスク委員が全員含まれていた[24]。

「ダッワ・グループ」に位置づけられていた村人に共通するのは、来世に対する志向性の強さであった。彼らは、「現世は限りがあるが、来世は永遠に続く」ととらえていた。その上で、来世には天国と地獄の2つがあり、最後の審判（*wan akhiro*）の後、そのどちらに行くかは「現世における生き方」、つまり「生前に積んだ功徳と悪行（*bap*）の多寡」で決まるとする。それゆえ、彼らは、現世を「来世のための準備期間」と位置づけ、「出来る限り多くの功徳を積むためイスラームの実践に真摯に取り組まねばならない」と考えていた。その際に彼らが重視していたのが、宣教を中心とする6つの信仰行為を実践することであった[25]。先述のようにそれは、クルアーンとハディースという聖典に記載された「イスラーム的に正しい行為」であり、かつ「成人男性に課せら

第4節　タブリーグをめぐる村人の対応

れた義務的行為」とされる。加えて彼らは、「6つの信仰行為を実践することと村における日常的な宗教実践のあいだには得られる功徳の量に差がある」と見なす傾向にあった。

このため、「ダッワ・グループ」に位置づけられていた村人の多くが、6つの信仰行為を中心とするイスラームの実践に日々励んでいた。彼らは、「タブリーグの宣教活動に参加することで、参加者本人のみならず同居する家族も功徳が得られる」と考えていた。参加者の家族は、参加者が帰宅するまでのあいだ、精神的、経済的負担に耐えながら家を守っている。こうした家族の努力無くして、参加者が宣教に出ることはできない。それゆえ、残された家族は、支払った犠牲の代償としてアッラーから功徳が付与されるという。

しかし、彼らは、自分たちがタブリーグの言うところの模範的な行動をとることだけに満足しない。彼らは、他の村人に対しても喫茶店（*rang kopi*）[26]での雑談から金曜礼拝の説教（*khutba*）に至るさまざまな機会にその必要性を説いていた。たとえば、2004年12月23日の午後の喫茶店で、タブリーグの運営委員の1人であるアルン（男性、1973年生まれ）は、店内にいた6人の村人（全員が後述する「新しいグループ」に位置づけられる男性）に対して以下のように語った。

[事例2：アルンの語り]
　「（省略）ムスリムは、アッラーに対する強い信仰心を持たねばならない。また、イスラームを熱心に実践しなければならない。それがなければ来世で地獄に落ちてしまう。来世は現世と違って終わりがない。（省略：来世の長さと地獄の恐ろしさについて詳細に語る）地獄に行きたくなければ、我々はムハンマドの道（*hong thang nabi*）を行かねばならない。それは、ダッワの道（*hon thang dawa*）を行くことだ。（省略）」

説教の途中で数名の村人が席を立ったが、アルンは彼らを引き止めることなく語り続けた。アルンをはじめとする「ダッワ・グループ」に位置づけられていた村人にとってそうした行為は、「ムスリムを正しい道に導く行為」であ

り、「ムスリム共同体（*chumchon mutsalim*）にとっても良いこと」と認識されていた。

　他にも彼らの特徴として、タブリーグの総本部があるインドとパキスタン、バングラデシュの南アジア3ヶ国に対する強い憧憬を指摘することができる。たとえば、彼らは、村人を勧誘、説教する際に、「真のムスリム（*mutsalim thae*）が多く住んでいる」と前置きした上で、「手本（*tua yang*）」として上記3ヶ国についてしばしば言及していた。そこにおいて南アジア3ヶ国は、それぞれの国の頭文字を組み合わせて「*ai pi bi*（IPB）」と敬意を込めて呼ばれていた。また、彼らの口から頻繁に聞かれたのは、経済的な余裕があれば、「メッカではなくデリーにあるタブリーグの総本部に行きたい」、あるいは「IPBで行われる年次集会に参加したい」という願望であった。ここからは、彼らが南アジア3ヶ国に対して、メッカと同等かそれ以上の親近感、憧れを抱いていることがわかる[27]。

　村人の見解を勘案すると、「ダッワ・グループ」に位置づけられていた村人の数は、世帯主に限った場合、30人ほどであった。これは、村の総世帯数（195世帯）の約15％を占めていた。

（2）新しいグループ

　次に「新しいグループ」について見ていきたい。このグループに位置づけられていた村人も、先の「ダッワ・グループ」の村人と同様に、その多くが宣教を中心とするタブリーグが説く6つの信仰行為を概ね評価していた。たとえば、彼らの多くは、宣教に出ることを「功徳を探し求めに行く（*pai sawaeng bun*）」、「功徳を積みに行く（*pai tam bun*）」と評するなど積徳と結び付けてとらえていた。また、「イスラームを勉強しに行く（*pai su'ksa itsalam*）」、「イスラームの知識を探しに行く（*pai ha khwamru itsalam*）」などと表現するように、「イスラームについて学習する機会」とも見なし評価する傾向にあった。

　しかし、その一方で、彼らは「ダッワ・グループ」に位置づけられていた村人と異なり、8種類のバーコーミーに代表されるタブリーグの宣教活動に参加することを、必ずしも「成人男性の義務」とは見なしていなかった。その理由

としては、彼らがタブリーグの活動を、礼拝や断食といった他のイスラーム実践と同様に、「個人の信仰心（sattha）に基づいてなされるべきもの」と考えていたことがあげられる。また、彼らの多くは、宣教に際して参加者に「確固たる意志（khwam tangcai）や目標（paomai）がなければならない」とも語っていた。このため、ただ誘われるがままに宣教活動に参加しても功徳は得られないとされる。

　加えて彼らの多くが、「個人の持つイスラーム知識の量が宣教に出る際に重要」とも認識していた。なぜなら、「宣教のルールや活動の宗教的な意味、『タブリーギー・ニサーブ』の内容を理解できるだけのイスラーム知識がなければ、宣教に参加しても得るものは少ない」と考えていたからである。

　また、「新しいグループ」に位置づけられていた村人のなかには、タブリーグの宣教活動への参加を「成人男性の義務」と見なさない理由の1つとして、「タブリーグの宣教が他の宗教実践と異なり多くの時間と費用を必要とする活動である」ことをあげる者もいた。確かに、生活環境が改善されたとはいえ、大半の村人にとってタブリーグの宣教活動に定期的に参加することは、容易なことではなかった。また、先述のように、それに参加することは、残された家族らに相当の経済的、精神的負担を強いることにもなる。それゆえ、彼らは、宣教活動への参加を「義務」とは見なしておらず、あくまで「経済的な余裕があるなど家庭状況が安定した時に参加できるもの」と考えていた。

　以上のように、「新しいグループ」に位置づけられていた村人は、タブリーグの宣教活動の参加に際して、上記のようなさまざまなレベルの要件を設定していた。彼らは、「要件を満たした時（ma thung wela）に初めて宣教活動に参加できる」と考えていた。しかし、要件の詳しい中身やそれを満たす際の基準は、個人により異なっていた。このため、参加頻度の個人差は大きかった。村人の見解を勘案すると、「新しいグループ」に位置づけられていた村人の数は、世帯主に限っても100人ほどと、村全体の半分近くを占めていた。

（3）古いグループ

　最後に「古いグループ」について見たい。他の村人から「古いグループ」に

位置づけられていた村人は、タブリーグに対してみな極めて否定的であった。その理由は、彼らの語りをまとめると、大きく以下の4点になる。

　第一に、タブリーグの規範を遵守することと村で日常的に行う宗教実践では、得られる功徳の量に違いがあるとする点である。彼らは、「そこに差はない」と考えていた。たとえば、1日5回の義務の礼拝。タブリーグは、全ての礼拝を多くのムスリムが集まるモスクにおいて集団で行うことを推奨しており、モスク以外の場所で行う礼拝をそれよりも低く評価していた。しかし、「古いグループ」に位置づけられていた村人は、「金曜礼拝（成人男性の参加が義務とされる）以外はモスクであろうと自宅であろうとどこで礼拝を行ってもよい」と考え、その実施場所をとりたてて問題としてこなかった。なぜなら、「場所の如何に関わらず礼拝の価値は等しく同じ」と考えていたからである。つまり、彼らは、礼拝の実施の有無を最も重視していたのである。このように、「古いグループ」に位置づけられていた村人の多くが、礼拝を含む5つの義務の信仰行為である「五行（*ha prakan*）」を実践することを何よりも重視していた。それゆえ、そのなかに差を作るタブリーグの行為は認められないものと解釈していたのである。

　第二の点は、タブリーグの宣教活動に参加することで家族が被る経済的、精神的な負担である。先述のように、「ダッワ・グループ」に位置づけられていた村人は、「宣教に出ることは参加者だけでなく残された家族にとっても徳を積むことになる」として、それを是としていた。しかし、「古いグループ」に位置づけられていた村人は、先に見た「新しいグループ」の村人と同様に、それをよしとしなかった。なぜなら、彼らにとって宣教に出ることは、「個人的な行為」であり、「残された家族が苦しむことを顧みない（*mai son sia luk mia*）行為」であったからである。それゆえ、彼らは、タブリーグの宣教活動を積徳ではなく悪行と見なしていた[28]。

　第三の点は、タブリーグがインドで生まれ、かつ始まってまだ間もない運動だということである。「古いグループ」に位置づけられていた村人の多くは、こうしたタブリーグの「出自」を根拠に、その宗教的な正当性を疑問視した。また、彼らは、「ダッワ・グループ」に位置づけられていた村人がタブリーグ

第4節　タブリーグをめぐる村人の対応

の総本部の位置するインドを中心とした南アジア3ヶ国を重視していることも、タブリーグを批判する際の理由の1つとしてしばしば指摘していた[29]。彼らは、「ムスリムが目指すべき場所はどこよりもまず聖地メッカである」と考えていた。それゆえ、「ダッワ・グループ」の南アジア志向は、彼らにとって認めがたいものであったのである。

　第四に、タブリーグの宣教活動が、イスラームの教えに反しているという点である。たとえば、「古いグループ」に位置づけられていた村人のなかには、「宣教に出ることを義務とする記述がクルアーンのなかに見られない」と指摘する者がいた。彼らは、「ムスリムはクルアーンの教えに従わなければならない（*huk rang tong tam khamphi sang*）のだから、そこに記載のないタブリーグの宣教に出る必要はない」と主張した。また、彼らのなかには、「そもそも宣教は非ムスリムに対して行われるものであり、ムハンマドの時代から今日まで全世界で行われているのだからする必要はない」ととらえる者もいた。彼らは、こうした解釈を多くの場合、タブリーグの活動に批判的な村のイスラーム教師（詳細は第3章を参照）や村外のムスリムとの会話から得ていた。

　以上のような理由から、「古いグループ」に位置づけられていた村人は、宣教活動に一切参加しないなどタブリーグとは距離を置いていた。村人の見解を勘案すると、このグループに位置づけられていた村人の数は、世帯主に限った場合、60歳代以上の村人を中心とした40人ほどで、村全体の20％ほどを占めていた。

（4）村人の関係性

　前節では、タブリーグの伸展を契機に村人の認識レベルで生まれた実体化されない住民範疇を取り上げ、タブリーグに対する村人の多様な対応について明らかにした。それでは、タブリーグをめぐって村人はいかなる関係を構築していたのだろうか。本節では、村人が、自身とは異なる住民範疇に位置づけた村人に対してとった態度や見解を描写し、考察を加えることで、上記の点について明らかにする。

　まずは、「ダッワ・グループ」と「古いグループ」にそれぞれ位置づけられ

第 2 章　イスラーム復興運動団体タブリーグと村落社会

ていた村人の関係について見ていきたい。「ダッワ・グループ」の村人の多くは、6 つの信仰行為を中心とするタブリーグの教理の実践を「成人男性の義務」と見なしそれに従う一方、他の村人にもそうするようさまざまな場で説いていた。しかし、筆者が見聞きする限りにおいて、彼らが「古いグループ」と見なす村人に個人的に働きかけることはなかった。その理由の 1 つに、前出のアサートを中心とする初期のタブリーグの中心メンバーが村で勧誘活動を始めた当初、「古いグループ」の村人がそれに応じなかったことがあった。タブリーグの運営委員の 1 人であるマッサー（男性、1944 年生まれ）は、「私たちは何度も『古いグループ』を勧誘した。しかし、彼らは頑固で、私たちが何を言っても聞き入れなかった。（中略）だから彼らを誘うのを諦めたのだ」と語っている。このような消極的な態度が生まれた別の理由としては、「同胞愛」というタブリーグの教えを指摘することができる。6 つの信仰行為の 1 つであるこの考えは、「同胞批判は悪行」という認識を「ダッワ・グループ」の村人のあいだに植え付けた。「古いグループ」の村人に対して叶う見込みの少ない勧誘を続けることは、怒りや嫌悪感といった同胞である彼らを批判する原因を生むことにつながる。「ダッワ・グループ」の村人が「古いグループ」と見なす村人への勧誘をやめたことは、こうした悪行を犯すリスクを避ける狙いがあったと考えることができるだろう。

　他方、「古いグループ」に位置づけられていた村人は、そのような態度をとる「ダッワ・グループ」の村人を陰で批判した。批判は、彼らが「ダッワ・グループ」と見なす村人のいない場所での雑談や食事の場などでなされた。そこでよく聞かれたのが、「タブリーグの宣教は悪行。ゆえにそれを行う『ダッワ・グループ』は悪行を犯している」という論理に基づく語りであった。彼らがタブリーグの宣教活動を「悪行」と見なす理由は、前項で見た通りであるが、そのようなタブリーグの宣教を「イスラーム的に『正しい』もの」としてそれへの参加を勧める「ダッワ・グループ」の行為もまた、彼らにとっては「悪行」であった。このため、「ダッワ・グループ」の村人が批判の対象となったのである。具体的に「古いグループ」の村人は、「ダッワ・グループ」の村人を「仕事をする気のない怠け者（*khon khikiat tam ngan*）」、「家族を顧みない

第 4 節　タブリーグをめぐる村人の対応

(*mai son luk mia*) 者」、「ダッワの道だけ (*hon thang dawa singdiao*) に関心を持つ身勝手な (*hen kae tua*) 者」などと評して批判していた。また、イスラームとは異なる視点からの批判もあった。「古いグループ」に位置づけられていた村人は、しばしば自分たちに声をかけない「ダッワ・グループ」の村人の態度を「弱腰」として批判した。たとえば、「ダッワ・グループ」に位置づけられていた村人の多くから「古いグループ」と見なされていた専業漁民のジャルーン（男性、1949 年生まれ）によると、彼は「『ダッワ・グループ』の魚商人にほぼ毎日漁獲物を売りに行くが、仕事や家族の話はしてもタブリーグの宣教活動への参加を勧められたことは一度もない」という。そのことを踏まえた上でジャルーンは、「『ダッワ・グループ』は私を宣教に誘う勇気がない (*mai han len*)」と言って、彼が「ダッワ・グループ」と見なす村人を馬鹿にする。同様の批判は、「まだ何もしらない子供だけを勧誘する」という専業漁民ソムチャイ（男性、1953 年生まれ）の語りからもわかるように、「ダッワ・グループ」の勧誘方法にも向けられていた。

　以上のように、「ダッワ・グループ」と「古いグループ」に位置づけられていた村人は、タブリーグをめぐる互いの態度を、主に「イスラームに反する」という理由から批判的にとらえる傾向にあった。しかし、彼らが、直接的なかたちで相手の言動に干渉することはほとんどなく、概ね無関心を装っていた。タブリーグをめぐり両者は、「静かな」対立関係にあったと言えるだろう。

　続いて、「古いグループ」と「新しいグループ」に位置づけられていた村人のタブリーグをめぐる関係性について見たい。先述のように、「新しいグループ」に位置づけられていた村人は、タブリーグの活動を「ダッワ・グループ」の村人のように「成人男性の義務」とは見なさないものの、「積徳やイスラーム学習の機会」として評価する傾向にあった。彼らが、タブリーグの活動を否定する「古いグループ」の村人を、イスラームの観点から批判することはあまりなかった。また、彼らは、筆者が見聞きする限りにおいて、「古いグループ」と見なす村人をタブリーグの宣教活動に誘うことはあっても、それへの参加を義務化するよう働きかけることはなかった。タブリーグの宣教活動への参加を、あくまで「個人の信仰心に基づくもの」と考える彼らは、それをイス

ラーム学習の機会等として「古いグループ」と見なす村人に勧める一方、そこに参加するか否かは個人の判断に任せていたのである。

　このような「古いグループ」の村人に対する「新しいグループ」の村人の寛容な姿勢は、「新しいグループ」の村人に対する「古いグループ」の村人の対応にも見られた。確かに、「古いグループ」に位置づけられていた村人は、タブリーグの宣教に参加することを是としなかった。しかし、彼らは、「ダッワ・グループ」と見なす村人に対するのと同じように、そこに参加する「新しいグループ」の村人を批判することはほとんどなかった。たとえば、多くの村人から「古いグループ」に位置づけられていたウィラット（男性、1952年生まれ）は、「新しいグループ」と見なす村人について、「タブリーグの宣教活動に参加すべきではない」と断ったうえで、「『新しいグループ』は、頻繁に宣教に出ていないので、あまり家族に迷惑をかけていない。自分の出来る範囲で宣教に出ている。それは『ダッワ・グループ』よりもよいことだ」と述べていた。筆者が見聞きする限り、ウィラットが、「新しいグループ」と見なす村人を批判することはなかった。同時に、彼が、「新しいグループ」の誘いに乗り、タブリーグの宣教活動に参加することもなかった。

　最後に、「ダッワ・グループ」と「新しいグループ」にそれぞれ位置づけられていた村人の関係について見る。「ダッワ・グループ」に位置づけられていた村人は、「古いグループ」に対するのとは異なり、タブリーグの宣教活動に参加した経験を持つこと等を理由に、「新しいグループ」と見なす村人を概ね評価していた。しかし、他方で、彼らの宣教に対する取り組みは、「まだ不十分である」とも認識していた。たとえば、地区支部長のコンサックの言葉を借りると、「『新しいグループ』は宣教の道に入ったばかりでまだ子供」であるという。それゆえ、彼は、「『新しいグループ』は出来る限り宣教活動に参加すべき」と考え、積極的に彼らを勧誘していた。

　他方、「新しいグループ」に位置づけられていた村人は、「イスラームの知識を豊富に持っていること」、「多くの功徳を積んでいること」、「宗教的な威光を有していること」などを理由に、「ダッワ・グループ」と見なす村人に対して敬意を払う傾向にあった。しかし、宣教に対する姿勢をめぐる彼らの見解は、

第 4 節　タブリーグをめぐる村人の対応

「ダッワ・グループ」のそれとは異なっていた。先述のように彼らの多くは、宣教を「成人男性の義務」とは見なしていない。それは、「個人の生活状況に合わせて行われるべきもの」とされていた。それゆえ、宣教を「成人男性の義務」と見なしそれに真摯に取り組む「ダッワ・グループ」の村人は、多くの場合、彼らの目に「家庭を疎かにしている」と映った。彼らが「ダッワ・グループ」と見なす村人への評価は、先に見た「古いグループ」による評価と同様に、概して消極的なものであった。しかし、他方で、こうした彼らが、「ダッワ・グループ」と見なす村人から受ける熱心な勧誘を無下に断ることは、筆者が見聞きする限りほとんどなかった。その背景には、上述したような彼らの「ダッワ・グループ」の村人に対する尊敬の念が存在していたと言える。しかし、前節で触れたように、彼らは、自身が時宜に適っていると判断しなければ宣教活動に参加しなかった。このため、「ダッワ・グループ」の村人からの誘いに対する彼らの反応は、個人により異なっていた。

注

(1) 6つの信仰行為の他にも、衣服をはじめとする装飾や食事の方法等さまざまな領域における望ましいあり方が細かく決められている［中澤 1988：80-81］。

(2) 女性もタブリーグの活動に参加できるが、男性と比べて多くの制約が課されている。

(3) タブリーグが、そのトランスナショナルな活動を通して、参加者のあいだに新たな結びつきやムスリム・アイデンティティを生んだとする見解がある［Ali 2003］。

(4) タイ深南部のヤラー県ムアンヤラー（*Muang Yala*）郡にあるヤラー県支部（*markat yala*）もタイ国支部に匹敵する規模と機能を有している。同所には、1993年に建設されたアンヌーン・モスク（*matsayit annun*）というタイ国支部のアンマダニー・モスク（*matsayit anmadani*）に匹敵する大きさを持つモスクがある。しかし、総本部をはじめとする海外との情報の交換や人的交流の管理は、バンコクのタイ国支部が行っているという（2007年3月26日にタイ国支部で行った聞き取り）。

(5) 4ヶ月間宣教の参加経験が豊富な者はいつ出発してもよいとされる。

(6) アミーンは「指導者」を意味するアラビア語の amir に由来する。

(7) タイにおいて徳を積むという行為は、国民の9割近くを占める上座部仏教徒に

(7)　とって、「現世と来世に幸福をもたらす善行」とされる。この観念はムスリムにも見られる［e.g. Burr1988a、西井 2001］。
(8)　当然のことながら、全ての村人がタブリーグを支持しているわけではない。タブリーグをめぐる村人の多様な認識、対応のあり様については、本章第 4 節で詳しく述べる。
(9)　カットは、「ムスリムの家庭を訪問してタブリーグの活動に勧誘すること」を意味する。また、後述するように、日帰り宣教の名称としても使われる。それは、「家から家へとムスリムを訪問すること」を指すペルシャ語に由来する［Saidkhan n.d.：22］。
(10)　talim は「授業」、「教育」を意味するアラビア語の ta'lim に由来するものと考えられる。
(11)　M 村でタリムが始まったきっかけは、1995 年に来村したタブリーグのトラン県支部長が、アサーットの妻らにタリムの開催を勧めたことであった。タリム開始当初の参加者は、アサーットの妻をはじめ 5 人ほどであったが、彼女らの精力的な勧誘等によりその数は増加した。
(12)　村の女性のなかには、タリム以外の時間に親族や友人らと『タブリーギー・ニサーブ』を使ってイスラームを学習している者もいる。
(13)　同様の規定は、メッカ巡礼にも見られる。
(14)　しかし、定期的に参加する者はある程度決まっているため、ゆるやかな地位の固定化が見られる。たとえば、村人のなかには、自身を「アミーン」と呼び、またそう呼ばれる者が複数名存在する。これは、タブリーグの規範と現実の乖離を示す事例と言える。
(15)　アッラーに対する個人的な祈願を目的とした礼拝と、その時に読まれるクルアーンやハディース由来の決まり文句のこと。また、「食前に唱えるドゥアー」のように、状況に応じて詠まれる決まり文句も含まれる。
(16)　ただし、村人が 3 日間宣教に参加する第 4 土曜日からの 3 日間は、トラン県支部の配慮により、極小宣教団が来村しないようになっている。
(17)　海外から M 村に宣教団が来る場合、トラン県支部が手配した通訳が同行する。
(18)　村では一般に、割礼を終えた男子が「成人」と見なされている。それは、割礼が「スンナに入る（*khao sunna*）」や「イスラームに入る（*khao itsalam*）」と表現されていることからも理解できる。男子割礼は、個人差はあるが多くの場合、10 歳前後に行われる。
(19)　ただし、学生などまだ働いていない者や収入のない者については、村外で行われる宣教への参加は免除された。
(20)　タイ語で一般に「訪問客」を意味するケークは、マレー系や南アジア系、中東

系の人々の総称でもあり、しばしばムスリムに対する蔑称として用いられる［Cornish 1999：1］。しかし、M村では、否定的な意味はなく、「コン・ケーク（*khon khaek*、ケーク人＝ムスリム）」という単語が自称や他称として使われている。

(21) タブリーグは村の宗教教育機関とも連携した。この点については、第3章2節3項で詳しく触れる。
(22) スラオは、マスジットと同様に「モスク」を意味する。
(23) 任意の喜捨は、モスクと付設のイスラーム教室の運営・維持費に充てられていた。
(24) それゆえ、「ダッワ・グループ」を「スラオ・グループ」と呼ぶ者もいる。
(25) そのうちの宣教については、8種類のバーコーミーに参加することを重視していた。
(26) 村に8軒ある。客の大半は成人男性で、情報交換の場となっている。
(27) 別の理由としては、現地のムスリムと接触する機会の多さや地理的な近さをあげることができる。
(28) 同種の行為としては他に、ジハードの名のもとに行われる殉教行為があげられた。
(29) スンニ派のムスリムは、4つある法学派のうちのいずれか1つに属さなければならない。「古いグループ」に位置づけられていた村人のなかには、そのことを踏まえた上で、ハナフィー学派の教え（供宴を開催しない）やハンバル学派の教え（女性の身体全体を覆う衣服の着用の義務化）といった複数の法学派の教えを混合していることがイスラームの教えに反するとしてタブリーグを批判する者がいた。

第3章　イスラーム教育の拡充と正当性をめぐるせめぎ合い

休み時間にくつろぐモスク宗教教室の生徒たち
(M村)

第3章　イスラーム教育の拡充と正当性をめぐるせめぎ合い

　前章では、イスラーム復興運動団体タブリーグがM村に伸展するプロセスを、国家の対イスラーム政策や公的イスラーム機関との関係を踏まえつつ、タブリーグをめぐる村人の多様な解釈、実践に注目することで明らかにした。続く本章は、このタブリーグをはじめとするイスラーム復興運動団体等の外的諸力の影響のもと、村のイスラーム教育がいかに変化し、そのことが村人の宗教実践にいかなる影響を及ぼしているのか、という点について明らかにする。

　本章の第1節では、M村の事例を考察する際のマクロな背景として、タイの初等・中等教育段階で行われるイスラーム教育の概況を、国のイスラーム教育政策との関係を踏まえて描く。

　第2節では、視点をM村に移し、1990年代以降に見られるようになったイスラーム教育拡充の動きを、教育省に代表される政府機関や全国レベルのイスラーム教育普及団体であるクルサンパン協会、ならびにタブリーグとの関係から跡付ける。

　第3節では、前節で見た宗教教育機関とそこで教えられるイスラームをめぐる村人の多様な解釈、実践を取り上げて分析を加える。これにより、「正しい」イスラーム教育をめぐる村人のせめぎ合いの様相を明らかにしたい。

第1節　タイの初等・中等教育段階におけるイスラーム教育

　タイの学校教育は大きく、初等教育（*prathom su'ksa*、6年間）、中等教育（*matthayom su'ksa*、前期中等教育3年・後期中等教育3年の6年間）、高等教育（*udom su'ksa*）の3段階に分けられ、初等教育と前期中等教育が義務教育となっている。イスラーム教育は、その全ての段階で実施されている。本節では、そのなかでも本章と関わりのある初等教育段階と中等教育段階のイスラーム教育を取りあげ、その概要を描きだす（図3参照）。

（1）小学校・中等学校
　まずは、国公立の小学校・中等学校におけるイスラーム教育について見てい

第1節　タイの初等・中等教育段階における

教育段階 (標準年齢)	学校教育制度内					学校教育制度外			
後期中等教育 (15〜18歳)	国公立中等学校	職業教育学校	私立イスラーム学校（宗教・普通教育課程）	私立イスラーム学校（宗教教育課程・中級）		未登録ポーノ (修業年限不定)			
前期中等教育 (12〜15歳)	教育機会拡充校	国公立中等学校	私立イスラーム学校（宗教・普通教育課程）	私立イスラーム学校（宗教教育課程・初級）	⇔	モスク宗教教室（宗教局登録）	モスク宗教教室（クルサンパン協会加盟）	モスク宗教教室（未登録・修業年限不定）	クルアーン塾（修業年限不定）
初等教育 (6〜12歳)	国公立小学校				⇔				

図3　タイにおける初等・中等教育段階のムスリムの進学経路
出所：[渋谷・鈴木2001：286] と筆者調査より作成。
注：・「⇔」は、私立イスラーム学校を除く学校教育制度内の学校に通う生徒が、それと並行してポーノを除く学校教育制度外の宗教教育機関に通えることを示している。
　　・モスク宗教教室のなかには、宗教局とクルサンパン協会の双方に登録している教室も存在する。
　　・他の学校教育制度内の教育機関と異なり、私立イスラーム学校の宗教教育課程を修了しても中等教育修了資格を得られない。このため本図では、線を引いて両者を区別した。

きたい。タイでは、1921年に「初等教育令」が公布されたことを契機に、ムスリム居住地を含む全国各地に国公立の小学校が設置されていった。しかし、民族、国王とともにタイの国家原理の1つとして教科の内外に盛り込まれていた仏教と異なり、小学校にはじめてイスラーム科目が導入されたのは、初等教育令の公布から50年以上が過ぎた1976年のことであった。この年にマレー系ムスリムが多数派を占める南タイ国境4県にある一部の小学校でイスラーム教育が開始された。そこには、小学校に対する同地のムスリムの関心を高めることで、仏教の影響の大きさやタイ語が教授言語といった理由から児童が集まらなかった当時の小学校をめぐる状況を打開しようとする政府の意図があった[鈴木2005：120]。その後、1981年には、南タイ国境4県の小学校でイスラーム教育が正規の必修科目として認可された。しかし、イスラーム教育が全国の小学校に導入されるには、1997年11月まで待たねばならなかった。

第3章　イスラーム教育の拡充と正当性をめぐるせめぎ合い

　一方、国公立の中等学校では、南タイ国境 4 県の一部の学校の前期中等教育課程で 1982 年、後期中等教育課程で 1984 年にはじめてイスラーム教育関連科目が社会科の自由選択科目として採用された［鈴木 2005：121］。全国の中等学校でイスラーム教育の実施が認められたのは、小学校と同様に 1997 年 11 月のことであった。

　このようにイスラーム教育は、長い時間をかけて全国の初等・中等教育段階に導入されたわけだが、その後の状況は好転している。たとえば、1997 年 9 月に「制服に関する教育省規則」が改定されたことで、幼児教育段階から高等教育段階に至る全ての国公立学校における児童・生徒のイスラーム服の着用が認可された[1]。また、初等・中等教育段階におけるイスラーム教育関連のカリキュラムの一元化をはかる「基礎教育カリキュラム」（2001 年公布）は、中等教育段階を中心に多様なカリキュラムが存在していたこれまでの状況を打開し、タイ全土で同一のカリキュラムのもとにイスラーム教育を実施することを可能にするものであった。

　以上のように、タイにおける初等・中等教育段階のイスラーム教育は近年、制度面における整備、拡充が進んでいるのである。

（2）クルアーン塾とモスク宗教教室

　上述のように、タイの国公立の小学校・中等学校では近年、イスラーム教育科目の導入が進んでいる。その一方で、タイのムスリム・コミュニティには伝統的に、初等・中等教育段階の子弟を主たる対象とした宗教教育機関が存在した。それが、クルアーンの朗唱を中心とした教育を行う私塾（以下、クルアーン塾）と、モスク付設の宗教教室（以下、モスク宗教教室）である。以下では各機関の概要を描く。

　クルアーン塾は、地域社会のなかでイスラームについて見識が深いとされる住民が自宅を開放して、初等・中等教育段階の子供を中心とする住民に、クルアーンの朗唱に関わる知識や方法を教えている。クルアーンの朗唱は、全てのムスリムに課せられた義務的行為としてクルアーンに規定されている。このため、多くのタイ・ムスリムは、幼少時からそれを目的とした学習に勤しむ。一

般的には、最初にアラビア語の読み書きについて学習した後、クルアーン読誦の方法を学び、クルアーンをスムーズに読誦できるようになるまで練習を重ねる、という学習パターンをとる。また適宜、クルアーンやドゥアーの暗誦に向けた学習も行われる。しかし、あくまでクルアーンの朗唱が目的であるため、塾での学びを通して生徒がクルアーンを読解できるようにはならない。一般にクルアーン塾の教師は、他に仕事を持っており、放課後や週末にボランティアで授業を行っている。タイのクルアーン塾は、国家の制約がなく自由に教育活動を行うことできる一方、国家からいかなる支援も受けていない。

モスク宗教教室は、モスクやモスクの敷地内に建てられた建物を教室に、初等・中等教育段階のムスリム子弟を中心とするコミュニティ内の住民にイスラーム教育を実施している(2)。教師は、一定程度の宗教知識を持つ住民が担っており、クルアーンの読誦を中心とした「イスラームの基礎（*fanduin*）」を教えている。一般にモスク宗教教室は、クルアーン塾と比べて、生徒数をはじめとする教室の規模は大きく、教授内容も多岐にわたる。また、教師個人ではなく地域社会が運営していることも、クルアーン塾との違いとして指摘できる。ローハーニー・ダーオ（Rohani Dao）によると、タイのモスク宗教教室は今日、対象とする生徒の年齢により、①小学校入学前の子供を対象とした教室、②小学校と中等学校（前期）の生徒を対象とした教室、③全ての年齢のムスリムを対象とした教室、に分けられる［Rohani 2003：24-25］。

ところで、タイにおいてモスクは、文化省の下位機関である宗教局に登録することが法律により義務付けられている一方、モスク宗教教室にその必要はない。つまりモスク宗教教室は、クルアーン塾と同様に、各教室の裁量で教育活動を行うことができるのである。しかし、そのことは同時に、モスク宗教教室が政府から金銭補助をはじめとする支援を受けられないことを意味している。このためモスク宗教教室は、教室の運営に関わる経費を地元住民やイスラーム系団体等からの寄付で賄ってきたのである。

こうしたなか1998年に「モスク道徳教育センター支援プロジェクト（*khrongkan utnun sun oprom satsana itsalam lae cariyatham pracam matsayit*、以下、モスク宗教教室支援プロジェクト）」が実施された。宗教局主導のこのプロ

第3章　イスラーム教育の拡充と正当性をめぐるせめぎ合い

ジェクトは、長年にわたり地域社会の子弟の教育に携わってきたモスク宗教教室に、教師の給与や教室の設備費などの財政支援を行うことで、その教育機能を高めることを目指していた。それにより、麻薬（*ya septit*）の蔓延などにより乱れた当時のムスリム子弟の生活の改善と健全な育成を試みたのである。このプロジェクトによる支援を希望する教室は、①教室のあるモスクが法律に従い宗教局に登録している、②モスクに教室を管理、運営する委員会（*khanakanmakan borihan sun*、以下、モスク宗教教室管理委員会）を設置している[3]、③生徒40人につき教師1人がいる、④教師は普通教育において義務教育修了（前期中等学校卒業）以上の学歴を持ち、かつイスラーム教育歴が3年以上あることを県イスラーム委員会から保証されている、⑤教室の建物は安全で生徒数に見合った大きさがある、という条件を全て満たす必要があった。また、モスク宗教教室は、「モスク道徳教育センター（*sun oprom satsana itsalam lae cariyatham pracam matsayit*）」として宗教局に登録しなければならなくなった。登録に際しては、宗教局が指定するカリキュラムの使用とともに、氏名や年齢、学歴といった教師と生徒に関する詳細な情報の提出が義務付けられた。さらには、支援を受けた後は毎年、上記の情報に加えて教育活動や教室運営費の収支内容等を記した活動報告書の提出が課されている［Krom Kansatsana 2005b：59-72］。そこから得られたモスク宗教教室に関する詳細な情報は、宗教局のみならず、モスク宗教教室を指導、管理する県イスラーム委員会や郡文化局にも送られている。

　このようにモスク宗教教室は、金銭面での支援を受ける代わりに、国家による教室の管理、統制につながるさまざまな事柄を遵守しなければならなくなった。しかし、「モスク宗教教室支援プロジェクト」の支援を受けるか否かは、強制ではなくモスク宗教教室側の裁量に任されている。このため、タイ国内のモスク宗教教室は、宗教局に登録した教室と未登録の教室に分かれている状況にある。

（3）クルサンパン協会
　タイでは、国家だけでなくイスラーム系団体もモスク宗教教室の活動に関与

している。そのなかにあって、全国規模で活動を展開するものにクルサンパン協会がある。タイ語で「教師連合協会」を意味するこの協会は、バンコクにあったイスラーム学校バーンラック・アンユマン・イスラーム学校（*rongrian anyuman itsalam bangrak*）の卒業生 16 名を発起人、プラチャー・ムクターリー（Pracha Muktari）を会長として 1956 年に設立された。当時のタイ・ムスリムは、タイ語ではなくアラビア語やマレー語といった外国語で書かれた教科書を用いてイスラームを学習していた。クルサンパン協会は、こうしたムスリム子弟の負担を軽減するために、「イスラームの基礎」に関するタイ語の教科書と学習カリキュラムを作成することから活動を始めた。その後、それらを用いたイスラーム教育の普及活動を、ムスリムの少ない東北タイとマレー系ムスリムが多数派を占める深南部を除く国内全域で行っている。具体的には、ノンタブリー県バーンブアトーン（Bang Buathong）郡にある本部を頂点に、教育区（*khet kansu'ksa*、国内に 9 区）、試験区（*nuaisop*、国内に 73 区）、協会付属学校（*rongrian fanduin khong samakhom khurusamphan*、国内に多数）に至る階層構造（図 4 参照）の下、M 村の位置するトラン県を含む 26 の県で活動を展開している（クルサンパン協会ホームページ参照）。

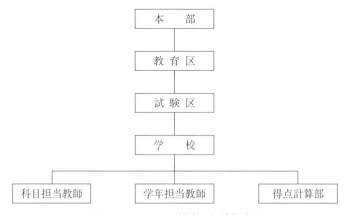

図 4　クルサンパン協会の組織構成図
出所：[Samakhom Khurusamphan 2006：47] より筆者作成。

第 3 章　イスラーム教育の拡充と正当性をめぐるせめぎ合い

　クルサンパン協会に加盟する学校は、9 学年制を採用しており、生徒は大きく第 1 段階 (*chan nu'ng*、1 年生〜3 年生)、第 2 段階 (*chan song*、4 年生〜6 年生)、第 3 段階 (*chan sam*、7 年生〜9 年生) の 3 段階に分けられる。学習内容は、この段階ごとに決められている。2002 年改定の学習カリキュラムを見ると、理論科目の「クルアーン (*an kuroan*)」、「信仰の基礎 (*lakkan sattha*)」、「イスラーム法 (*satsanabanyat*)」、「道徳 (*cariyatham*)」、「ハディース (*an hadit*)」、「イスラーム史 (*satsana prawat*)」と、実践科目の「学習者発達活動 (*kitcakam phatana phurian*)」の 7 科目が 3 段階共通である他、第 2 段階と第 3 段階は、そこに「クルアーン解釈 (*at-tatyawit*)」と「アラビア語 (*phasa arap*)」の 2 科目、第 3 段階には「クルアーン研究の基礎 (*lakphitcarana an kuroan*)」と「ハディース研究の基礎 (*lakphitcarana an hadit*)」の 2 科目が加わる［Witrut 2006：20］。「学習者発達活動」では、身体の浄め方や礼拝の作法、クルアーンの読誦といったイスラームの基本的行為について教えられる。生徒は、所属する学年ごとに、協会が作成した教科書をバンコクの本部から購入して使用している[4]。上の学年に進級するためには、年に 2 回行われる全国共通の修了認定試験に合格しなければならない。試験は、履修する全ての科目から出題され、その内容は表 5 のように細分化されている。

　このようにクルサンパン協会は、全国統一のカリキュラムとタイ語で書かれた教科書の作成、ならびにそれらの普及に向けた教育・啓蒙活動を通して、モスク宗教教室を中心としたタイのイスラーム基礎教育機関におけるイスラーム教育の体系化を進めている。ただし、クルサンパン協会は、加盟校や生徒に対する金銭を含めた補助は行わない。あくまで、その教育システムを提供するだけである。

　タイでは、このクルサンパン協会の他にも、第 1 章で触れたタイ国ムスリム青年協会やタイ国イスラミック・センター財団 (*munlanithi phu'a sun klang itsalam haeng prathet thai*) といったイスラーム復興運動団体が、ムスリム子弟のイスラーム教育に携わっている。しかし、これらの団体にとってイスラーム教育は、開発や福祉など数ある活動領域の 1 つにすぎない。このため、その教育活動の規模は小さく、また採用している教育システムも、クルサンパン協会

表5　クルサンパン協会加盟校における進級試験の内容
（第3段階：7〜9年生）

①実践部門

科目番号	科目名	単位	点数（1回目）	点数（2回目）	合計
1	クルアーン読誦	1	—	50	50
2	クルアーンの章の暗誦	1	—	50	50
3	ドゥアーの暗誦	1	—	50	50
4	礼拝前の身体の浄め方	1	—	50	50
5	義務の礼拝	1	—	50	50
6	イード礼拝	1	—	50	50
7	ジャナーザ礼拝	1	—	50	50
8	簡略礼拝と集団礼拝	1	—	50	50
9	スンナ礼拝	1	—	50	50
合計		9	—	450	450

②理論部門

科目番号	科目名	単位	点数（1回）	点数（2回）	合計
1	信仰の基礎あるいは宗教の基礎	2	40	60	100
2	イスラーム法	2	40	60	100
3	イスラーム史	2	40	60	100
4	クルアーン	1	20	30	50
5	ハディース	1	20	30	50
6	道徳またはイスラーム神秘主義	1	20	30	50
7	クルアーン解釈	1	20	30	50
8	クルアーン研究の基礎	2	40	60	100
9	ハディース研究の基礎	2	40	60	100
10	アラビア語	1	20	30	50
11	アラビア語（読み）	0.5	—	25	25
12	アラビア語（書き）	0.5	—	25	25
13	全般的な知識	1	20	30	50
合計		17	320	530	850

出所：[Samakhom Khurusamphan 2006：53] より筆者作成。

第3章　イスラーム教育の拡充と正当性をめぐるせめぎ合い

のように体系化されていない。

　続いて、クルサンパン協会と国家の関係について見ていきたい。結論を先取りすると、近年、両者はその関係を深めている。たとえば、クルサンパン協会作成のカリキュラムは、先述した宗教局の「モスク宗教教室支援プロジェクト」において、タイ語を母語とするムスリムが住む地域のモスク宗教教室で使用できる唯一のカリキュラムに認定された［Krom Kansatsana 2005b：23］。また、地方行政機関は、体系的にイスラームを学ぶことができるという理由から、域内のモスク宗教教室にクルサンパン協会への加盟を奨励している。たとえば、M村の位置するトラン県では、2006年7月8日にトラン県自治体（*ongkan borihan suan cangwat trang*）(5) が、県内のモスク宗教教室の教師を集めて、クルサンパン協会の教育システムに関する説明会を開催した。そこでは、協会の教育システムの説明とともに、それを採用するよう参加者に勧めている（写真15参照）。

　このほかにも、クルサンパン協会と国家の密接な関係を示す事例がある。クルサンパン協会加盟校の4年以上の学年を終えた者は、各学年の終了時に協会から証書を授与されるが、そこには協会長の署名とともにチュラーラーチャモ

写真15　トラン県自治体が開催したクルサンパン協会の説明会の様子

（トラン県文化局提供）

第 2 節　M村におけるイスラーム教育の変遷過程

写真16　クルサンパン協会発行の終了証（6年生）
(M村)
注：左下にチュラーラーチャモントリーの署名がみえる。

ントリーの署名が記されている（写真16参照）。第1章2節2項でも述べたように、チュラーラーチャモントリーは、アユタヤー朝以来、伝統的に王室からムスリムに与えられていた称号で、今日その保持者は国王からタイにおけるイスラームの最高責任者としての地位を与えられている。つまり、このチュラーラーチャモントリーの署名が証書にあるということは、クルサンパン協会が、国家から宗教的な正当性を与付されていることを示しているのである。

第2節　M村におけるイスラーム教育の変遷過程

本節では、M村におけるイスラーム教育の変遷の過程を、国家やイスラーム復興運動といった外的諸力との関係から跡付ける。この作業は、同地においてイスラーム教育が拡充していく様子を明らかにするものとなる。

（1）モスク宗教教室の誕生

タイ国内の他のムスリム・コミュニティと同様に、M村においてもクルアー

ン塾は古くから存在した。それは、モスク宗教教室が設置される1990年以前のM村にあって、唯一の宗教教育機関であった。当時のM村には5つのクルアーン塾が存在した。そこでは、礼拝や儀礼といった日常の宗教実践に不可欠なクルアーンとドゥアーの朗唱が目標とされ、それを達成するためにアラビア語の読み書きが教えられていた。教師は基本的に無給で教育にあたった[6]。また、明確な年齢制限が存在した訳ではないが、生徒の大半が村の小学校に通う子供であった。

　このクルアーン塾のなかでも最大の規模を誇っていたのが、前章で登場したタブリーグの中心メンバーであるアサーットの塾であった。彼は7歳から21歳までのあいだ、当時イマーム（礼拝時の導師）であった父からイスラームについて学んだ後、漁業の傍ら25歳（1975年）でクルアーン塾を開いた。このアサーットのクルアーン塾は、彼が持つ豊富な宗教的知識やイマームという宗教リーダーとしての地位も手伝い、着実に生徒の数を増やしていった。その結果、常時10人を超える生徒が集まるようになり、教室である彼の自宅は手狭となった。このように教室が発展する一方でアサーットは、クルアーンの朗唱を中心とする教育内容に疑問を持つようにもなっていた。彼は当時を回顧して、「当時の私は、村の子供たちが真のムスリムになるためには、クルアーンを読めるようになるだけでなく、イスラームに関する幅広い知識を学ばなければならないと考えていた」と述べている。加えて、こうした教育を「イマームとしての責務もあり、多くの子供たちに実施しなければならないと思った」とも言う。こうしてアサーットは、1990年に自身も委員の1人である村のモスク委員会に対してモスク宗教教室の設置を提案した。その結果、委員の大半の賛同を得ることになり同年、M村にモスク宗教教室が誕生した。このモスク宗教教室の開設が、以下に見る村におけるイスラーム教育の発展の契機となった。

　「ヌルンヒダヤッ学校（*rongrian nurunhidayat*）」と名付けられた村のモスク宗教教室は、開設当初、モスク入口のスペースを教室として使っていた。生徒の数は、クルアーン塾時代の生徒を中心に30人を超えるまでに増加した。授業は、アサーット1人がマグリブ礼拝（日没後の礼拝）終了後からイシャー礼

拝（夜の礼拝）前までの約 1 時間、特別な事情がない限り無休で行った。机や椅子はなく、生徒はモスクの入口に掲げられた黒板の周りに座って授業を受けていたという。クルアーン塾の頃と異なり、ここで学ぶ生徒は、丈の長い服に男子生徒は帽子、女子生徒はヴェール（*hiyab*）の着用が義務付けられた。学習内容は、アラビア語の読み書きとクルアーンの読誦を中心としながらも、教科書はないが適宜、クルアーンの内容やイスラーム史、礼拝の仕方といったイスラームに関するさまざまな基本的知識が教えられた。特に礼拝は、モスクで大人とともにイシャー礼拝を行うという実践的な手法をとった。以上のように、当時のモスク宗教教室は、クルアーン塾と比べて教室の規模や教育内容を拡充したものであったと言える。

（2）クルサンパン協会への加盟と国家登録

　モスク宗教教室が設置されてから 7 年が経った 1997 年に、先述したイスラーム教育普及団体クルサンパン協会の関係者が M 村を訪問した。彼らは、アサーットを含む当時のモスク委員にクルサンパン協会の教育システムについて説明し、同協会への加盟を勧めた。この申し出に、アサーットら村の宗教リーダーたちは前向きであった。しかし、当時、教室として使っていたモスク入口のスペースでは、クルサンパン協会が教育の対象とする初等教育段階から前期中等教育段階に至る子弟を収容することができなかった。そこで彼らは、モスク宗教教室の整備、拡張に必要な金銭的支援の獲得に乗り出した。その結果、M 村をはじめ県内外のムスリム・コミュニティや NGO、民間企業など多方面からの支援を受けることに成功し、1999 年に電灯や扇風機、黒板、机、椅子を備えた専用の教室が建てられた。また、専用教室の建設と時を同じくしてアサーットは、イマームの役職とともに燃料販売の仕事からも身を引き、イスラーム教育に専念することになった。

　こうして 2000 年に M 村のモスク宗教教室は、クルサンパン協会に加盟した。同教室は、協会の第 6 教育区 33 試験区に所属している。生徒は 2004 年 12 月の時点で、1 年生 23 人、2 年生 24 人、3 年生 14 人、4 年生 15 人、5 年生 16 人、6 年生 18 人、7 年生 14 人、8 年生 16 人、9 年生 9 人の計 149 人が在籍

第3章　イスラーム教育の拡充と正当性をめぐるせめぎ合い

写真17　モスク宗教教室の授業風景
(M村)

していた。そのうち1年生から6年生までの全生徒は、M村小学校（*rongrian ban* M、6学年6クラス）でも学んでおり、小学校の全生徒の8割近くを占めていた。モスク宗教教室の生徒は、男女とも丈の長い服に男子生徒は帽子、女子生徒はヴェールの着用が義務付けられていた（写真17参照）。一方の教師は、アサーットに加えて、新たにアサーットの実弟でイマームのバンチャー（男性、1967年生まれ）と、礼拝の呼びかけを行うビランのマケーップ（男性、1958年生まれ）の2人が加わることになった[7]。

　クルサンパン協会に加盟した後、モスク宗教教室の授業は、放課後からマグリブ礼拝前までと、マグリブ礼拝後からイシャー礼拝前までの計2時間、原則として毎日行われるようになった。協会加盟前の授業時間が、マグリブ礼拝後からイシャー礼拝前までの約1時間であったことを考えると、加盟後それは倍増したことになる。授業の中身は、本章第1節3項で見たように多様な科目から構成されており、それらはクルサンパン協会作成のカリキュラムに基づき体系的に教授されている。また、生徒は、授業の合間にあたるマグリブ礼拝と授業終了後のイシャー礼拝を、大人とともにモスクで行っている。このように、クルサンパン協会加盟後のモスク宗教教室では、教科書を用いた「宗教理論に関する教育（*phak thritsadi*）」と並行して「実践的な教育（*phak patibat*）」も実

施されているのである。

　クルサンパン協会加盟後の 2002 年にモスク宗教教室は、本章の第 1 節 2 項で触れた宗教局の「モスク宗教教室支援プロジェクト」に申請し受理された。支援の実施に際して宗教局は、クルサンパン協会のカリキュラムの使用とともに、初等教育段階の子供を対象とする 6 学年制の導入を義務付けた。しかし、M 村のモスク宗教教室は、プロジェクトの申請前から 9 学年制をベースとした協会のカリキュラムを採用しており、当時の宗教局もこの状況を黙認していた。こうしてモスク宗教教室は、従来の教育手法や内容を変えることなく、宗教局から年 2000 バーツ（約 6000 円）の設備費とともに年 6000 バーツ（約 18000 円）の教師手当て（1 人あたり 2000 バーツ）を支給されることになった。しかし、同時に、モスク宗教教室は、宗教局への年 1 回の活動報告書の提出が義務付けられるなど、国家による教室の管理、統制につながる宗教局の規定に従わなければならなくなったのである［小河 2009a］。

（3）タブリーグとの連携

　M 村のモスク宗教教室は、国家やクルサンパン協会との関わりを深める一方、第 2 章で取り上げたイスラーム復興運動団体タブリーグとの連携も強めていた。

　モスク宗教教室で教鞭をとるアサーットら 3 人の教師は、先述のように村のモスク委員会の委員であると同時に、村におけるタブリーグの中心メンバーでもある。彼らは、村がタブリーグの村支部に指定された 1996 年から、授業の一環としてモスク宗教教室の男子生徒を、村内で行われるタブリーグの宣教活動に参加させている。その理由は、アサーットが 2014 年 11 月 24 日の授業の最後に生徒に向けて語った以下の話に端的に表れている。

【事例 3：アサーットの語り】

　「（省略）ダッワに出ることが、真のイスラームの活動であることは前にも話したね？……（生徒は頷く）……全ての成人した男性は、そこに参加しなくてはならない。なぜなら、それはクルアーンに書かれた義務だからだ。プ

第3章　イスラーム教育の拡充と正当性をめぐるせめぎ合い

イ（男子生徒）、お前はもう割礼をしたよね？……（周りの生徒が笑うなかプイは「はい」と答える）……ということは、もう大人なんだ。大人であれば、礼拝や断食をして、ダッワにも出なければならない。ただ、プイはまだ自分でお金を稼ぐことができないから、村のなかの活動にだけ参加すればよい。そうすることでイスラームについてより深く学ぶことができるし、功徳を積むこともできるんだ。（省略）」

（括弧内は筆者注）

このアサーットの語りからは、割礼を終えた男子生徒にとって、村内で行われるタブリーグの宣教活動に参加することが、宗教的な義務であると同時に、彼が言うところの「真のイスラーム」について学び、かつ功徳を得る機会としてもとらえられていることがわかる。この解釈に基づき、モスク宗教教室の授業にタブリーグの宣教活動が導入されたのである。また、同様の解釈は、モスク宗教教室の授業だけでなく、定期的に開催される生徒の保護者との面談の場でも頻繁に説かれた[8]。

写真18　タブリーグのイスラーム講話の後、供された食事を大人とともに食べるモスク宗教教室の男子生徒たち

（M村）

第 2 節　M 村におけるイスラーム教育の変遷過程

　それではモスク宗教教室で学ぶ「成人」の男子生徒は、具体的にタブリーグのいかなる活動に参加しているのだろうか。まず、定期的に行われるものとしては、毎週木曜日にモスクで開かれるイスラーム講話があげられる。この日、男子生徒は、モスク宗教教室の授業を終えると、他の村人とともにモスクでイシャー礼拝を行い、引き続き行われるイスラーム講話を聴講する。講話は、参加者のなかの 1 人が話者となり、10〜15 分ほどの時間をかけて行う。その内容は一般に、タブリーグが説く 6 つの信仰実践（第 2 章 1 節参照）に関するもので、それを日常的に実践することの必要性が平易なかたちで語られる。このため、講話は、義務教育段階にある男子生徒にも容易に理解できるものとなっている（写真 18 参照）。
　また、モスク宗教教室の男子生徒は、村外から来村した宣教団が行う活動にも適宜、参加している。その主な活動は、モスクでの集団礼拝とイスラーム講話である。宣教団の滞在期間が休日に当たる場合、上記の活動の他に、モスクで行われる共同学習など普段は参加することのできない活動に加わることもある。
　以上のように、村で唯一の公的宗教教育機関であるモスク宗教教室は、タブリーグの中心メンバーでもあるアサーットら教師の方針により、授業のなかにタブリーグの宣教活動を取り入れていた。そこではまた、男子生徒のみならず、その保護者に対して参加の必要性が説かれていた。つまり、モスク宗教教室は、「イスラーム教育の場」であると同時に「タブリーグの宣教の場」でもあったのである。こうしたタブリーグとモスク宗教教室の連携は、M 村においてタブリーグが伸展した一因ともなった。このように、M 村においてタブリーグは、宗教行政のみならず宗教教育にも深く浸透し、そのあり様に影響を及ぼしていたのである。

（4）小学校におけるイスラーム教育の開始
　先述のようにタイでは、1997 年に全国の国公立小学校でイスラーム科目の開講が認められた。しかし、M 村小学校が教育省から認可を受けてイスラーム教育を開始したのは、2000 年 5 月と遅かった（写真 19 参照）[9]。M 村小学

第3章　イスラーム教育の拡充と正当性をめぐるせめぎ合い

写真19　M村小学校
（M村）

　校の校長によると、小学校にイスラーム教育が導入された背景には、アサートやモスク宗教教室に通う子供の保護者らによる学校側への積極的な働きかけがあったという。

　村の小学校で学ぶ児童は、大きく1年生から3年生までの第1段階（*chan nu'ng*）と、4年生から6年生までの第2段階（*chan song*）に分けられる。授業は段階ごとに行われ、授業時間は第1段階が週に2コマ（1コマ50分）、第2段階が週に3コマである。専任の教師はおらず、モスク宗教教室の教師であるアサートが、教育省から1コマあたり200バーツ（約600円）の手当てを受ける非常勤の教師として全ての授業を担当している。授業内容は、「信仰の基礎（*lakkan sattha*）」、「道徳（*cariyatham*）」、「イスラーム史（*satsana prawat*）」、「クルアーン（*an kuroan*）」、「アラビア語（*satsana bankhat arap*）」の5科目（*rian saman ha wicha*）からなり、その全てを関連付けて教える統合型の学習形態を採用している。授業は、教育省が作成した教科書（各学年1冊）と授業の手引きを用いて進められる。また、学年末には進級試験が行われるほか、毎回の授業において小テストが実施されている。

　先述のように、小学校に在籍する8割近くの児童が、放課後、モスク宗教教室でイスラームを学んでいる。小学校で教えられる5科目は、モスク宗教教室

第 2 節　M 村におけるイスラーム教育の変遷過程

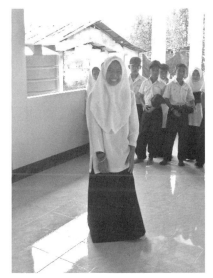

写真 20　イスラーム式の制服を着た M
村小学校の女子児童
（M村）

に在籍する全ての生徒が同教室で履修する必修 7 科目のなかに含まれており、両者の内容に大差はない。こうした状況のもと、両校で教鞭をとるアサートは、小学校において、モスク宗教教室で学ぶ生徒が苦手とする箇所を重点的に教えていた。つまり、小学校のイスラーム教育は、モスク宗教教室にも在籍する児童にとり、モスク宗教教室の学習を補完する機能を果たしていたのである[10]。

しかし、アサートや小学校の校長が指摘するように、M 村小学校のイスラーム教育には、①授業時間が少ない、②非常勤であるため教師の立場が不安定、③教育省からの補助金が少ない、などの問題が存在している。

（5）国家管理下のイスラーム教育

M 村におけるイスラーム教育をめぐる状況は、国家の対イスラーム政策と密接に関係していた。すでに見てきたように、国家は近年、支援というかたちでイスラーム教育への関与を強めている。その結果として、モスク宗教教室に

おけるイスラーム教育の体系化や小学校におけるイスラーム教育の導入が可能になった。しかし、関与の過程に注目すると、支援とは異なる国家側の意図が見えてくる。たとえば、小学校のイスラーム教育は、教育省が作成したカリキュラムと教科書、授業の手引きを用いて行われなければならない。また、それらを用いてイスラームを教える教師も、教育省による適性審査を受けねばならず、審査に合格すると氏名をはじめとする個人情報を同省に登録することが義務付けられていた。つまり、小学校では、国家があらかじめ指定した内容のイスラームが、同じく国家が承認した人物によって教えられていることになる。

　モスク宗教教室が置かれた状況も、小学校の置かれた状況と酷似している。モスク宗教教室は、2002年に宗教局の「モスク宗教教室支援プロジェクト」に認可されたことを契機に、国家による関与が急速に強まった。たとえば、アサーットをはじめとするモスク宗教教室の教師は、普通教育と宗教教育双方の学習歴、イスラームの教授歴、教授技能を証明する文書を提出し、国家による審査を経てはじめて教師となれた。また、モスク宗教教室は、先述のように毎年、生徒の氏名や教室が行った活動の内容、運営資金の収支などを宗教局に文書で報告しなければならないが、そのことを通して国家はモスク宗教教室に関する詳細な情報を獲得していたのである。さらに、モスク宗教教室が採用しているクルサンパン協会の教育システムは、宗教局の「モスク宗教教室支援プロジェクト」において、タイ語を母語とする地域のモスク宗教教室で使用できる唯一のカリキュラムに指定されていた。それはモスク宗教教室が、国家が把握した内容のイスラームをムスリム子弟に教授していることを意味していたのである。

　以上のように、近年の国家による教育政策は、M村におけるイスラーム教育を拡充する一方、それに対する国家の管理、統制を強化することも可能にした。それは同時に、小学校とモスク宗教教室という村における教育機関が、ともに国家が承認したイスラーム、つまり「公的イスラーム」の普及機関と化していることを意味した。このように国家は、M村のイスラーム教育の奥深くにまで浸透していたのである。

第3節 「正しい」イスラーム教育をめぐるせめぎ合い

　前節では、M村におけるイスラーム教育の変遷を、国家やタブリーグといった外的諸力との関係を踏まえて辿ってきた。続く本節では、モスク宗教教室とクルアーン塾におけるイスラーム教育をめぐる村人の解釈、実践に注目する。それを分析することで、両教育機関の宗教的な正当性をめぐる村人のせめぎ合いの様相を明らかにする。

（1）モスク宗教教室の中心化

　まずは、モスク宗教教室について見ていきたい。先述したように、クルサンパン協会加盟後のモスク宗教教室は、体系的な教育システムを導入することで、イスラームに関する包括的な知識を村の子供たちに教授することが可能になった。とはいえ、加盟当初のモスク宗教教室の生徒数は30人にも満たなかった。では、何がこの状況を変えたのだろうか。第一に、アサーットらモスク宗教教室の運営に携わる村人が持つ威光をあげることができる。彼らは村において、豊富なイスラーム知識を持つ宗教エリートであり、かつモスク宗教教室管理委員会や同委員会を監督するモスク委員会の委員を務める公的な宗教リーダーでもあった。そうした背景が、多くの村人のあいだに、彼らに対する畏敬の念を生んでいる。彼らが教鞭をとるモスク宗教教室は、この彼らが持つ威光を反映するかたちで宗教上の権威を付与されたのである。第二に、彼らが、モスク委員会のなかに教育担当部門（2人の委員から構成）を設置して、子供たちをモスク宗教教室で学ばせるようさまざまな機会に保護者を説得してまわったこともその要因として指摘できる。それは、金曜礼拝をはじめとする多くの村人が集まる場での説教や、モスク宗教教室に通っていない子供の家庭を訪問するといったかたちをとった。また、クルサンパン協会の教育システムが、「バンコクから来た最新（*than samai*）のもの」として村人の評判を集めたこと[11]や、宗教局から公的な宗教教育機関としての承認を受けたことも、モ

スク宗教教室の生徒数の増加にとって無視できない動きであったと言える。こうした背景の下、モスク宗教教室は、クルアーン塾に代わる村で最大規模の宗教教育機関となったのである。

アサートらモスク宗教教室の運営に携わる村人は、他の村人を勧誘する際、しばしば教室の教育内容について言及していた。たとえば、モスク宗教教室の教師を兼任するイマームのバンチャーは、2004年11月26日の金曜礼拝の説教において、参加した大勢の村人を前に以下のように語った。

【事例4：バンチャーの語り】
「（省略：大人がイスラームを学ぶことの宗教的な意義について言及）私たちの子供も同じだ。子供もまたクルアーンを詠めるようにならなければならない。しかし、それだけでは不十分だ（*mai pho*）。彼らは、イスラームについて多くのことを知らなければならない。私たちの子供が真のムスリムになるためには、モスクで幅広い知識（*khwamru thuapai*）を獲得しなければならないのだ。（省略）」

この語りには、村の子供たちに必要とされるイスラーム知識とそれを教える宗教教育機関に対するバンチャーの見解を読み取ることができる。つまり、村の子供たちが「真のムスリム」になるためには、クルアーンの朗唱に関する知識を得るだけでは不十分で、それを含めた幅広いイスラーム知識が必要とされるというものである。そして、こうした知識は、モスク宗教教室において習得できるとされる。つまり、このバンチャーの語りでは、モスク宗教教室での学びが強く奨励される一方、そのことによってクルアーンの朗唱を教育の中心に据えるクルアーン塾が暗に批判されているのである。同様の語りは、月に1回程度開かれるモスク宗教教室の教師と生徒の保護者との面談においてもしばしば聞かれた。

この教育内容の相違をベースとした各教育機関に対する見解は、モスク宗教教室に子供を通わせる保護者や旧在籍者の多くにも共通して見られるものとなっていた。たとえば、モスク宗教教室で学ぶ息子を持つダーレ（男性、1964

年生まれ)は、モスク宗教教室とクルアーン塾について次のように筆者に語った。

【事例5：ダーレの語り】
「(省略) アサーットは、新しい教育スタイル (baep rian) を使って村の子供たちに真のイスラームを教えている。(省略：その理由に関する説明) しかし、マハーット (クルアーン塾の教師。詳細は後述) が教えるイスラームは、間違っていないが不十分なものだ (thuk tae mai pho)。それに古い教育スタイル (baep kao) を使っている。(省略)」

(2005年8月12日聞き取り、括弧内は筆者による補足)

この語りでは、ダーレが教育の内容と方法においてモスク宗教教室を高く評価する一方、クルアーン塾についてはそのいずれも否定的にとらえていることがわかる。彼はこのように、両方の教育機関のあいだに優劣をつけることで、モスク宗教教室がクルアーン塾よりも宗教的に正しく、かつ優れた教育機関であることを暗に示しているのである。

こうしたイスラーム教育をめぐるモスク宗教教室関係者の解釈は、彼らの儀礼実践にも影響を及ぼしていた。その一例としてここでは、2004年9月4日に専業漁民のヤコブ (男性、1962年生まれ) 宅で行われた結婚誓約儀礼 (phi-thi nika) を取り上げたい。ヤコブによるとこの日の儀礼は、M村に住むソムラック (男性、1983年生まれ) とヤコブの次女ニッサー (女性、1986年生まれ) の結婚を、証人 (phayan)[12] らの前で誓約し、かつそのことを彼らに承認してもらうことを目的としたものであった。そこにおいて新郎は、イマームら宗教リーダーからイスラームの基本的な知識について質問を受けることが義務付けられていたという (写真21参照)。これに正確に答えることができなければ、新郎は宗教上、新婦との結婚を認められない。

【事例6：ヤコブ宅での結婚誓約儀礼】
ヤコブによると、この日のズフル礼拝 (昼の礼拝) が終わった後、新郎一行とイマームのバンチャーやアサーットといった村の宗教リーダーが、新婦の実

第3章　イスラーム教育の拡充と正当性をめぐるせめぎ合い

写真21　結婚誓約儀礼で宗教リーダーから質問を受ける新郎

(M村)

家であるヤコブ宅を訪れた。居間に通された彼らは、儀礼の準備ができるまでのあいだ、ヤコブとともに用意されたコーヒーを飲みながらしばらく談笑したという。準備が終わると、新郎とバンチャー、アサーット、証人役の新郎の父親とヤコブが部屋の中央に車座になり、新郎がモスク宗教教室の4年生を終了したことを示すクルサンパン協会発行の証書（写真16参照）をバンチャーに手渡した。彼らは順番に証書の文面を確認した後、宗教上の結婚届に署名したという。

(2005年10月8日聞き取り、括弧内は筆者による補足)

この事例からわかるのは、本来ならば儀礼時に新郎に課されるはずのイスラームの基本的な知識に関する質問がなされなかったことである。ヤコブに聞き取りをした翌日、その理由を尋ねた筆者に対してアサーットは次のように答えた。

【事例7：アサーットの語り】
「（省略）モスク宗教教室のハタム（*hatam*）[13]は、イスラームに関する幅広い知識を持っているので（彼らに）質問をする必要はない。彼らには、質問を

第 3 節 「正しい」イスラーム教育をめぐるせめぎ合い

免除される資格がある（*mi wut*）のだ。新郎は、モスク宗教教室の 4 年を終了したのでこの資格があった。だから私は彼に何も質問しなかった。（省略）」

（2005 年 10 月 9 日聞き取り、括弧内は筆者による補足）

ハタムとは従来、M 村においてクルアーン塾でクルアーンの読了を認められた者にのみ与えられる尊称であった。それが、アサーットの語りからもわかるように、モスク宗教教室の 4 年以上の学年を終了した者に対しても使われるようになった。しかし、クルアーン塾の関係者が、彼らをハタムと呼ぶことはない。

では、クルアーン塾出身のハタムも、モスク宗教教室出身のハタムと同様に、結婚誓約儀礼においてイスラームに関する質問を免除されるのだろうか。答えは否である。クルアーン塾出身のハタムであるノッパドン（男性、1982 年生まれ）が、2003 年に行った結婚誓約儀礼においてアサーットからイスラームに関する質問を受けたように、クルアーン塾出身のハタムが質問を免除されることはない。その理由についてアサーットは、「クルアーン塾出身のハタムは、クルアーンの朗唱以外のことを知らない。イスラームの知識が少ないのだ。だから質問をして、本当にイスラームについて知っているのか確認しなければならない」と述べている。このようにアサーットは、2 つのハタムのあいだには保持するイスラーム知識の量や質に差があると見なしている。こうした彼の言動は、ハタムという尊称を付与するクルアーン塾とモスク宗教教室が持つ宗教的な正当性にも違いがあることを示していると言える。そしてそのことは、宗教リーダーの威光や結婚誓約儀礼が多くの参加者を集める場であるために、広範囲の村人に広がったと考えられる。

これまで見てきたように、モスク宗教教室は、その規模のみならず村人のイスラーム解釈や実践に対する影響力においても、M 村の宗教教育機関のなかで中心的な位置を占めることになった。それは、アサーットら教室関係者の努力や彼らが持つ威光に加えて、宗教局という国家機関やそれと連携するクルサンパン協会などの外部機関の介入により可能になったと言える。しかし、その一方で、これまで村のイスラーム教育を牽引してきたクルアーン塾は、次第に

周辺へと追いやられていくことになった。次にこの点について見ていく。

（2）存続するクルアーン塾

　クルサンパン協会加盟後のモスク宗教教室の整備、拡充や小学校におけるイスラーム教育の開始に伴い、クルアーン塾は生徒数の減少に見舞われた。その結果、最盛期には5つあったクルアーン塾は、スカンヤー（女性、1953年生まれ）とマハート（男性、1958年生まれ）が運営する2つだけとなった。

　スカンヤーは、ポーノで学習した経験を持つ村で唯一のイスラーム教師である。彼女は20年近くものあいだ、村の子供たちにクルアーンの朗唱に関わる知識を教えてきた。具体的には、毎日イシャー礼拝が終わってから1時間ほど、主にアラビア語で書かれたアラビア語の読み書き用の教科書とクルアーンを用いて、クルアーン読誦のための指導を行っていた。クルアーンは、それを30等分したうちの一部分（*phak*）ごとに読み進められた。ある程度読めるようになると、生徒は、礼拝や儀礼で唱えるクルアーンの章句とドゥアーの暗誦の仕方について教えられた。また、スカンヤーは適宜、日常生活におけるムスリムの心構えなど道徳についても生徒に教授した。生徒は大きく、「アラビア語の読み書きを学ぶ段階」と、「読誦を中心とするクルアーンの朗唱について学ぶ段階」の2つに分けられていた。最も多い時で11人いた生徒は、調査の時点で7人にまで減った。7人の生徒の内訳は、既婚女性3人と中等学校（前期・後期）の女子生徒2人、小学校の男子児童2人であった。

　もう1人のイスラーム教師であるマハートは、村のクルアーン塾で2年ほど学んだ後、1987年にクルアーン塾を開いた。彼もイシャー礼拝終了後に1時間ほど、スカンヤーと同じ教科書を用いて、アラビア語の読み書きとクルアーンの読誦、ならびに儀礼などで必要なクルアーンの章句とドゥアーの暗誦を教えていた。生徒の数は最盛期の9人から減少し、調査の時点で小学校に通う3人の男子児童が学んでいた。

　モスク宗教教室と異なり、クルアーン塾に通う生徒の服装には、明確な規定はなかった。このため、イスラーム服を着て学習する生徒の姿を見かけることはほとんどなかった。各段階を修了すると生徒の家族は、教師への慰労と感謝

第3節　「正しい」イスラーム教育をめぐるせめぎ合い

を込めた供宴（*nuri*）を教師の家で行った。クルアーンの読了を認められた生徒は、先に触れたように敬意を込めて「ハタム」と呼ばれ、教師からクルアーンの教授資格を与えられた。

　以上の記述からわかるように、M村のクルアーン塾で学ぶ生徒は、既婚女性と初等・中等教育段階の子供たちから構成されていた。彼らやその保護者にクルアーン塾を選んだ理由について尋ねると、その答えは概ね以下の2つに集約することができた。第一に、「犠牲祭（*raya yi*）[14]や断食明けの祭で死んだ親に徳を積む際、子供がクルアーンを読めないと功徳を送ることができない[15]。だから子供は、クルアーンを読めるように勉強しなければならない」（リーマ、女性、1943年生まれ）や、「札拝は1人でできて当たり前。墓参の供宴で必要なクルアーンやドゥアーを唱えられるようになったら1人前のムスリムだ」（ポンサック、男性、1959年生まれ）といった語りに見られるような、クルアーンとドゥアーの朗唱に関する知識を他のイスラーム知識よりも重視する姿勢である。それは、彼らから頻繁に聞いた「クルアーンを学ぶこと（*rian kuroan*）は宗教（イスラーム：筆者注）を学ぶこと（*rian satsana*）だ」という語りからも読み取ることができる。こうしたクルアーンとドゥアーの朗唱を目的とした学習に対する彼らの志向性の高さは、物故親族への積徳をはじめとする村の慣習とも深く結び付いている。

　第二に、「村で儀礼の時にクルアーンを唱えることができる者は、イマームをはじめ僅かしかいない。それはとても難しいことなんだ。だから子供たちは、アサーットのポーノ（モスク宗教教室：筆者注）ではなく、スカンヤーの家で勉強しなければならない。（筆者がその理由について尋ねる）スカンヤーは、アサーットと違いクルアーンの朗唱を熱心に教えるし、多くの弟子（*luk shit*）がクルアーンを読了した（*cop kuroan*）からね」（ラミン、男性、1964年生まれ）や、「アサーットは多くのことを教えるので、クルアーンの学習にかける時間が少ない。これだと子供が淀みなくクルアーンを読めるようにはならない。ムスリムはクルアーンを読めないといけないので、アサーットのポーノを修了しても完全ではない。だから息子をスカンヤーのところに通わせているんだ」（アーリヤ、女性、1965年生まれ）など、クルアーンとドゥアーの朗唱

第3章　イスラーム教育の拡充と正当性をめぐるせめぎ合い

を重視した上で、その習得の難しさとそれ故にそれだけを集中して学ぶことの必要性を理由としてあげる者もいた。

　こうした語りから読み取れる彼らのイスラーム教育観は、モスク宗教教室がクルサンパン協会に加盟する以前のM村にあっては多くの村人に共有されていた。しかし、「イスラーム教育はクルアーンの学習だけで十分」と考える者は、クルアーン塾の衰退とともに少数派となっている。

　クルアーン塾の関係者の語りに見られるもう1つの特徴としては、上のラミンやアーリヤのようなモスク宗教教室に対する批判的な見解をあげることができる。彼らにとって暗誦を含めたクルアーンの朗唱は、「日常生活を営む上で欠かすことのできない技能」であり、「その習得には多くの時間と労力が必要」と考えられている。しかし、モスク宗教教室は、クルアーンの読誦が数ある科目のうちの1つにすぎないこと（表5参照）などからもわかるように、クルアーン塾と比べてクルアーンの朗唱に十分な時間を割いていない。このため、クルアーン塾の関係者は、「モスク宗教教室はクルアーン教育を軽視している」と見なし、それを否定的にとらえていたのである。また、彼らは、同様の理由から、モスク宗教教室の全課程を修了したとしても、その学習を「不完全（mai khrop）なもの」と見なしていた。このため、クルアーン塾の関係者が、モスク宗教教室に自分の子供たちを通わせることはなかったのである。

　クルアーン塾は、関係者が持つクルアーン朗唱重視のイスラーム教育観を基盤に教育を続けてきたが、村人によるとそれ以外にも活動の継続を可能にした要因が存在した。それは、クルアーン塾が持つ修学に対する自由度の高さである。既述のように、モスク宗教教室には、修業年限や進級試験が存在した。生徒は、教室の厳格な教育方針により、よほどのことがない限り授業を欠席することができない。他方でクルアーン塾は、モスク宗教教室と異なり、進級試験や修業年限はなく、通学も強制しない。クルアーン塾に通う児童の保護者からたびたび聞かされたのは、「モスク宗教教室に通うと小学校の学業に費やす時間と体力を取られてしまう」ということであった。そこからは、世俗教育を重視する保護者の姿勢を看取できる[16]。また、クルアーン塾は、初等・前期中等教育段階の子弟だけを教育対象とするモスク宗教教室と異なり、学習者の年

齢を問うことはなく、既婚女性をはじめ学びたい者は誰でもそこで学ぶことができる。つまり、クルアーン塾は、学習機会を求めてやってくる幅広い層の村人を受け入れる一方、生徒は各自の事情に合わせてイスラームを学ぶことができるのである。

　以上に見てきたように、M村のクルアーン塾は、モスク宗教教室が隆盛の今日、衰退傾向にあった。こうした状況のなか、クルアーン塾の関係者は、モスク宗教教室との教育内容の相違をもとに、クルアーン塾の宗教的な正当性を主張していた。正当性の基盤には、クルアーン朗唱のための教育を重視する姿勢があり、それは村の慣習とも結び付くことで強固なものとなっていた。このような傾向は、修学に対する自由度の高さとともに、クルアーン塾の存続を可能にしていたのである。

（3）タブリーグをめぐる対立

　モスク宗教教室とクルアーン塾の関係者のあいだの宗教的な正当性をめぐる齟齬は、イスラーム復興運動団体タブリーグへの対応からも見て取れた。

　本章2節で見たように、M村のモスク宗教教室は、1996年から授業のなかにタブリーグの宣教活動を取り入れている。その背景には、アサートをはじめとするモスク宗教教室管理委員会の委員やモスク委員会の委員などモスク宗教教室の運営に携わる村人が、タブリーグの中心メンバーであったことを指摘できる。先述のように彼らは、「タブリーグの説くイスラームこそが正しいイスラーム」と考えていた。このため彼らは、タブリーグの宣教活動を「正しいイスラームを教え広めるもの」と見なし、その一部に成人男性が参加することを義務とした。こうして、アサートらモスク宗教教室の関係者は、割礼を終えて「成人」となったモスク宗教教室の男子生徒を、毎週木曜日のイスラーム講話をはじめとした村内で行われるタブリーグの宣教活動に参加させていたのである。

　モスク宗教教室で学ぶ子供の保護者らもまた、こうした教室とタブリーグの連携を肯定的にとらえていた。その背景には、タブリーグの宣教活動に対する彼らの高い評価が存在する。たとえば、保護者の多くが、頻度に差はあるもの

第 3 章　イスラーム教育の拡充と正当性をめぐるせめぎ合い

の「イスラーム的に『正しい』行為」と見なしてタブリーグの宣教活動に参加している。また、タブリーグに対する肯定的な評価は、彼らがタブリーグの宣教活動に参加することを「イスラームを学習しに行く」、「真のイスラームへの道を歩む（*pai hon thang itsalam thae*）」、「功徳を探し求めに行く」、と表現していることからも読み取れる。そして、タブリーグとモスク宗教教室の連携に対する彼らの見解を見ると、子供がタブリーグの宣教活動に参加することで、「真のイスラームを学ぶことができる」、「ムスリムであることを強く意識するようになり、真のムスリムとなる」、「参加しない子供よりも多くの功徳を得ることができる」など、それを評価するものが大半を占めていた。この語りから読み取れるのは、彼らがタブリーグの宣教活動を、自分たちと同様に子供たちにとっても「正しいイスラームを学び実践できる絶好の機会」ととらえていたということである。それゆえ彼らは、タブリーグの活動を授業に取り入れるモスク宗教教室の方針に賛同していたのである[17]。

　しかし、クルアーン塾の教師やそこで学ぶ子供の保護者たちは、タブリーグとモスク宗教教室の連携に批判的であった。その背景には、タブリーグに対する彼らの否定的な認識が存在した。それはまとめると、概ね以下の2点になる。第一は、タブリーグの宣教活動を一定程度評価するが、それへの参加を成人男性の義務とは見なさないというものである。それはたとえば、「ダッワに出ることで、イスラームの知識を得ることはできるだろう。（省略）しかし、ムスリムの義務は五行を実践することであって、ダッワに出ることはそのなかに含まれていない。（省略）ダッワに出るか否かはその人の信仰心次第（*laew tae sattha*）」というクルアーン塾教師のスカンヤーの語りに表れている。第二は、前出のラミンの「ダッワに出ることは、徳を積むことではなく悪行だ。なぜなら、家主（*cao khong ban*）がダッワに出ることで、残された家族は収入がなく、寂しい思いをするからだ」という語りに見られるように、タブリーグの宣教活動を全否定するものである。この2つの解釈に共通するのは、「タブリーグの宣教活動に参加することは成人男性の義務ではない」という点である。実際にクルアーン塾の関係者が、そこに参加することはなかった。

　では、クルアーン塾の関係者は、こうしたタブリーグの宣教活動を授業に取

第 3 節　「正しい」イスラーム教育をめぐるせめぎ合い

り入れるモスク宗教教室を、どのようにとらえているのだろうか。先に結論を述べると、彼らはタブリーグの活動に対する否定的な見解を、そのままモスク宗教教室にも当てはめていた。たとえば、「義務ではないタブリーグのダッワに子供を強制的に参加させている」として、モスク宗教教室とその関係者を批判していた[18]。また、彼らのなかには、前出のラミンのようにタブリーグの宣教活動自体が悪行であることから、それを取り入れたモスク宗教教室のイスラーム教育は「イスラームの規範に反する（*phit lakkan satsana*）」と見なす者もいた。

　以上のように、モスク宗教教室とクルアーン塾の関係者のあいだには、タブリーグの宣教活動をめぐり相反する解釈が見られた。そこでは、主に「タブリーグの活動に参加することは義務か否か」という点が問題とされた。そして、その解釈の相違が、モスク宗教教室に対する両者の評価に反映されたのである。

　ところで、これまで見てきたタブリーグをめぐるモスク宗教教室とクルアーン塾の関係者の一連の対応は、第 2 章 4 節で見た「ダッワ・グループ」、「古いグループ」、「新しいグループ」という認識上の住民範疇に位置づけられる村人のそれと概ね重なっていることがわかる。前章で述べたように、他の村人から「ダッワ・グループ」に位置づけられていた村人は、タブリーグの宣教活動、なかでも 3 日間宣教をはじめとする 8 種類のバーコーミーの実践を「成人男性の義務」と見なし、それを遵守する者であった。彼らは、そうすることで、「日常的な宗教実践よりも多くの功徳が得られる」と考えていた。他方、「古いグループ」に位置づけられていた村人は、「ダッワ・グループ」に位置づけられていた村人とは逆に、タブリーグの宣教活動を「義務的な行為」とは見なしていなかった。彼らは、それを「イスラームの教えに反する行為」ととらえ、そこには一切参加しない。このタブリーグをめぐる両者の対応は、それぞれ先に見たモスク宗教教室とクルアーン塾の関係者のそれと同じであることがわかる。つまり、他の村人から「ダッワ・グループ」と見なされていた村人はモスク宗教教室の関係者、「古いグループ」と見なされていた村人はクルアーン塾の関係者であったのである。

第3章　イスラーム教育の拡充と正当性をめぐるせめぎ合い

　しかし、モスク宗教教室とクルアーン塾の関係者は、上の2つのグループの村人に限られているわけではない。そこには、他の村人から「新しいグループ」と見なされていた村人も含まれていた。第2章4節で見たように、「新しいグループ」に位置づけられていた村人は、彼らが「ダッワ・グループ」と見なす村人と異なり、タブリーグの宣教活動に参加することを「成人男性の義務」とはとらえていなかった。その一方で彼らは、「古いグループ」と見なす村人のように、それを「非イスラーム的な行為」と見なしているわけでもない。こうした彼らは、タブリーグの宣教活動への参加頻度に差はあるものの、「イスラーム学習」や「積徳の機会」としてタブリーグの宣教活動を評価している点では概ね共通していた。モスク宗教教室の関係者について見ると、「タブリーグの宣教活動に成人した男子が参加することは義務ではない」としながらも、活動自体は上記の点で評価した上で子供を参加させていた者が「新しいグループ」の村人に該当すると言えるだろう。しかし、彼らが、定期的にタブリーグの活動に参加することはなかった。他方で、クルアーン塾の関係者の場合、上述したモスク宗教教室の関係者と同様の視点からタブリーグの宣教活動を評価しながらも、それを「成人男性の義務」とは見なさず、それゆえそこに子供を参加させていなかった者が、「新しいグループ」の村人に該当する。彼らは、「子供たちの多くが自分の意志ではなく強制的にタブリーグの宣教活動に参加させられている」と見なしており、そのことに疑問を抱いていた。

　以上のように、モスク宗教教室が授業のなかにタブリーグの宣教活動を取り入れたことで、モスク宗教教室の宗教的な位置づけをめぐる解釈の相違が、同教室とクルアーン塾の関係者のあいだに新たなかたちで顕在化することになった。そこには、タブリーグの宗教的な正当性をめぐる両者の認識の違いが色濃く反映されていたのである。

注

（1）1990年代にイスラーム教育をめぐる状況が改善された背景には、国内ムスリムの約72％が住む南部を支持基盤とする民主党（*phak prachathipat*）が、1991年と1996年を除く8年間、第一党として政権を担っていたことがあげられる。

(2) タイ深南部では、マレー語で「子供を教育する場所」を意味する taman didikan kanak kanak の略であるタディカー（tadika）とも呼ばれる。
(3) 委員を任命、罷免する権限は、モスク委員会に与えられている［Krom Kansatsana 2005b：60］。
(4) 「学習者発達活動」の教科書はない。
(5) 県自治体は、1955年に設置された広域自治体である。今日、バンコクを除く75全ての県に1ヶ所ずつ設置されており、その区域は県のそれと一致する。行政機構、立法機関としての議会と県自治体長を長とする執行機関からなり、県自治体長と県自治体議会議員は住民の直接選挙で選ばれる。県自治体が行なう主な業務は、条例の制定や開発計画の策定、県内の他の自治体の支援、域内の環境や文化・慣習などの保護・支援である［伊瀬知 2004：99］。
(6) 生徒の家族は、授業料の代わりに適宜、魚や野菜といった食物を教師に贈っていた。
(7) バンチャーは、モスク委員会の委員とモスク宗教教室管理委員会の委員長、マケーップは、モスク委員会とモスク宗教教室管理委員会の委員を兼任している。
(8) 初潮を迎えた女子には、前章3節で見たタリムへの参加が奨励された。
(9) M村では、小学校をはじめとする普通教育機関で普通科目を学ぶことを「タイを学ぶ（rian thai）」、イスラーム科目を学ぶことを「ケークを学ぶ（rian khaek）」という。
(10) 2006年7月には、アサーットやモスク委員会の強い求めに応じて、それまで使用してきたタイ式の制服に代えて、男子はイスラーム帽と長ズボン、女子は長袖シャツに丈長のスカートとヴェールというイスラーム式の制服の着用が義務化された（写真20参照）。
(11) そこには、政治・経済をめぐるバンコク首都圏と南部の格差も影響を及ぼしていると考えられる。
(12) 結婚誓約儀礼の証人は男性でなければならず、一般には新郎と新婦の側から1人ずつが儀礼に参加する。
(13) ハタムは、「クルアーンの読了」を意味するアラビア語の khatam に由来するものと考えられる。
(14) メッカ巡礼の最終日であるイスラーム暦12月10日に行われる祭り。動物の供犠が行われることから犠牲祭と呼ばれる。
(15) 村では、物故親族が最後の審判の後に天国へ行けるよう機会あるごとに供宴や墓参といった功徳を積むことが村人に求められる。物故親族への積徳をめぐる村人の多様な解釈、実践については、第4章で詳しく論じる。
(16) タイの小学校では、各学年の終了時に進級試験が実施され、不合格者は進級す

ることができない。
(17) そこにはまた、モスク宗教教室の運営に携わる村人が持つ宗教的な威光も存在していると考えられる。
(18) 彼らのなかには、割礼とともに精通（*asuci*）を終えた男子が「成人」になるとして、先述したアサーットらタブリーグ中心メンバーの「成人」の定義は間違っていると指摘する者もいた。この点においても、モスク宗教教室とクルアーン塾の関係者のあいだに違いが存在した。

第4章　民間信仰をめぐる実践の変容

供宴前にアッラーに祈りをささげる村人

(M村)

第4章　民間信仰をめぐる実践の変容

　前章では、M村におけるイスラーム教育を取り上げ、それがイスラーム復興運動団体をはじめとする外的諸力の介入のもと拡充していく過程を描きだした。そこでは、イスラームに関する基礎的な知識が村人のあいだに浸透する一方、「正しい」イスラーム教育をめぐりさまざまな解釈、実践が生まれていることが明らかになった。

　続く本章では、視点を村に古くから存在する民間信仰[1]に移す。ここでは、時間を大きく、イスラーム復興の萌芽が見られるまでの時期（1970年代以前）と、それ以降のイスラーム復興運動が伸展してからインド洋津波が襲来する直前までの時期（1980年代～2004年）に分ける。その上で、民間信仰をめぐる両期間の村人の実践を比較することにより、その変化の様相を明らかにすることを試みる。具体的には、以下の内容で論を進める。

　第1節では、古くから村に存在する民間信仰のなかから船霊、ターヤーイ（*tayai*）、アルア（*arua*）という超自然的存在をめぐる信仰を取り上げる。これらの信仰の形態は、村人により若干の違いが見られるものの、それぞれに基本型と呼びうるものが見いだせる。ここでは、村人の語りに基づき、1970年代以前における儀礼を中心とした信仰の概要を描く。

　第2節では、1980年代に入りタブリーグをはじめとするイスラーム復興運動が伸展するなか、前節で見た民間信仰をめぐる村人の解釈や実践がいかに変化したのか、その様相を、第2章で取り上げた「古いグループ」、「新しいグループ」、「ダッワ・グループ」という実体化されない認識上の住民範疇ごとに詳細に描き出す。ここでは、インド洋津波前のイスラームと民間信仰の錯綜した関係のあり様が明らかにされる。

　第3節では、民間信仰をめぐる上記の住民範疇間の関係性と宗教リーダーのアンビバレントな対応を取り上げ、分析を加える。

　以上の考察を通して本章は、インド洋津波襲来前のM村における対立や連携といったイスラームと民間信仰の関係性のダイナミズムを描く。

第1節　民間信仰の概要

　第2章で述べたように、イスラーム復興運動が村人の支持を集める以前のM村において、村人がイスラームを学べる場所は、村内に複数あったクルアーン塾に限られていた。そこでは、日常の宗教実践に不可欠なクルアーンの朗唱に関する教育が行われ、その内容に塾ごとの違いはほとんど見られなかった。また、四方を海と運河に囲まれ、隣村に通じる道路がないなど村外へのアクセスが悪かったこともあり、メッカ巡礼はおろか村外の宗教教育機関へ学びに出る者さえいなかった。このため、当時の村人がイスラームの知識を獲得するための場所や機会は限られていたのである。そのことは、彼らが持つイスラーム知識の種類や量に大きな差がなかったことを示唆していると言える。

　以上のようなイスラーム知識をめぐる状況のもと、当時のM村では、唯一神アッラーとともに超自然的存在が広く信仰されていた。それは、村の古老の1人であるユンヨン（男性、1931年生まれ）によると、程度の差はあれイマーム（礼拝時の導師）ら村の公的宗教リーダーも同じであり、またそのことに異議を唱える者もいなかったという。彼によれば、M村の民間信仰は、大きく以下の2つの形態をとっていた。1つは、コミュニティ・レベルで実践されるものである。その代表的なものが、「タムブン・バーン（*tham bun ban*）」と呼ばれる儀礼であった。これは、毎年タイ暦6月の下弦（*khang raem*）[2]の1日、村における幸運の招来と悪運の浄化（*sadokhro*）を目的に行われた。そこでは、村の土地神（*to se*、詳細は第5章4節）が持つ力が用いられた。具体的には、土地神を憑依させた呪術師（*to mo*）が数人の助手とともに村の家々を回って聖水（*nam mon*）を作り、それを家人全員が浴びた。また、呪術師らが、村に住む全ての村人の毛髪と爪[3]を入れた全長1メートルほどの木造の小舟を、村の前浜から沖に流した。これによって、村人個々人と村全体の悪運の浄化と幸運の招来が目指されたという。しかし、イスラーム復興運動が村人のあいだに伸展するなか、民間信仰は、イスラームの教えに反するものとし

第 4 章　民間信仰をめぐる実践の変容

て、次第に忌避の対象となっていった。その結果、1990 年前後にはタムブン・バーンは、モスク委員会の判断により休止させられることになったという。

　2 つ目は、個人レベルで実践されるものである。以下、本節では、今日まで続く船霊、ターヤーイ、アルアという超自然的存在をめぐる村人の信仰を事例に、その概要を描き出す。なお、ここで用いる資料は主に、先に登場したユンヨンをはじめ当時の民間信仰をめぐる状況に詳しいデート（男性、1934 年生まれ）、マッドン（男性、1936 年生まれ）、デーチャー（男性、1937 年生まれ）への聞き取りから得られたものである。

（1）船霊信仰

　第 1 章でも述べたように、村の周囲を海と運河に囲まれた M 村の住民の主な生業は、沿岸域で行われる小規模な漁業である。それは、漁獲量が一定しないという経済的なリスクとともに、活動場所が海という物理的に危険な場所であるため、身体的なリスクの高い生業活動である。このため M 村では、これらのリスクを解消するための信仰が古くから存在した。なかでも今日まで見られるものに、船に住む精霊である船霊を祀る船霊信仰がある。タイにおいて船霊は、仏教徒漁民のあいだで広く信仰されているが［e.g. Surachai 1996、Umarin 2004］、M 村の村人のようにムスリムのなかにも信仰の対象とする者がいる。以下では、先述の古老たちの語りをもとに、M 村における船霊信仰の概要を描く[4]。

　村で「メーヤーナーン（*mae ya nang*）」、あるいは「ナーンルア（*nang ru'a*）」と呼ばれる船霊は、「船首（*hua ru'a*）に宿る女性の精霊」とされる。船霊は、漁の安全や漁獲の多寡を司る存在として、漁業に携わる村人の信仰を集めてきた。船霊を信仰する村人は、「船霊の機嫌を損ねることは不漁をはじめとする漁撈活動に悪影響を与える」と考えている。このため彼らは、船霊にまつわるさまざまな禁忌を遵守してきた。たとえば、船霊の住む舳先は「聖なるもの（*sin saksit*）」とされ、そこを踏んだり座ったりすることは、「船霊を侮辱する行為」として禁じられていた。また、船内では、痴話をするなど下品な言葉を発することも忌避された。このほかにも、舳先を中心とする船の清掃や

第 1 節　民間信仰の概要

写真 22　船を修理する村人
（M 村）

修理を怠ることは、「船霊を汚い状態にすること」と同義とされた。それゆえ船主には、常に船内を清掃し、年に数回は船体に付着した貝を除去するなど船を補修することが奨励された（写真 22 参照）。これには、「船霊の機嫌を保つ」という象徴的な意味とともに、「船を操業に適した状態にする」という実利的な意味があった。

　以上のような禁忌とは別に、船主は船霊の機嫌をとることにも腐心してきた。それは、禁忌の遵守というような受け身の行為ではなく、漁の成功に向けて船霊に積極的に働きかける船主の主体的な行為であった。日常的なものとしては、船霊への簡単な祈願がある。これには船主ごとにさまざまなやり方が存在するが、来船前に大漁や漁の安全など叶えてほしい事柄を船霊に向けて小声で語りかけるというものが一般的であった。また、より規模の大きなものとしては、船霊儀礼（*phithi mae ya nang*）がある。これは、船霊の機嫌をとる上で最も効果がある行為とされた。一般に船霊儀礼は、新船を進水する日と船の補修を終えた日に行われた。また、村人によっては、多額の資金を投入して新た

131

第 4 章　民間信仰をめぐる実践の変容

に漁具を購入した日やそれを使用する前日、あるいは大漁や不漁の際にも開催したという。儀礼の日取りは、吉祥時（*rityam*）を参照して決められ[5]、大抵は夕方のまだ陽がある時間に行われた。

船霊儀礼は、大きく清めの儀式と供宴から構成され、双方とも「船のなかで行うことが望ましい」と考えられていた。その際、船が入水しているか否かは問われなかったという。儀礼の参加者の数は、会場となる船の大きさの制約もあり、船主の家族と数人の近親者に限られていた。古老の語りをまとめると、一般的な儀礼のプロセスは以下の通りであった。

清めの儀式では、最初に船主が船の舳先にさまざまな色の布を巻く（写真23参照）。この色布は、女性である船霊を「綺麗にする（*hai suai*）」ためにつけられるという。船主のなかには、色布とともに花などを巻きつける者もいたという（写真24参照）。その後、鶏や魚のカレー（*kaen*）、尾頭付きの焼き魚（*pla yang*）、うるち米（*khao cao*）といった供宴用の料理が皿に盛られ、船主らによって船内に運ばれる。そのうち、少量に取りわけた料理が、船霊への供物として舳先の根元部分に置かれたという。また、船主は、真水にライムの実（*luk manao*）などを入れて作った香水（*nam hom*）を木の葉や手を使い船全体に撒きかけた（写真25参照）。これは、舳先から始まり右回りに1周あるいは3周行われたという。その際、船主は、香水を撒きながら船霊に祈願した（*ok chu'*）。前出の元漁師のデートは、祈願時に以下のような文言を小声で言っていたという。

「船霊よ、私はあなたを綺麗にするために船を直しました。布も新しいものに変えました。香水も撒きました。あなたのために美味しい食事も準備しました。どうぞ受け取ってください。事故が起きませんように。いつも大漁でありますように。どうぞ私の願いを聞き入れてください。」

この祈願をもって、清めの儀式は終了する。清めの儀式は、船主によって行われ、それ以外の者は船の外で供宴の準備をしたり、談笑したりするなどして儀式に参加することはなかったという。

第 1 節　民間信仰の概要

写真 23　船霊儀礼で舳先に色布を巻く村人
（M 村）

写真 24　色布とともに花輪がかけられた舳先
（M 村）

第 4 章　民間信仰をめぐる実践の変容

写真 25　船内に香水を撒く船主
（M 村）

　続く供宴も、清めの儀式と同様に船のなかで行われた。古老の語りをまとめると、供宴のプロセスは以下の通りであった。まず、清めの儀式が終わると、参加者が船内に入った。彼らは席に着くと、思い思いに船内に置かれた料理を食べた。船が小さい場合、参加者は船の周りで食事を食べたという。そして食事を終えると順次、帰途についた。その際、彼らが、儀礼の主催者（*cao phap*）である船主にお礼を言うことはなかったという。供宴で使った食器や残った料理の片付けは、船主の妻ら女性の親族が行った。このように供宴では、清めの儀式と異なり、船の舳先に色布を巻くなどの儀礼的な行為は一切なされなかったことがわかる。
　以上が、古老の語りに基づく 1970 年代以前の M 村における船霊信仰の概要である。そこには、クルアーンの朗唱をはじめとしたイスラーム的な要素が全くみられないことがわかる。このため船霊信仰は、イスラーム復興運動が浸透するに従い、イスラームの規範に反する行為として否定されるようになった。その結果、船霊信仰のあり方は、次節で詳しく述べるように大きく変化するこ

第 1 節　民間信仰の概要

とになったのである。

（2）ターヤーイ信仰
　船霊とともに古くから村人の崇敬を集めてきたものにターヤーイがある。タイ語で「母方の祖父母」を指すターヤーイは、村の古老たちの語りを総括すると、「自己の家系（*chu'a sai*）の始祖」を意味し、船霊と同じく超自然的存在とされる。それは、白ヘビ（*ngu khao*）やワニ（*corakhe*）、トラ（*su'a*）といった人間以外のかたちをとる(6)。女性の精霊である船霊と異なり、ターヤーイに性別はないとされる。ターヤーイは、それぞれに固有の名前を有しているという。それは、後述するターヤーイを対象とした儀礼の執行役以外には知らない門外不出のものとされる。
　ターヤーイは年に一度、タイ暦6月(7)の1ヶ月間、他界から村に戻ってくるとされる。このため、6月の内の1日、ターヤーイを対象とする儀礼（*phithi tayai*、以下、ターヤーイ儀礼）が行われた。この儀礼は、別称が「タムブン・ターヤーイ（*tham bun tayai*）」であることからもわかるように、ターヤーイのために徳を積むことが目的とされた。しかし、ここでの積徳の目的は、死者が来世に天国へ行くことを目指す一般的な積徳のそれとは異なっていた。その理由は、「ターヤーイが人間の霊魂（*winyan*）ではないため、最後の審判の対象にはならないから」だという。このため、ここでは、決められた供物を捧げることでターヤーイを慰撫することが目的とされた。
　「6月の儀礼」を意味する「ピティー・ドゥアン・ホック（*phithi du'an hok*）」とも呼ばれるターヤーイ儀礼は、親族（*yat*）のなかに1人いる執行役によって進められた。執行役の決定は、ターヤーイがその人を指名する（*sang*）場合と、前任者が指名する場合の2パターンがあるという。前者は、ターヤーイがその時の執行役の夢に現れて継承者の名前を伝えたり、継承してほしい者を病気にしたりすることを通して後継者を知らせた。後者は、その時の執行役が高齢や病気のためにその役を退くことをターヤーイに報告するも、ターヤーイが新たな執行役を指名しない場合に行われた。そこでは執行役が、親族のなかで儀礼に継続的に参加し、それに関心を持つ者を勧誘する（*chak chuan*）ことで

135

役が継承されたという。後継者に指名された者は、儀礼の実施プロセスからそこで唱える呪文（khatha）、ターヤーイの名前、儀礼で用いる道具と供物の種類や数など、儀礼を行うために必要なさまざまな知識を、執行役から習得しなければならなかった。とくにターヤーイの名前と呪文の継承は、それが第三者に漏れないよう慎重に行われたという。

　ターヤーイ儀礼は、タイ暦の6月中に行うということは一致しているが、開催日は奇数日（kham khi）など世帯により異なっていたという。儀礼は一般に、執行役の家でその親や兄弟をはじめとする親族全員を集めて行われた。親族は必ず儀礼に参加しなければならないが、やむを得ない理由で参加できない場合は、かわりに供物の材料や材料費の一部を執行役に支払う義務があったという。

　一般的なターヤーイ儀礼の実施プロセスは、古老の語りをまとめると以下の通りであった。まず、女性親族によってカオニャオ・ルアン（khao niao lu'ang、ウコンで黄色に染めたもち米）や鶏の丸焼き（kai yang）、うるち米、カノム・コー（khanom kho）と呼ばれる菓子といった食べ物のほか、コブミカンの葉（bai makrut）やキンマの実（mak）などが供物として部屋の中央に並べられた。一般に供物の数は、偶数（khu）だと不完全なため、奇数（khi）がよいとされた。このほかにも、ロウソクや安息香（kanmayang）、炒り米（khao tok）、ライムの実や花などを入れて作られた聖水といった儀礼で用いる道具も、上記の供物とともに部屋の中央に置かれたという。古老らの語りでは、これらの供物や道具の種類、数、使用法は、執行役ごとに異なっていた。儀礼の準備が整うと執行役は、ロウソクや安息香に火をつけ、それを供物の上で回したり、炒り米や聖水をかけたりすることで供物を清めた。この時、執行役にターヤーイが憑依する（song）こともあったという。彼らは、供物を清めながら決められた呪文を唱えてターヤーイを家に招く。それが終わると、ターヤーイに祈願した。その内容は、船霊儀礼のものと大きな違いはなかったという。一例をあげると、古老の1人であるマッドンは、まずターヤーイの名前を呼んだ後、他の者に聞こえない大きさで、「あなたに積徳するために子孫（luk lang）が集まりました。いつものように鶏の丸焼きを1羽（省略：全ての供物の名前と数を言

う）準備しました。どうぞお召し上がりください。そして私たちが1年間、無事に過ごせるようお守りください」と唱えたという。祈願のあいだ、他の参加者は、静かにその様子を見守らなければならなかった。祈願の終了は、ターヤーイが供物を受け取ったことと同義とされていた。祈願の終了後、参加者は、供物を食べたり持ち帰ったりしたという。

　ターヤーイ儀礼を行うことは、M村において「子孫の義務（nathi khong luk lan）」であった。子孫は、ターヤーイ儀礼を実施することで、その見返りにターヤーイから親族の安全や繁栄を享受することができるという。逆に、儀礼を実施しないと、ターヤーイはさまざまなかたちで子孫に罰を下した（long thoi）。それは、仕事の不調（ha kin mai khlong）や身内の怪我、病気（cep khai）、引きつけ（chak）として現れたという。また、儀礼のプロセスや供物の種類、数に不備がある場合にも同様の出来事が起こったり、ターヤーイが執行役に憑依したりした。その理由としては、儀礼が不完全なものであることがあげられた。儀礼が不完全であるために、子孫から送られる功徳の量が不十分だったり、ターヤーイが功徳そのものを受け取ることができなかったりする。それゆえに、「ターヤーイは怒って子孫に罰を与える」と考えられていたのである。村の古老によると、そのような場合には再度、儀礼を執り行ったという。ターヤーイ儀礼の執行役には、昔から伝わるやり方をそのまま踏襲する（tham tam withi pa ma）ことが求められていたのである。

　ターヤーイはまた、それが持つ力により、日常生活における除災招福を目的とした願掛け（bon、loei）の対象にもなってきた。一般に願掛けは、願を掛けたい者が、ターヤーイの名前を知る執行役に代理で行ってもらっていたという。そこでは、願を掛ける者の名前、ターヤーイの名前、ターヤーイに叶えてほしい事柄、叶った際のお礼の内容が語られるだけで、断食などの自己犠牲的な行為が並行して行われることはなかった。願が成就すると、願をかけた者には、ターヤーイへの返礼として願掛けの際に約束したお礼をすることが求められた。大抵の場合、お礼の中身は、羊や鶏のカレーをはじめとした料理をターヤーイに供することであったという。その際には、近親者を招いて願が成就したことを祝う供宴（nuri kae bon、nuri kae loei）が開かれた。仮に返礼をし

かったり、約束とは異なる内容のお礼をしたりすると、ターヤーイが祈願した者とその家族に罰を下したという。それは、ターヤーイ儀礼の場合と同様に、物質的、身体的な損害というかたちをとった。逆に、願が成就しなければ、お礼をする必要はないと考えられていた。

(3) アルア信仰

村では、上述したターヤーイとともに、系譜関係のある物故親族の霊であるアルア[8]が信仰されてきた。アルアは、子孫が関係を持ったことのある父母や兄弟などの親族から、個人名のみならずその存在すら知らない匿名の親族に至る全ての物故親族の霊を意味する。しかし、そこに始祖であるターヤーイは含まれていない[9]。

アルアは、タイ暦の6月に限定されるターヤーイと異なり、①イスラーム暦 (phatithin itsalam) 9月1日から翌月1日の断食明けの祭の供宴が終わるまでの期間と、②イスラーム暦12月10日の犠牲祭の前夜から当日の供宴が終わるまでのあいだ、③毎週木曜日の日没から翌日のズフル礼拝（昼の礼拝）までのあいだ[10]、アッラーによって村外れにある墓地（kubo）から解き放たれると考えられていた。この期間、アルアは村に戻るという。夜には、アルアが戻ってきやすいように、目印としてココナッツの実のなかに木片などを入れて燃やしたもの（phao kala）が軒先に吊るされた。村に戻ったアルアは、子孫の家々を回り、礼拝を中心とするイスラームの実践を熱心に行っているかどうか確認するという。古老によると、アルアには日頃から真面目にイスラームを実践している者の掌が赤色、怠っている者の掌が黒色に見えるので、それは容易なこととされる。

このように、アルアが子孫の宗教実践に関心を寄せる理由には、「子孫がイスラームを実践することで生じた功徳がアルアに転送される」という考えが存在した。子孫から功徳を得ることで、アルアが生前に犯した罪の量は減少する。それは行きつくところ、「最後の審判の後の天国行きにつながる」とされた。それゆえ子孫には、死者であるがゆえに自力で功徳を積むことができないアルアのため、折に触れて積徳という追善供養を行うことが求められたのであ

る。それは、礼拝や墓参、供宴などを通して可能になるという。なかでもアルアが村に戻る日に行う一連の積徳は、多くの功徳をアルアに送ることができるものとして重視されていた[11]。

　以下では、まずイスラームの祭日である犠牲祭を事例に、アルアに対する積徳の中身を見ていきたい。ユンヨンら前出の古老たちの話によると、この日、村人は、昼にモスクで行われる集団礼拝の前後に、親族総出で村外れにある墓地に墓参に向かったという。そこでは、知りうる限りの親族の墓を掃除することが求められた（写真26参照）。掃除を終えると、全ての墓石にコブミカンの実（*luk makrut*）などを入れて作った香水をかけ、イスラームの知識を持つ者がクルアーンの一章であるヤーシーン章（*ya sin*）を唱えたという。墓参から帰宅した後は、各家庭でアルアのための供宴を開いた。その規模は家毎に異なるが、親族や近隣の住民などが参加したという。参加者は、部屋の中央に置かれた安息香や料理を取り囲むかたちで座った。そこではまず、供宴の主催者が、心のなかでアルアに食事を食べに来てくれるよう依頼したという。そして、参加者全員で、アルアに対する加護を請うためアッラーに祈願した（*kho phon*）。そこでは、参加者のなかでイスラームの知識を持つ者が、ヤーシーン章やアルアのドゥアー（*dua arua*）を唱えた。これら一連の行為によって、ア

写真26　犠牲祭の日に墓を掃除する村人
（M村）

ルアは「食事を食べた」、つまり「子孫からの功徳を受け取った」ことになるのだという。その後、参加者は料理を食べ、終わった者から各自帰宅した。この供宴では、「参加者の数が多ければ多いほど、アルアが受け取る功徳も多くなる」と考えられていた。

続いて「金曜日の夜」に行われる積徳について見たい。前出の古老たちの話では、この日、村に戻ってくるのは全てのアルアではなく、「生前に子孫と近しい関係にあった物故親族（arua mai、以下、アルア・マイ）」であった。その範囲は、概ね儀礼の主催者の一親等であるが、多くの場合「亡くなった父母」が想定された。アルア・マイは、家族が恋しく（khit thu'ng）、それゆえ彼らに会いにアッラーの慈悲のもと毎週「金曜日の夜」に家に戻ってくるのだという。

村人はこの日、外出を控えて自宅でアルアに思いをはせ（nu'k thu'ng）、静かに過ごすことが奨励された。また、家によっては、イシャー礼拝（夜の礼拝）の後、「金曜日の夜の供宴（nuri kham wansu'k）」と呼ばれる供宴を催した。この供宴の概要は、古老の語りをまとめると以下のようになる。

参加者の範囲は、主催者世帯の構成員を中心としたごく少数の近親者に限られていたという。ここでは、火を付けた安息香とともに、供宴で一般に供されるカレーなどの料理ではなく、亡くなった父や母が生前に好んで食べていた菓子や果物といった軽食が用いられた。参加者は、それを囲むかたちで車座になり、供宴の主催者がアルア・マイの名前と供物を用意したので食べに来てほしい旨を小声で呟いたという。そして、参加者のなかでイスラームの知識を持つ者が、上述した犠牲祭の供宴と同様に、ヤーシーン章やアルアのドゥアーを唱えた。それが終わると、参加者は一斉に供物を食べたという。

以上のように、1970年代以前のM村において村人は、日常生活におけるさまざまな機会に、アルアに対して功徳を積むことが求められていた。また、アルアに積徳した者も功徳が得られると考えられていた。なぜなら、村の古老が口を揃えて語るように、アルアへの積徳が、ドゥアーなどクルアーンに由来する聖句を唱える「イスラームの実践（kanphathibat satsana）」だったからである。しかし、ターヤーイの場合と異なり、「いくら功徳を積んでもアルアから

現世における見返りを得ることはない」と彼らは考えていた。また、逆に「アルアに功徳を積まなかったとしても罰が下ることはない」とされた。その主たる理由としては、「アルアはターヤーイと異なりふつうの村人（*chaoban thammada*）なので子孫の生活に影響を与えるだけの力が備わっていない」という認識があった[12]。このため、当時の村人が、アルアに災厄除去をはじめとする願を掛けることはなかった。

第2節　変容する民間信仰

　M村には、前節で見たような民間信仰が古くから存在してきた。しかし、第2章と第3章で詳述したように、1980年代以降、タブリーグが伸展し、イスラーム教育が拡充するなか、「イスラームの規範に反する」として民間信仰を否定する動きが、村人のあいだに顕在化することになる。その結果、民間信仰をめぐりさまざまな解釈、実践が見られるようになった。本節では、インド洋津波が襲来する直前までの時点における民間信仰の変化の様相を、第2章4節で概観した「古いグループ」、「新しいグループ」、「ダッワ・グループ」という実体化されない認識レベルの住民範疇ごとに見ていく。その際、本章1節で詳述した船霊信仰、ターヤーイ信仰、アルア信仰を取り上げる。

（1）古いグループ

　他の村人から「古いグループ」に位置づけられていた村人による上記の民間信仰をめぐる解釈、実践は、前節で見た1970年代以前のそれとほぼ同じであった。しかし、他方で彼らは、船霊信仰、ターヤーイ信仰、アルア信仰を大きく2つに分けてとらえていた。まず船霊信仰とターヤーイ信仰を、古くから続く「慣習（*prapheni*）」と見なしていた。彼らは、漁業をはじめとする現世の諸事に影響を及ぼす存在として船霊とターヤーイを信仰していた。他方でアルア信仰は、「慣習」と同様に古くから行われてきたものであるが、彼らが「宗教（*satsana*）」と呼ぶところのイスラームの領域に位置づけられていた。

141

第4章　民間信仰をめぐる実践の変容

　ここで彼らが言う「宗教」とは、現世ではなく来世に関わるものであり、「慣習」のように現世における村人の生活に影響を与えることはないとされた。つまり、前出のユンヨンの言葉を借りると、「『慣習』と『宗教』は、それぞれ異なる領域（*kon la phanaek*）に関わっている」のである。「古いグループ」に位置づけられていた村人は、このように「慣習」と「宗教」を異なるもとしてとらえつつ、日常生活を営む上で欠かすことのできない信仰としてそれらを保持していた。また、そのどちらか一方を低く見なすこともなかった。こうした2つの信仰の相互補完的な関係ゆえに、彼らは、船霊信仰とターヤーイ信仰にイスラーム的な要素がないことを取りたてて問題視してこなかったのである。

　「古いグループ」に位置づけられていた村人は、ターヤーイとアルアをそれぞれ別のカテゴリーに位置づける一方、それらをまとめて「自分たちの祖先（*to ne*、以下、ト・ネ）」とも見なしていた。ターヤーイとアルアを同一グループに置く彼らの認識は、後述するように、他の村人から「新しいグループ」に位置づけられていた村人にも見られるものであった。また、先に見た来世との関わりからアルアをとらえる「古いグループ」のアルア観は、イスラームの規範を遵守することに熱心な「ダッワ・グループ」のそれと似通っていた。

　以上の認識のもと、「古いグループ」に位置づけられていた村人は、インド洋津波前の時点において、前節で詳述したものとほぼ同じかたちで船霊、ターヤーイ、アルアを信仰してきた。また、彼らのなかには、民間信仰に関する豊富な知識を持つがゆえに、彼らが「新しいグループ」に位置づける村人が民間信仰にまつわる儀礼を実施する際、請われてその執行者や指南役となる者もいた。

　しかし、イスラーム復興運動の伸展にともない、アッラーを唯一の信仰対象とする考えが村人のあいだに浸透するなか、「古いグループ」に位置づけられていた村人が「慣習」と見なす信仰への風当たりは強まっていった。その結果、彼らのなかに儀礼のやり方を変える者が現れた。それは、参加者が近親者に限られ、屋内で行われるなど人目につきにくいターヤーイ儀礼ではなく船霊儀礼において見られた。以下では、専業漁民のビドン（男性、1963年生まれ）を事例に、変化の一端を見ていきたい。

第2節　変容する民間信仰

【事例8：ビドンの船霊儀礼】

　小学生の時に父親から礼拝の仕方など基礎的な宗教知識を学んだビドンは、これまで一度もタブリーグの宣教活動に参加したことはなかった。彼は、35歳で自分の船を所有して以来、まだ陽のある夕暮れ時に、前節で見たものとほぼ同じ方法で船霊儀礼を行ってきた。その一方で、1990年代の中頃から、金曜礼拝の説教などの場で、モスク宗教教室教師のアサーットや現イマームのバンチャーなどから、船霊をはじめとする「慣習」がイスラームに反する行為であり悪行であることを頻繁に聞かされたという。ただ、それによって船霊に対するビドンの信仰は変わらなかった。しかし、彼によると、2000年頃から船霊儀礼のやり方を変えたという。以下は、ビドンが2004年12月21日に行った船霊儀礼の様子である。

　ビドンはこの日の船霊儀礼を、夕方ではなく日没直後に実施した。筆者も参加することができたこの儀礼では、まず船主であるビドンが暗がりのなか船霊への供物となる数種類の料理を少量ずつ載せた皿を持って、1人自宅脇の運河に泊めてある船に向かった。外は暗闇であったが、家の明かりにより何とか儀礼を行えるだけの明るさがあった。供物は、色布を巻き替えた後、舳先付近に置かれた。その後ビドンは、小声で祈願の言葉を言いながら市販の香粉（*paeng hom*）を水に溶かして作った香水を船内全体に撒いた。そして、それを終えると、家から様子を見ていた息子に「終わった」と告げた。それを合図にビドンの家では、彼の家族とすでに集まっていた数人の近親者が、ビドンの帰宅を待たずに料理を食べ始めた。供物は儀礼後も片づけられることなく、翌朝の出漁時まで船内に置かれた。

　この事例からは、まずビドンが、まだ陽がある時間帯から日没後へと船霊儀礼を行う時間を変更したことがわかる。この開始時間の変更は、暗がりのなかで清めの儀式を行わねばならないなど、船霊儀礼を実施する上で極めて都合が悪い。この点を指摘した上で、儀礼の開始時間を変更した理由をたずねた筆者にビドンは、「コンサックや『ダッワ・グループ』に遠慮した（*kreng cai*）から」と答えた。コンサックは、第2章3節2項でも見たように、タブリーグの

第 4 章　民間信仰をめぐる実践の変容

地区支部長である。このビドンの語りからは、コンサックら「ダッワ・グループ」の村人が「非イスラーム的」と見なす行為をすることへの後ろめたさが読み取れる。その一方で、儀礼の開始時間を変更したビドンの行為には、彼が「ダッワ・グループ」に位置づける村人から船霊儀礼の様子を見られること、さらには彼らから「イスラームに反している」と批判される可能性を未然に防ぐねらいがあったと考えることができる。

　次にわかるのは、ビドンが船から自宅へと供宴の会場を変えていたことである。そのことについて彼は、「何も問題はない」と筆者に語った。なぜなら「船霊には供宴の前に食事を供しており、船霊はそれを受け取っているから」だという。また、ビドンは、「自宅で供宴を行うと船が汚れないので、船霊の機嫌を損ねる心配がない」と供宴会場を変更したことのメリットを指摘した。それは、見方を変えると、船内の掃除とともに大量の料理を持って自宅と船のあいだを往復する必要が無くなったことを意味している。ビドンは指摘しなかったが、その分だけ彼をはじめとする主催者側の身体的な負担は軽減されたと言えるだろう。加えて、複数の村人が参加するため人目につきやすい供宴を家屋のなかという閉鎖的な空間で行うことは、その様子を外部者の視線から遠ざける効果もある。この点を勘案すると、供宴会場をめぐるビドンの対応は、上述した儀礼の開始時間の変更と同様に、彼が「ダッワ・グループ」に位置づける村人の存在を意識した結果なされたと考えることができるだろう。

　以上のようなビドンの船霊をめぐる儀礼実践は、前節で見た 1980 年代以前の M 村におけるそれとは異なるものであった。ビドンが「『ダッワ・グループ』の村人に対する遠慮」と語ったことからもわかるように、そうした変化が生まれた背景には、タブリーグというイスラーム復興運動の伸展が深く関わっていたのである。

（2）ダッワ・グループ

　次に、他の村人から「ダッワ・グループ」に位置づけられていた村人が、船霊やターヤーイ、アルアをいかに解釈し、それらといかなる関係を取り結んでいるのか、という点について明らかにする。

第 2 節　変容する民間信仰

　まずは船霊について見ていきたい。「ダッワ・グループ」に位置づけられていた村人は、上述した「古いグループ」の村人と異なり、「漁業に関することは全てアッラーが決める」として船霊の存在を認めなかった（この点は次節で詳述する）。このため、船霊を信仰することは、「イスラームの教えに反する」として否定する傾向にあった。以下では、専業漁民のアブドゥロ（男性、1974年生まれ）を事例に、船霊をめぐる彼らの解釈、実践について見ていく。

【事例 9：アブドゥロの船霊解釈】
　アブドゥロは小学生の頃、アサーットのクルアーン塾で、クルアーンの読誦を中心とするイスラームの基礎を学んだ。タブリーグの宣教活動には、アサーットからの誘いを受けて 20 歳で参加した。その時は 40 日間、チョンブリー県を中心とする中部タイを回ったという。そして、翌年に結婚してからインド洋津波が襲来するまでのあいだ、アブドゥロは、村内で行われる活動はもちろんのこと、村外で行われる日帰り宣教と 3 日間宣教にも毎回欠かさず参加した。その熱心な姿勢が評価されて、彼は村におけるタブリーグの運営委員となった。
　アブドゥロは、24 歳で船を購入して以来、禁忌や儀礼といった「古いグループ」の村人がするような船霊にまつわる一連の諸事を一度もしたことがないという。その理由について彼は、「神はアッラーのみ（*phracao pen anro ongdiao*）で、ムスリムがアッラー以外の存在を崇拝する（*nap thu'*）ことは悪行になる。だから私は船霊を崇拝しない」と述べた。さらに続けて、「魚やカニの漁獲量を決めるのはアッラーだ。船霊ではない。だから、船霊に祈ったり儀礼をしたりしても効果はない（*mai mi prayot*）」と語った。また、「あなたはアッラーに大漁を祈願したことがあるか」という筆者の問いに対してアブドゥロは、「アッラーへの祈願はイスラームの教えに反していない」と説明した上で、「したことはないし、するつもりもない。家族が食べていけるだけの収入があれば十分だ。そんなことをするよりも天国に行けるように徳を積むよ。イスラームに敬虔（*kren krat satsana*）な村人はみなそうだ」と答えた。

（2004 年 12 月 11 日聞き取り）

第4章　民間信仰をめぐる実践の変容

　この事例においてアブドゥロは、船霊の存在とそれを信仰するという行為を批判していたが、その理由として以下の点を指摘することができる。第一に、「神はアッラーのみ」とする神の唯一性があげられる。このイスラームの規範に基づき、アブドゥロは、アッラー以外の存在を信じることを、それに反する行為として否定した。船霊を信仰することは、まさにこのイスラームの規範に抵触する行為であるために批判されたのである。第二に、「漁獲の多寡を決めるのはアッラーのみ」とする考えがあげられる。それは、彼が「古いグループ」と見なす村人が、「イスラームは来世の事柄にのみ関わる」とする解釈とは異なっていた。アブドゥロをはじめ、他の村人から「ダッワ・グループ」に位置づけられた村人は、この考えに基づき、漁獲量の決定に船霊が関与することを否定し、かつ儀礼などを通して漁の成功を船霊に働きかける行為を「悪行」と見なす傾向にあった。

　その一方でアブドゥロは、「アッラーへの祈願はイスラーム的に間違っていない」と筆者に語った。しかし、彼は、自身を含め「イスラームに敬虔な村人は来世を志向しており、大漁をアッラーに祈願することはない」とも述べた。このアブドゥロの語りからは、アッラーへの祈願というイスラームの教義では「正しい」とされる行為であっても、漁の成功という現世利益の獲得のためになされるものは望ましくない、とする見解を読み取ることができる。そこには、最後の審判の後の天国行きという来世における利益の獲得［大塚1989：119］を重視する姿勢が反映されていたと言える。

　こうしたアブドゥロに代表される船霊をめぐる「ダッワ・グループ」の村人の解釈や対応は、そのままターヤーイにも当てはまる。彼らは、ターヤーイを崇拝することも、「イスラームの規範に反する行為」ととらえていた。その際に根拠とされたのが、船霊のケースと同様に、「神はアッラーだけであり、人間の生活のあり様を決めることができるのもアッラーだけだ」というイスラームの教えであった。ターヤーイ信仰は、まさにこの考えに反するがゆえに「悪行」と見なされたのである。このため、「ダッワ・グループ」に位置づけられていた村人が、「古いグループ」や後述する「新しいグループ」に位置づけられていた村人のようにターヤーイを信仰し、それに対して儀礼や願掛けといっ

第 2 節　変容する民間信仰

たかたちで働きかけることは決してなかった。

　しかし、こうした船霊やターヤーイに対する否定的な解釈、実践は、アルアにおいては逆になる。前出のアブドゥロによると、アルアは「自分と系譜関係にある全ての死者の霊魂」であるという。また、彼は、「アルアは系譜関係にある子孫のト・ネ」であり、それは行きつくところ生前、村人であったのだから「村人全員にとってのト・ネ（to ne khong rao）」でもあると語った。これは、先に見た「古いグループ」に位置づけられていた村人のアルア観と類似のものである。しかし、「ダッワ・グループ」に位置づけられていた村人がアルアの存在を認めるのは、何よりもまず第 6 章 93 節や第 32 章 11 節などクルアーンのなかにアルアに関する記述があるからである。この事実をもって、彼らはアルアを祀っていた。このように、アルアを解釈する際にイスラームの規範を参照するという方法は、同じくアルアの存在を認める「古いグループ」や後述する「新しいグループ」に位置づけられていた村人のそれとは異なるものであった。加えて、「ダッワ・グループ」に位置づけられていた村人は、アルアのなかにいかなる差異も認めず、みな同じとした。このアルア認識に基づき、彼らは、「古いグループ」の村人がアルアのなかでも最近に亡くなったアルア・マイのみが帰村するとした「金曜日の夜」には、全てのアルアが村に戻ると考えていた。これは、犠牲祭やラマダーン月でも同じである。このアルア認識のもと彼らは、「金曜日の夜」も熱心に積徳を行っていた。それは、「自身も功徳を積む行為」とされた。

　では、他の村人から「ダッワ・グループ」と「古いグループ」に位置づけられていた村人のあいだには、アルアへの積徳の仕方に違いが見られるのだろうか。以下では、2004 年 11 月 18 日の「金曜日の夜」に専業漁民のマート（男性、1956 年生まれ）一家が行ったアルアへの積徳を事例に、この点について検討したい。

【事例 10：マート一家が行った「金曜日の夜」の積徳】
　この積徳を行った当時、村におけるタブリーグの運営委員を務めていたマートは、34 歳の時にヤラー県から来村した宣教団の誘いを受けてタブリー

第 4 章　民間信仰をめぐる実践の変容

グの宣教活動に参加した。それ以降、2004 年末にインド洋津波が襲来するまでのあいだ、村を含む地区支部内で行われる宣教活動と 3 日間宣教には欠かさず参加してきたという。

　マートはこの日、午後 4 時過ぎに漁を終えた後、息子とともに村のモスクへ赴き、タブリーグの宣教活動の 1 つであるカット 2（第 2 章 3 節 3 項参照）に参加した。2 人は、そこで行われる集団礼拝の前後の時間に、アッラーにアルアの加護を祈願した。祈願に際して彼らは、両手の掌を上に向けて胸の前に出し（yok muʻ）、アルアのドゥアーを小声で唱えた。他方でマートの妻も同日、同居する義理の母とともに自宅で行ったマグリブ礼拝（日没後の礼拝）とイシャー礼拝において、アルアの加護をアッラーに祈願した。そうした行為をマートと彼の妻は、「アルアへの積徳（tham bun arua）」と表現した。彼らによると、この祈願以外に「アルアへの積徳」と称して何かをすることはないという。

　この事例からわかるのは、マートがアルアへの積徳として行ったのがアッラーに対する祈願だけであること、「古いグループ」に位置づけられていた村人のように供宴を開いていないことである。それは、「ダッワ・グループ」に位置づけられていた村人全般に見られる傾向であった。では、なぜマートは「金曜日の夜」に供宴を開かなかったのか。彼はその理由を、「アルアは霊魂なので供物を受け取ることはできない。だから供宴はアルアへの積徳にはならない。それはむしろ悪行になる」と述べた。その上で彼は、「アルアへの積徳は、アッラーにアルアの加護を祈願することだけだ。祈願は、男性はモスク、女性は家でしなければならない。子孫は、アルアが帰村する日にアッラーに祈願をする必要もある。それは子孫の義務だ」と言った。ちなみに彼は、「金曜日の夜」などアルアが村に戻るとされる日以外にも、日常の礼拝などの機会にアッラーに対してアルアの加護を請うているという。上記の語りを含めたマートの事例からは、①アルアが村に戻る日の積徳は子孫の義務、②アルアへの積徳はアッラーに祈願することだけ、③子孫がアッラーを飛ばしてアルアに直接、積徳することはできない、④供宴はアルアへの積徳ではなく悪行、と

第2節　変容する民間信仰

いったアルアに対する積徳観を読み取ることができる。

　このマートに代表される「ダッワ・グループ」の村人のアルアに対する積徳の方法や解釈は、先に見た「古いグループ」のそれとは異なるものであった。それは、彼らにとって「イスラーム的に正しい実践」であった。なぜなら、彼らの一連の実践は、彼らが言うところの「イスラームの規範に則ったもの」だったからである。その一方でマートは、「アッラーへの祈願により、アルアとともに祈願を行う者も功徳を得ることができる」と語っていた。この解釈は、先に見た「古いグループ」に位置づけられていた村人のそれと共通していた。

（3）新しいグループ

　最後に、他の村人から「新しいグループ」に位置づけられていた村人の民間信仰をめぐる解釈、実践について見ていきたい。先にそれをまとめると、彼らは船霊とターヤーイを「慣習」、アルアを「宗教」に分類したうえで、それらを村で生活を送る上で必要なものとして信仰していた。そのあり様は、大枠では「古いグループ」に位置づけられていた村人のそれと同じであった。しかし、彼らの信仰実践を詳しく見ていくと、彼らと彼らが「古いグループ」や「ダッワ・グループ」に位置づける村人とのあいだにさまざまな違いが存在していることがわかる。

　そこでまずは、専業漁民のドーラー（男性、1962年生まれ）を事例に、「新しいグループ」に位置づけられていた村人の船霊をめぐる信仰実践について検討したい。

【事例11：ドーラーの船霊解釈と船霊儀礼】

　小学生の時に数年間、アナン（故人）のクルアーン塾でイスラームを学んだドーラーは、筆者が聞き取りを行った時点で、村のモスクで開かれる金曜礼拝とタブリーグのイスラーム講話に熱心に参加していた。しかし、村外で行われるタブリーグの宣教活動には、日帰りと3日間の宣教に、それぞれ数回参加しただけである。

149

第4章　民間信仰をめぐる実践の変容

　ドーラーは、1985年に船を購入して以来、彼の言うところの「古いグループのやり方（*withi bo kao*）」で船霊儀礼を行っていた。しかし、2000年頃に本章3節で記したような民間信仰に関するバンチャーの説教を聞いたことを契機に、それまでの船霊に対する自身の信仰のあり方に疑問を持つようになった。こうして聞き取りを行った当時のドーラーは、「船霊は漁の成否を決める存在」であり、船霊儀礼には「村人を安心させる（*hai sabai cai*）効果がある」として船霊に対する信仰を継続する一方、その一部を以下の様に変えた。第一に、船霊をイスラームの精霊であるチン（*chin*）[13]の1つとして、アッラーと人間のあいだに位置づけるようになった。彼によると、「船霊は人間を悪事に誘う悪いチン（*chin lew*）とは異なる良いチン（*chin di*）」であるという。ドーラーは、クルアーンのなかにチンに関する記述があることを理由に、その存在がイスラームにおいて認められており、それゆえ「船霊もイスラーム的に正しい（*thuk*）ものである」と筆者に語った[14]。他方で彼は、「船霊を信じるか否かは個人の信仰心次第だ（*laew tae sattha*）」としながらも、「船霊を信じるのであれば、それはチンであるから儀礼でドゥアーを朗唱しなければならない」と述べた。このため、船霊を「イスラームと関係のない存在」と見なし、ドゥアーを唱えない「古いグループ」の一連の行為は、イスラームの規範に照らし合わせると「間違いである」という。彼によると、そのような行為は、「仏教徒と同じもの」であり、「批判されるべきもの」とされた。

　次に、ドーラーが、2004年6月25日に行った船霊儀礼について見ていく。彼によると、この日の午後4時すぎに自宅から船に赴き、1人で清めの儀式を行った。そこでは、舳先に巻いた色布を新しいものに取り換えた後、村の商店で購入した市販の香水を舳先から右回りに1周、船内に振りかけたという。その際、ドーラーは、船霊に対して小声で「船を綺麗にして食事も準備しました。アッラーがこの功徳を届けてくれます。どうかお受け取りください」と語ったという。その後、彼は、舳先の前に立ちドゥアーを唱えると帰宅した。ドーラーが自宅に戻ると、供宴の会場となる一室にはすでに10人程の参加者が料理を囲むかたちで座っていたという。彼はそのなかに入り、部屋の中央に置かれた安息香に火をつけてドゥアーを唱えた。それが終わると、参加者に食

第 2 節　変容する民間信仰

事を振る舞ったという。

　ドーラーは、船霊儀礼で船霊に願い事を口ずさむ以外にドゥアーを唱えた理由として、「船霊への功徳をアッラーに受け取ってもらうため」と答えた。彼によると船霊は直接、人間から功徳を受け取ることができない。チンの1つとしてアッラーの下に位置する船霊に功徳を送るには、まずアッラーに功徳を送り、それをアッラーから船霊に転送してもらう以外に方法はないという。このアッラーに功徳を送る唯一の術が、ドーラーによるとドゥアーやクルアーンの一節を唱えることであった。それゆえ「古いグループ」のように願い事を口ずさんでも功徳は船霊に届かないという[15]。

(2004年11月30日聞き取り)

　この事例からわかるのは、当時のドーラーが船霊を信仰することを「イスラームの規範に抵触するもの」とはとらえていなかったことである。ドーラーがそのように解釈した背景には、船霊がクルアーンに記載のあるイスラームの精霊チンの1つであることや、儀礼時にドゥアーを唱えていること[16]があった。その一方で彼は、船霊を信仰しながらもそれを「チンともアッラーとも無関係の存在」と見なし、かつ儀礼でドゥアーを唱えないことを理由に、船霊をめぐる「古いグループ」の村人の信仰実践を「非イスラーム的なもの」として批判していた。しかし、両グループの村人は、船霊を「漁業を行う上で不可欠の存在」と見なし崇拝している点、儀礼時に色布や香水を用いて船霊に祈願し、供宴を開くという点において共通していた。

　以上のように、船霊をめぐるドーラーの実践は、先に見た「古いグループ」に位置づけられていた村人のそれと共通する部分を持つ一方、ドゥアーの朗唱をはじめとする彼が言うところの「古いグループのやり方」で船霊を信仰していた頃には見られなかったイスラーム的な実践を含んでいた。それは、「古いグループ」の村人の実践が「イスラーム化」したものと言うことができるだろう。

　また、「新しいグループ」に位置づけられていた村人のなかには、供宴を休止したり、清めの儀式を簡素化したりするなど、船霊儀礼の規模を縮小する者もいた。たとえば、専業漁民のムッサー（男性、1965年生まれ）は、供宴は

第4章　民間信仰をめぐる実践の変容

するが清めの儀式は行っていなかった。彼は、「船霊への積徳で最も重要なのは供宴だ。なぜなら、それは得られる功徳の多い『大きな積徳（*tham bun yai*）』だからだ。逆に、船で行う積徳（清めの儀礼）は『小さな積徳（*tham bun lek*）』で、あまり重要ではない。『小さな積徳』をするかしないかは船主次第だが、私はしない」と船霊儀礼に関する自身の考えを述べた。この語りからは、得られる功徳の多寡が、儀礼を実施するか否かを決める基準となっていることがわかる。また、ムッサーは、彼が言うところの「小さな積徳」である清めの儀式が「偶像崇拝につながる悪行である」とイスラーム教師のアサーットから個人的に教えられたことも、彼がそれを行わない理由にあげていた。こうした儀礼の簡素化の動きは、ドーラーの事例と同様に「新しいグループ」の村人による船霊をめぐる実践が「イスラーム化」していたことを示している。

続いて、「新しいグループ」に位置づけられていた村人によるターヤーイをめぐる信仰実践について見ていく。彼らは、「古いグループ」に位置づけられていた村人と同様に、船霊以外にターヤーイも信仰していた。その実践のあり様は、村人毎に若干の相違が存在する。しかし、信仰実践の基盤にあるターヤーイ像は、筆者の調査によるとほぼ共通していた。以下では、専業漁民のマダン（男性、1950年生まれ）を事例に、「新しいグループ」に位置づけられていた村人のターヤーイ観と信仰実践の様相を明らかにする。結論を先取りすると、ここにも信仰実践の「イスラーム化」と言える動きが見られた。

【事例12：マダンのターヤーイ解釈とターヤーイ儀礼】

マダンは、小学生の時に2年ほどヨンユット（故人）のクルアーン塾でイスラームの基礎を学んだ。日に5回の礼拝を欠かさず行う彼は、タブリーグの宣教活動を「イスラームを学ぶ場（*sathan thi rian satsana*）」として評価していた。しかし、時間的、経済的な制約もあり、これまで村外で行われる宣教には数回程度しか参加したことがないという。その一方で、マダンは、「月に1、2回、タブリーグのイスラーム講話に参加している」と語った。

マダンによるとターヤーイは、大昔に亡くなった名前すら知らない「初期のト・ネ（*to ne rek*）」であるという。ターヤーイはムスリムであり、タイ暦では

なくイスラーム暦の6月（*du'an yamadinakhre*）の1ヶ月間(17)と、ラマダーン月の1ヶ月間、ならびに犠牲祭の日に、アッラーにより墓場から解き放たれ、村に住む子孫の元に戻ってくるとされる。その日、「子孫はターヤーイが来世に天国へ行けるよう、ターヤーイのために徳を積まなければならない」とマダンは語った。具体的な積徳の様子は後述するが、ターヤーイに功徳を送るにはアッラーの手助けが必要とされた。なぜなら、「アッラー以外に人間から送られる功徳を直接受け取ることができる存在はないから」だという。マダンはまた、「ターヤーイに対する積徳は子孫の義務であり、子孫自身が功徳を積む機会でもある」と述べた。その結果、子孫は安定した生活を送れる（*tham ma ha kın khlong*）という現世利益とともに、天国に近づけるという来世における利益も獲得することができるという。逆に、積徳を行わないと病気や怪我、減収といった罰を受けるとされた。このため、マダンら子孫は、ターヤーイを敬う（*khaorop*）と同時に恐れて（*klua*）もおり、ターヤーイが帰村する日には毎年欠かさず積徳をしていたという。また、マダンは、妻が大病を患うなど家族に大きな問題が起きた時に限り、ターヤーイに願掛けをしてもいた。

　マダンは、2004年7月19日に自宅でターヤーイ儀礼を行った。彼が語るにそれは、以下のプロセスで進められた。まず、儀礼の前日から当日にかけて、蒸し鶏、カオニャオ・ルアン、炒り米、水、キンマの実、コブミカンの葉、ロウソク、安息香、1バーツ硬貨が用意された。儀礼に参加できない親族は、儀礼が始まる前までにお金や供物の材料をマダンに渡したという。儀礼当日の午後1時頃には、マダン宅の居間に親族が集まった。参加者が揃うと、儀礼の主催者であるマダンは、奇数がよいとされることから供物を7皿に取り分けたという。また、別の皿には、石灰（*pun*）を塗ったコブミカンの葉3枚と裁断したキンマの実3個、1バーツ硬貨11枚が入れられ、そこに火をつけたロウソクが立てかけられた。このほかにも、火がついた安息香が別の皿に入れられ、それらは全て居間の中央に並べられたという。マダンは、参加者がそれを囲んで座るなか、供物の上に炒り米を撒きつつ目を閉じてターヤーイの名前と供物を準備したのでそれをアッラーから受け取ってくれるよう、代わりに子孫を守ってくれるよう呼び掛けたという。マダンによると、ターヤーイの名前と叶

第4章　民間信仰をめぐる実践の変容

えて欲しい事柄を口ずさむことで、功徳を送る旨と祈願の内容がターヤーイに聞き届けられ、ドゥアーを唱えることで功徳がアッラーに送られるという。それが終わると彼はドゥアーを唱え、最後に参加者全員で「アーミーン（アーメンの意）」と唱和した。そして、参加者は各自、ターヤーイへの供物を皿に取り分けて食べたという。

　ターヤーイとイスラームの関係性について尋ねた筆者に対してマダンは、「『ダッワ・グループ』がターヤーイをイスラームの規範に反するので認めていないことは知っている。金曜日の礼拝でよく話しているから。しかし、そのターヤーイは『古いグループ』のターヤーイだ。我々のターヤーイ（*tayai rao*）はイスラームに適っている（*thuk satsana*）」と述べた。その主な理由として彼は、①ターヤーイを「物故親族」ととらえていること、②ターヤーイとアッラーの関係を認識していること、③ターヤーイ儀礼をイスラーム暦に従って実施していること、④儀礼でドゥアーを唱えていることをあげた。また、こうした違いを指摘した後に彼は、「『古いグループ』はイスラームを知らない（*mai ru satsana*）」と評し、「自分たちとは異なるグループ（*khon la bo*）だ」と述べて自らと差異化した。

　しかし、マダンの古くからの友人であるスワン（男性、1953年生まれ）によると、「マダンの系譜は古くからトラをターヤーイとして祀ってきた」という[18]。マダンのターヤーイが昔に亡くなった物故親族になったことや、マダンが儀礼時にドゥアーを唱えていることを筆者が話すと、彼は驚きを示した。

（2004年12月9日聞き取り）

　このマダンの事例からは、同じターヤーイを信仰していても、彼を含む「新しいグループ」と「古いグループ」に位置づけられていた村人が指定するターヤーイは異なるものであることがわかる。つまり、「新しいグループ」のターヤーイは、「人間ではない口伝上の始祖」である「古いグループ」のそれとは異なり、「大昔に亡くなったために本人とは直接的な関係を持たないが系譜的なつながりがある全ての物故親族」と考えられていた。「新しいグループ」に位置づけられていた村人にほぼ共通したものとなっているこのターヤーイ像

第 2 節　変容する民間信仰

は、マダンの事例にも見られるように、ターヤーイ儀礼をイスラーム暦に従い行っていることや、儀礼時にドゥアーを唱えてアッラーに祈願していることとともに、彼らがターヤーイをめぐる自身の信仰のイスラーム的な正しさを担保するものとしてしばしばあげられていた。逆に、そうしたものを持たない「古いグループ」のターヤーイ信仰は、「イスラーム的に正しくないもの」と見なされ、彼らが自己の信仰を正当化する際に引き合いに出されていた。しかし、両者のあいだには、差異とともに共通点も見られた。たとえば、大枠においてターヤーイをアルアとともに「一族のト・ネ」と見なしていることや、ターヤーイが子孫の日常生活に影響を及ぼす力を持つこと、ターヤーイへの積徳を「子孫の義務」ととらえていること[19]、などがあげられる。

　また、上の事例からは、子孫からターヤーイへの功徳の送付と、それに対する子孫の見返りの獲得という互酬関係にも、両グループのあいだに類似点と相違点が存在することがわかる。まず、マダンによると、子孫がターヤーイに功徳を送っても、ターヤーイが直接それを受け取ることはできなかった。そこには必ずアッラーが介在するという。つまり、「アッラーの手助けによって子孫の功徳は確実にターヤーイに届く」と考えられていた。これは、先に見た「ターヤーイは子孫の功徳を直接受け取ることができる」とする「古いグループ」に位置づけられていた村人の解釈とは異なるものであることがわかる。また、マダンの事例からは、「他界におけるアッラーの中心性」を読み取ることができる。しかし、他方で、ターヤーイは、「子孫の日常生活に影響を与える存在」としてもとらえられていた。その理由としてマダンは、「アッラーはターヤーイよりも崇高な存在なので、人間の日常生活という小さな事柄（*ru'ang lek*）には直接関与しない」ことをあげた。それゆえに、現世の諸事に関わる問題が生じた際、マダンを含む「新しいグループ」に位置づけられていた村人の多くが、その原因としてアッラーではなくターヤーイを想起していた。この点に、彼らと「古いグループ」に位置づけられていた村人の共通性を看取することができる。

　こうしたターヤーイをめぐるマダンの信仰実践は、彼自身は何も語らなかったが、前節で見た1970年代以前のターヤーイ信仰の状況やマダンの友人スワ

第4章 民間信仰をめぐる実践の変容

ンの驚きから判断するに、比較的近年に見られるようになったものと推測できる。この変化の背景には、第2章や第3章で見たようなイスラーム復興運動の浸透等を通して、マダンを含む村人のあいだに、イスラームの規範に対する理解や意識が広がっていたことがあったと考えられる。

最後に、「新しいグループ」に位置づけられていた村人のアルアをめぐる解釈、実践について見ていきたい。船霊やターヤーイ同様、ここにおいても村人のあいだに「信仰の基本構造」と呼べるものが存在していた。

【事例13：ティラサックのアルア解釈とアルアを対象とした供宴】
　ティラサック（男性、1957年生まれ）は、アルアのことを「新しい死者（khon tai mai）」と表現した。彼によるとそれは、「自分が関係を持ち、かつ名前を覚えている全ての物故親族」を指すという。アルアは、ターヤーイと異なり亡くなって間もないために、残した子供や孫などの子孫のことが気がかりでならないという。このためアルアは、犠牲祭とラマダーン月の1ヶ月間に加えて、アッラーの慈悲により毎週「金曜日の夜」にも村に帰ってくるとされた。逆にターヤーイは、亡くなって久しいために子孫への未練がアルアよりも少ないとされ、「金曜日の夜」に戻ることはないという。また、アルアは、「ターヤーイのように子孫の生活に影響を与えることはない」とされた。このため、子孫にとってアルアは、畏怖すべき存在ではなく、それゆえ願掛けの対象にもならないという。つまり、アルアは、単なる積徳の対象と見なされていたのである。加えてティラサックは、「亡くなった親族はアルアかターヤーイのいずれかに含まれており、ト・ネのグループ（bo to ne）を構成している」と語った。それは、一族を含む「村人のト・ネ（to ne khon rao）」とされた。

　ティラサックは、このアルアを対象とした供宴を頻繁に開催していた。具体的には、年に1度の断食明けの祭と犠牲祭の日に近親者や友人を招いて供宴を催すほか、アルアのみが子孫のもとに戻る「金曜日の夜」にもほぼ欠かさず自宅で小規模の供宴を開いていたという。たとえば、2004年10月21日の「金曜日の夜」にティラサックが開催した供宴は、1年前に亡くなった彼の父親を対象としたもので、ティラサックの他に彼の妻と同居する3人の子供が参加し

第 2 節　変容する民間信仰

た。筆者も参加したこの供宴では、亡き父親の好物であったミカン（*som*）やコーヒーが供物として用意された。これら供物と火をつけた安息香が置かれた居間で、ティラサックは、父親の名前と供物を用意したので受け取って欲しい旨を呟いた後、両手の掌を上に向けて胸の前に出しながらドゥアーを唱えた。そして参加者で供物を食べた。ティラサックによると、この供宴の目的は、「アルアが来世に天国に行けるよう徳を積むことだ」という。また、彼は、「最も多くの功徳をアルアに送る方法は供宴を行うことだ」とも述べた。

　ティラサックによると、アルアは子孫が積んだ功徳を直接受け取ることができない。それは、「アッラーを経由してアルアに送られる」という。こうしたアッラーへの功徳の送付は、ドゥアーの朗唱を通してのみ可能とされた。それゆえに、アルアを対象とした供宴において、ドゥアーは必ず唱えなければならないものとされていた。また、ティラサックは、「アルアへの積徳はそれを行う子孫にとっての積徳になる」とも語った。

　ティラサックは、クルアーンに記載があることを理由に、アルアを「イスラーム的に正しい存在」と見なしていた。また、彼は、アルアの供宴でドゥアーを唱えることも、アルアを信仰することが「イスラームの規範に反していないことの証拠（*lakthan*）である」と筆者に語った。

（2005 年 2 月 1 日聞き取り）

　この事例からわかる「新しいグループ」に位置づけられていた村人のアルア観は、先に見た「古いグループ」や「ダッワ・グループ」に位置づけられていた村人とは以下の点で異なっていた。まず、「古いグループ」と「ダッワ・グループ」に位置づけられていた村人は、上述のようにアルアを「自己の全ての物故親族」ととらえる傾向にあった。他方で、「新しいグループ」に位置づけられていた村人は、アルアを「自身が関係を持ったことのある物故親族」と想定していた。この 2 つのアルア観を比較すると、「古いグループ」と「ダッワ・グループ」の認識するアルアは、「新しいグループ」の言うところのアルアとターヤーイを合わせたものと概ね合致することがわかる。また、ターヤーイとアルアのあいだに、それらが持つ力等に差があるとする「新しいグルー

第4章　民間信仰をめぐる実践の変容

プ」の村人の認識は、「古いグループ」に位置づけられていた村人が持つそれと酷似していた。

　次にアルアの供宴について検討したい。他の村人から「新しいグループ」に位置づけられていたティラサックが行った供宴は、その形態において「古いグループ」の村人の供宴とほぼ同じであることがわかる。しかし、供宴を通した功徳の流れに関する解釈については、両者のあいだに差異が存在していた。先に見たように、「古いグループ」に位置づけられていた村人は、「供宴をすることで得られる功徳を村に戻ったアルアが直接、受け取る」と見なしていた。他方で、「新しいグループ」に位置づけられていた村人の多くが、ティラサックの事例に代表されるように、「功徳は子孫からアッラーを経由してアルアに届けられる」と考えていた。そこにおいて、ドゥアーの朗唱というイスラーム実践は、「子孫からアッラーへの功徳の移送手段」と見なされていた[20]。また、こうした彼らの解釈から看取できる他界におけるアッラーの「中心性」は、「ダッワ・グループ」に位置づけられていた村人にも共通するものであった。

　ところで、上の事例においてティラサックは、アルアの存在とそれをめぐる信仰実践を、「イスラーム的に正しいもの」と認識していた。その理由の1つとして彼は、「クルアーンのなかにアルアの記載がある」ことをあげていた。これは、先に見た「ダッワ・グループ」に位置づけられていた村人のアルア解釈と非常によく似ている[21]。また、彼は、アルアの供宴においてドゥアーを唱えていることも、アルアを信仰することのイスラーム的な正しさを示す根拠としていたが、それは彼が他のグループに位置づける村人にもほぼ共通したものであった。

第3節　民間信仰をめぐる村人の関係

　前節では、1980年代からインド洋津波襲来前までの時点における民間信仰をめぐる村人の解釈、実践について見てきた。そこからは、民間信仰を解釈、実践する際に、彼らが常にイスラームの規範を意識し、それとの調整を図って

第3節　民間信仰をめぐる村人の関係

いることがわかった。加えて、村人は、自らとは異なる範疇に位置づける村人を比較の対象としていた。その上で彼らは、民間信仰をめぐる自らの行為を、「イスラーム的に正しいもの」ととらえていたのである。

それでは、民間信仰に対して異なる態度をとる村人のあいだの関係性はいかなるものであったのだろうか。本節ではこの点について、村人が自分とは異なる範疇に位置づける村人に対する対応や見解を描写し、考察を加えることで明らかにする。これにより、村人が自己の信仰を正当化する際の論理を導き出すことを試みる。

(1) 村人の相互関係

まずは、「ダッワ・グループ」と「古いグループ」に位置づけられていた村人の関係について見ていきたい。前節で明らかにしたように、他の村人から「ダッワ・グループ」に位置づけられていた村人は、アッラーの唯一性を脅かしていることなどを理由に、彼らが「古いグループ」と見なす村人の民間信仰をめぐる実践を、「イスラームの規範に反するもの」ととらえていた。また、仮に信仰の対象となる超自然的存在を信じていなくても、それにまつわる儀礼に参加すれば悪行を行うことになると解釈していた。このため、筆者が見聞する限りにおいて、彼らが「古いグループ」と見なす村人の行う民間信仰の儀礼や供宴に参加することはなかった。しかし、そうした彼らが、「古いグループ」の村人を直接的なかたちで批判することもなかった。なぜなら、そうした行為は、「ムスリム同胞を敬愛すべし」というタブリーグの教えに反することになるからである。その一方で彼らは、成人男性の参加が義務づけられている金曜礼拝などの場で、「古いグループ」に位置づける村人を教え諭すことを試みていた。そこにおいて、特定の民間信仰や個人が取り上げられることは管見の限りなかった。たとえば、2004年12月3日に行われた金曜礼拝の説教で、コーテプ（金曜礼拝の説教師）のアンカーン（男性、1959年生まれ）は以下のように語った。なお、その場には、他の金曜礼拝の説教の時と同様に、「ダッワ・グループ」と「新しいグループ」の村人に加えて、彼らが「古いグループ」と見なす村人の多くが参加していた。

159

第4章 民間信仰をめぐる実践の変容

【事例14：アンカーンによる金曜礼拝の説教】
「（省略：アッラーの偉大さに関する語り）アッラーは、私たちに魚やカニなど日々の糧（*ritki*）[22]を与えてくださる。誰にどれだけの糧を与えるか決めることができるのはアッラーだけだ。アッラー以外の存在には決してできない。だから、アッラー以外の存在に祈願しても意味はないのだ（*mai mi prayot*）。（以下省略）」

この説教では、漁獲の多寡を決めるのはアッラーだけであり、それ以外の存在に祈願することは無意味である旨が説かれていた。そこにおいてアンカーンは、船霊について直接言及しなかった。しかし、当時のM村において、漁の成功を祈願する際の対象は、アッラーを除くと船霊以外になかった。そのことを鑑みると、説教を聞いた村人が、アンカーンの言うところのアッラー以外の存在を「船霊」ととらえた可能性はきわめて高いと考えられる。さらにこの説教を通して、船霊を信仰することがコーテプに代表される村の宗教リーダーたち（それは「ダッワ・グループ」の村人でもある）から「イスラーム的に正しくない行為」と見なされていたことを、「古いグループ」の村人が直接、知る機会にもなったと言えるだろう。

続いて、「古いグループ」に位置づけられていた村人について見たい。彼らもまた、民間信仰をめぐり、「ダッワ・グループ」と見なす村人を直接的なかたちで批判することはなかった。そのかわりに批判は、多くの場合、陰口というかたちをとった。ここでは一例として、2004年12月5日の昼食後に、「古いグループ」の村人のあいだでなされた会話を取り上げる。

【事例15：「古いグループ」の村人の陰口】
（隣県に愛人を作ったことをイスラームの規範に反しないとして正当化する「ダッワ・グループ」の村人を一通り批判した後）

村人1：そういえば、「ダッワ・グループ」は船霊やターヤーイを信じることを悪行と言ってるね？

第 3 節　民間信仰をめぐる村人の関係

村人 2：うん。彼らは、慣習はクルアーンに書いてないといって捨ててしまった。彼らは、クルアーンに書かれたことだけを信じている。
村人 1：イスラームとともに慣習に従うことも私たちの責務（*pharakit*）なのに。イスラームも慣習も私たちの生活に不可欠なのにね？
村人 2：うん。私たちはイスラームの心（*cit cai itsalam*）を持っているけど、慣習にも従わないといけない。慣習を捨てることは悪行だ。

　この会話において 2 人の村人は、イスラームのみならず慣習に従うことも「村人の責務」と考えていた。その上で、彼らが「ダッワ・グループ」と見なす村人は、慣習を捨ててしまったことから、「責務を果たしていない」と批判していた。一般に「古いグループ」に位置づけられていた村人が、民間信仰の儀礼や供宴に、彼らが「ダッワ・グループ」と見なす村人を招待することはなかった。それは親族間であっても同じであった。なぜなら、仮に誘ったとしても「ダッワ・グループ」の村人が参加しないことを、彼らはこれまでの経験から知っていたからである。
　以上のように、「ダッワ・グループ」と「古いグループ」に位置づけられていた村人は、民間信仰をめぐる解釈や対応の違いから互いを批判的にとらえていた。しかし、そのことが、口論や暴力といった直接的な対立に発展することは、筆者の知りうる限りなかった。その一方で、上述した金曜礼拝の説教を通して表明された民間信仰に対する「ダッワ・グループ」の考えは、宗教リーダー、宗教知識人として彼らが持つ村人への影響力もあり、彼らが「古いグループ」と見なす村人の民間信仰をめぐる実践のあり様に少なからぬ影響を与えていた。その様子は、たとえば船霊儀礼の際に開催時間と供宴会場を変えたビドン（事例 8）のように、民間信仰をめぐる諸実践を、彼らが「新しいグループ」と見なす村人のそれに近づける者が出現していることからも看取できた。
　続いて、「ダッワ・グループ」と「新しいグループ」に位置づけられていた村人の民間信仰をめぐる関係性について見ていきたい。先に結論の一部を述べると、両者のあいだには、「ダッワ・グループ」と「古いグループ」ほどの対

第 4 章　民間信仰をめぐる実践の変容

立は見られなかった。その理由としては、先述のように、「新しいグループ」に位置づけられていた村人が、タブリーグの宣教活動を、若干の違和感を持ちながらも概ね評価していたことがあげられる。それゆえ、彼らは、個人差はあるものの、彼らが「古いグループ」と見なす村人以上に「ダッワ・グループ」の村人と宗教上の交流の機会を有していた。しかしながら、彼らは、前節で見たように、船霊やターヤーイといったアッラー以外の超自然的存在に対する信仰を、「日常生活を営む上で不可欠の慣習」として重視する傾向にあった。そこにおいて彼らは、アッラーの存在を想起したり、ドゥアーを唱えたりすることを根拠に、そうした自身の信仰実践を「イスラーム的に正しいもの」と認識していた。

　他方で、「ダッワ・グループ」に位置づけられていた村人の多くは、彼らが「新しいグループ」と見なす村人が民間信仰を「イスラーム的なもの」ととらえていることを知っていた。彼らは、そうした行為を、「古いグループ」のそれと同じく「非イスラーム的なもの」、つまり「悪行」と見なしていた。それゆえ彼らは、金曜礼拝での説教等を通して、彼らが「新しいグループ」と見なす村人に民間信仰をやめるよう働きかけていたのである（事例14）。その試みは、マダンの事例（事例12）からもわかるように、当時の「新しいグループ」に位置づけられていた村人による民間信仰をめぐる諸実践の「イスラーム化」を漸次的に進める一因となっていた。

　しかし、このように互いの民間信仰をめぐる対応に違和感を持ちながらも、両者のあいだにそのことに由来する対立はほとんど見られなかった。たとえば、「新しいグループ」に位置づけられていた村人のなかには、民間信仰の儀礼を行う際に、周りにドゥアーを唱えられる者がいない場合、「ダッワ・グループ」と彼らが見なす村人にドゥアーの朗唱を依頼する者すらいた。しかし、次節で詳しく述べるように、それを引き受けるのは、ごく一部の者に限られていた。

　以上のように、「ダッワ・グループ」と「新しいグループ」に位置づけられていた村人の民間信仰をめぐる関係は、先に見た「ダッワ・グループ」と「古いグループ」の村人の関係より良好であった。また、「ダッワ・グループ」に

第 3 節　民間信仰をめぐる村人の関係

位置づけられていた村人が「新しいグループ」の村人に与える宗教的な影響力が、「古いグループ」の村人に与えるそれよりも大きいことを読み取ることができる。

　最後に、「古いグループ」と「新しいグループ」に位置づけられていた村人の民間信仰をめぐる関係性について見たい。「古いグループ」に位置づけられていた村人の語りによると、彼らの多くが、「新しいグループ」と見なす村人の民間信仰をめぐる実践を否定的にとらえていた。その理由は、「『新しいグループ』の船霊儀礼は不完全だ（mai sombun baep）。我々のやり方とは異なる。これでは、船霊は僅かな功徳しか受け取ることができないし、儀礼の主催者も僅かな魚しか得られない」と述べた前出のビドンの語りに端的に表れている。彼の語りからは、「古いグループ」に位置づけられていた村人が、自分たちのやり方を「正しいもの」と認識する一方、「新しいグループ」と見なす村人の民間信仰をめぐる実践を、自分たちのそれとは異なる「不完全なもの」ととらえていることがわかる。他方、「新しいグループ」に位置づけられていた村人は、先に見たマダンに代表されるように、彼らが「古いグループ」と見なす村人による船霊やターヤーイをめぐる信仰実践を、「イスラーム的に正しくないもの」と認識していた。このように互いを否定的にとらえる両者であるが、相手への批判が表立ったものとして現れることは稀で、しばしば陰口というかたちをとっていた。

　その一方で、民間信仰の儀礼を実施する際、彼らは互いに相手のグループの村人が保持する知識に依存していた。たとえば、「古いグループ」に位置づけられていた村人は、「金曜日の夜」の供宴におけるドゥアーの朗唱を、彼らが「新しいグループ」と見なす村人に依頼していた。逆に、「新しいグループ」に位置づけられていた村人は、彼らが「古いグループ」と見なす村人に、吉祥時にもとづく開催日の決定など儀礼にまつわるさまざまな事柄について助言を求めていた。そして、両者は、筆者が見聞きする限りにおいて、互いにその要請に応えていたのである。また、民間信仰の儀礼を行う際には、両者とも相手グループの村人を誘ってもいた。

　以上のように、「古いグループ」と「新しいグループ」に位置づけられてい

第4章　民間信仰をめぐる実践の変容

た村人の民間信仰をめぐる関係は、概ね良好であったと言える。

（2）宗教リーダーの矛盾した対応

　これまで見てきたように、「ダッワ・グループ」に位置づけられていた村人は、「民間信仰は神の唯一性をはじめとするイスラームの規範に反する」という理由から、彼らが「古いグループ」と「新しいグループ」と見なす村人を否定的にとらえていた。その彼らが民間信仰の儀礼に参加することは、仮に招かれたとしてもなかった。なぜなら、「ダッワ・グループ」に位置づけられていた村人は、そこに参加することを、船霊やターヤーイといったアッラー以外の超自然的存在を信仰すること、つまり「悪行になる」と考えていたからである。しかし、僅かな例外も存在した。それが、元イマームでモスク宗教教室教師のアサーットと現イマームのバンチャー、先に登場したコーテプのアンカーン、礼拝の呼びかけを行うビランのマケーップの4人であった。先述のように、彼らは、村の公的宗教リーダーであると同時に、他の村人から村におけるタブリーグの活動を取り仕切る「ダッワ・グループ」の中心メンバーとも認識されていた。その4人が、「新しいグループ」の村人に請われて、民間信仰の儀礼や供宴に参加していたのである。彼らが参加を要請された理由としては、彼らの保持するイスラーム知識の多さとともに、それを基盤として他の村人から「徳のある人間（*phu mi bun*）」と認識されていたことがあった[23]。以下では、民間信仰をめぐる彼らの矛盾した対応について見ていきたい。

【事例16：チューサックの船霊儀礼に参加したアサーット】

　チューサック（男性、1954年生まれ）は、船の補修を終えたことを受けて、2004年8月7日に供宴を行った。彼によるとその目的は、船霊に漁の成功を祈願することであった。供宴の実施に際してチューサックは、アサーットにドゥアーの朗唱を依頼した。「アサーットは徳が高いので、自分を含めた他の村人よりもアッラーに願いを聞き入れてもらいやすい」というのが、彼がアサーットにドゥアーの朗唱を依頼した理由であった。供宴当日、チューサックは、マグリブ礼拝終了後にバイクでアサーットを迎えに行った。その時、供宴

第3節　民間信仰をめぐる村人の関係

の会場となるチューサックの家には、すでに彼の近親者が集まるなど準備が整えられていたという。そこに到着したアサーットは、参加者の輪のなかに入りドゥアーを唱えた。ドゥアーは数分ほどで唱え終わったという。その後、参加者は一斉に「アーミーン」と言い食事を食べ始めたが、アサーットは水しか口にしなかった。しばらく談笑した後、アサーットはチューサックの送迎の申し出を断り徒歩で帰路についたという。

(2005年7月27日聞き取り)

【事例17：コーレのターヤーイ儀礼に参加したバンチャー】

　専業漁師のコーレ（男性、1973年生まれ）は、上のチューサックと同様の理由から、2004年7月25日に行ったターヤーイ儀礼におけるヤーシーン章の朗唱をイマームのバンチャーに依頼した。コーレによると、儀礼当日の午後1時過ぎに、自身が執行者となり儀礼を始めた。最初に安息香に火をつけた後、部屋の中央に置いた粥（khao tom）などの供物に、それを清める目的で炒り米をふりかけた。続いて、コブミカンの葉3枚にキンマの実3個、20バーツ札1枚が入った皿に火をつけたロウソクを1本立て、それを持ってターヤーイの名前と願い事を周りに聞こえない大きさで口ずさんだという。そこまで終わると、コーレの弟が、近所に住むバンチャーを自宅まで迎えに行った。しばらくしてやって来たバンチャーは、参加者と会話をすることなくその輪のなかに入り、ヤーシーン章を唱えたという。それが終わると参加者は一斉に「アーミーン」と言って食事を食べ始めた。しかし、バンチャーは、料理には一切口をつけずに帰宅したという。

(2005年6月29日聞き取り)

　この2つの事例に共通するのは、船霊儀礼とターヤーイ儀礼という民間信仰の儀礼に、それを頑なに否定する「ダッワ・グループ」の中心人物が参加するという矛盾である。確かに彼らは、供宴にのみ参加し、そこにおいてもドゥアーなどを唱えただけで足早に会場を後にしている。しかし、彼らを除く参加者は、儀礼の対象としてアッラー以外の超自然的存在も想定しており、かつそ

165

第4章　民間信仰をめぐる実践の変容

れらに対して供物などの物を使った積徳をしていた。それは、先に触れたように、バンチャーら「ダッワ・グループ」の村人が「非イスラーム的」と見なす行為であり、忌避の対象であった。この点を考慮すると、バンチャーらの矛盾した行為は、「ダッワ・グループ」に位置づけられていた他の村人から批判を受ける可能性を有していたと言える。

　では、なぜバンチャーら4人の村人は、民間信仰と関わりを持ったのだろうか。その理由としてまずあげられるのは、彼らが村人から選挙で選ばれた村の公的宗教リーダーだということである。彼らは、村における宗教活動全般を取り仕切る任務を負っており、村人からは儀礼を中心とする宗教活動をイスラーム的に執行することが求められた。このため、彼らが否定する民間信仰の儀礼であっても、村人からドゥアーの朗唱というイスラーム的実践の実施を求められれば断ることは難しい。仮に、「イスラームの理念に反する」という理由で依頼を拒否するならば、彼らが持つ宗教リーダーとしての威信が低下する危険性がある。また、第2章と第3章で指摘したように、彼らの宗教的な威信とそれを基盤とする村人への影響力が、タブリーグやモスク宗教教室の主流化の一因であったことを鑑みると、依頼を断ることは村で進むイスラーム復興の動きを減速させる可能性もあった。「真のムスリム」へと村人を導くことを目指す彼らにとり、こうしたリスクをともなう行為は避けねばならないことであったと考えられる。第二に、不信仰者（*saetan*）[24]になることへの彼らの強い恐れを指摘できる。タブリーグの中心メンバーが強調することの1つに、「人間の善悪を正しく判断できるのはアッラーのみ」という考えがある。仮にそれに逆らい、同胞の行為を間違っているとして批判するならば、それをした者は「アッラーの存在を無視した者」、つまり「不信仰者」になるという。同時にそうした行為は、タブリーグが実践の必要性を説く6つの信仰行為のなかの1つである「ムスリム同胞への敬愛」に反する悪行ともなる。このため、彼らが、村人から受けた民間信仰にまつわる儀礼への参加の要請を断ることは、間接的にではあれ「非イスラーム的だ」として依頼者の行為、ひいては依頼者自体を否定することにつながる。来世での平安を求めて日々のイスラーム実践に励む彼らにとって、こうした悪行を犯すことはどうしても避けねばならないこと

あった。

　以上のように、村におけるタブリーグの中心メンバーと公的宗教リーダーという2つの異なる立場に置かれた結果、アサートッらは上記のようなかたちで民間信仰の儀礼に参加したと言える。しかし、彼らは、自身の行為を「イスラームに反するもの」とはとらえていなかった。その理由として彼らが揃って指摘したのが、船霊儀礼における清めの儀式などの呪術的な儀式（phithi sai-yasat）に参加していないことである。上の事例からも明らかなように、彼らは、ドゥアーやヤーシーン章を用いる供宴にのみ参加していた。また、そこにおいて供された食事に口をつけずに帰宅するなど、聖句を唱える以外にはほとんど何もしなかった。加えて彼らは、儀礼の主催者が船霊をはじめとしたアッラー以外の存在を対象とする供宴で、ドゥアーやヤーシーン章を唱えることについても、「アッラーの言葉を唱えているのだから、アッラー以外の存在は関係しない」と語った。その上で、自身の行為は、「アッラーに祈願しているからイスラームの規範に反しない」と主張した。

　しかし、こうしたバンチャーとアサートッの解釈や意図とは別に、公的な宗教リーダーである彼らが民間信仰の儀礼に参加するということは、自身が「イスラームの規範に反する」と見なした行為を「イスラーム的に正しいもの」として対外的に示すことにもつながる。彼らのそうした行為は、村における彼らの影響力の大きさゆえに、他の村人から「新しいグループ」に位置づけられていた村人が、自身の信仰実践を、「宗教的な正当性を帯びたもの」として認識する余地を与えることにもなる。それは、バンチャーら4人の村人が持つ宗教的な威信の低下とともに、彼らを含む「ダッワ・グループ」に位置づけられていた村人が目指すM村社会の「イスラーム化」を阻害する可能性を有していたのである[25]。

第4章　民間信仰をめぐる実践の変容

注
（1）宗教学や人類学における民間信仰の定義は多様である。以下では、概念設定の問題には触れず、第1章3節で述べた三尾裕子の定義［三尾 2004：136］を用いる。
（2）タイ暦は、1ヶ月を上弦（*khu'n raem*、新月から15日まで）と下弦（16日以降晦日まで）に分けている。このため日の呼び方は、上弦で1日から15日まで数え、次に下弦で新たに1日から晦日（14日あるいは15日）まで数えるという方法をとっている。
（3）これらは、家毎にまとめて1枚の紙に包まれた。
（4）漁業に関わる信仰としては、船霊の他に、海に住む悪霊ピー・プラーイ・レー（*phi phrai le*）にまつわるものがあった。これは、船霊と異なり、「人間の生命を脅かす存在」として漁民に恐れられていた。漁民は、腰など人目につきにくい場所に、呪術師が作った護紐をつけることでそれに対処していた。
（5）出漁に際しても吉祥時を参照する者が多くいたという。
（6）ターヤーイと土地神（*cao thi*）を同一視する家もあった。
（7）太陰太陽暦であるタイ暦の6月は、太陽暦の5月に相当する。
（8）アルアは、「霊魂」を意味するアラビア語のルーフ（ruf）の複数形アルワーフ（arwah）に由来するマレー語のアルワ（arwah）［長津 2006：61］と同じものと考えられる。
（9）村において男性は死後40日、女性は死後44日が経つまでは、生者でもアルアでもない曖昧な存在で、村のなかを彷徨っているとされた。
（10）村では、日没を1日の始めとするイスラーム暦に従い「金曜日の夜（*kham wan su'k*）」と呼ばれる。
（11）他にも子孫は、まだアルアになっていない物故親族を慰撫するために、その死亡日、死後3日目、7日目、14日目、20日目、40日目（死者が男性の場合）・44日目（死者が女性の場合）に供宴と墓参を行わなければならないとされた。そのスケジュールは、死後3日目を例にあげると、死後2日目の夜から一晩中供宴を行い、3日目の早朝から昼にかけて墓参をするというものであった。
（12）こうした力の差から、アルアは「ターヤーイよりも地位が低い（*thana tam*）」ととらえられていたという。
（13）チンは、アラビア語で「精霊」を意味する jinn に由来するものと考えられる。
（14）第72章や第55章、第114章などに見られる。しかし、ドーラーは、チンに関する記述がクルアーンのどの章にあるかまでは知らなかった。
（15）ドーラーによると、「船霊に功徳を積んだ者も功徳を得る」という。その理由として彼は、船霊への積徳がドゥアーを唱えるイスラームの実践であることをあげ

第3節　民間信仰をめぐる村人の関係

た。
(16) ドゥアーを唱えることができない者は、それができる村人に代わりを依頼した。
(17) 「新しいグループ」に位置づけられていた村人のなかには、「古いグループ」に位置づけられていた村人と同じように、タイ暦6月の1ヶ月間をターヤーイの帰村期間とする者もいた。
(18) 村においてどの家がどのようなターヤーイを祀っているかは、親族以外の村人にも知られている場合が多い。
(19) しかし、「新しいグループ」に位置づけられていた村人のなかには、「やむにやまれぬ理由があればターヤーイ儀礼を休止できる」と考える者もいた。彼らによると、ターヤーイの帰村日に儀礼の執行者が儀礼を休止したい旨をターヤーイに伝え、それからしばらくのあいだ親族のなかに何がしかの不幸が起きなければ、ターヤーイがそれを了承したことになるという。しかし、親族内で不幸が起き、それがターヤーイによるものと判断された場合は、儀礼を再開しなければならないとされる。
(20) 同様の認識は、先に見たターヤーイのそれと重なるものである。
(21) ティラサックがそのことを知ったのは、彼が「ダッワ・グループ」に位置づけるラヤン（男性、1939年生まれ）との会話からであった。
(22) $ritki$ は、アラビア語で「アッラーから恩恵として与えられる日々の糧」を意味する $rizq$ に由来する。
(23) 「徳のある者の願いは、他の者の願いよりもアッラーに受け入れてもらいやすい」という考えが、事例16のチューサックのように「新しいグループ」の村人のあいだに広く見られた。
(24) $saetan$ は、「悪魔」を意味するアラビア語の $shaytan$ に由来する。
(25) しかし、筆者は、「ダッワ・グループ」に位置づけられていた村人の口から、こうした4人の行為に対する批判を聞いたことはなかった。そこには、村の宗教領域において4人が持つ威信と、それに対する他の村人の畏れが影響していると考えられる。

第5章　宗教実践の再編：
　　　　インド洋津波後の動態

インド洋津波により甚大な被害を受けたナムケム村の様子
（パンガー県）

第5章　宗教実践の再編：インド洋津波後の動態

　2004年12月26日にインドネシアのスマトラ島沖で発生したインド洋津波は、南タイのアンダマン海沿岸に位置するM村にも到達し、村人の日常生活に甚大な被害をもたらした。詳細については後述するが、同地では人的被害に加えて、家屋の損壊や基幹産業である沿岸漁業用の生産資材の破壊といった物的被害も大きかった。また、津波後に行われた復興支援をめぐり、さまざまな問題が村内に発生した。その結果、沿岸漁業を中心とする村の経済構造は変化し、村落政治にも新たな派閥の発生と派閥間の対立といった現象が見られるようになった。こうした津波がM村社会に与えたインパクトは、本書がこれまで取り上げてきた宗教、信仰の領域にも及んでいる。本章では、これまでに見てきたインド洋津波前の状況との比較を通して、津波を契機にタブリーグの宣教活動をはじめとする村人の宗教実践がどのように変わったのか、その様相を明らかにする。具体的には、以下の内容で論を進める。

　第1節では、インド洋津波の概要とともに、タイにおける津波被害の詳細を記述する。

　第2節では、M村における津波被害の概要を描きだす。ここでは、村長とその関係者による不正を中心とした復興支援をめぐる問題とともに、それを主たる要因としてM村社会に生まれた政治・経済領域の変化についても明らかにする。

　第3節では、津波後、生活環境が大きく変化するなかで新たに生まれた宗教実践に注目する。具体的には、タブリーグが新たに始めた宣教活動、アッラーへの願掛け、タブリーグの宣教用ビラの護符化を取り上げ、津波前の村人の宗教実践と比較することで、その特徴を明らかにする。

　第4節では、村の民間信仰が津波後どのように変化したのか、その様相を描く。ここでは、前章で詳しく見た船霊信仰と村の土地神をめぐる信仰を事例に、それらを分析することで、民間信仰が再興した要因について考察する。

　第5節では、これまで見てきた津波後の宗教実践の変化をめぐる村人の解釈を検討する。具体的には、第3節で取り上げるアッラーへの願掛けとタブリーグの宣教用ビラの護符化を事例に、その行為主体である村人とそれを行わない村人が、いかにこの2つの宗教実践をとらえているのか、という点に注目し

て、「正しい」イスラームをめぐる村人の多様な解釈を分析する。

以上の考察を通して本章では、インド洋津波を契機に村人の宗教実践が再編されていく過程を、タブリーグをはじめとしたM村社会に介入する外的諸力の影響を踏まえて明らかにする。

第1節　インド洋津波

(1) インド洋津波の概要

2004年12月26日午前7時58分（現地時間）、インドネシアのスマトラ島西方沖を震源とするマグニチュード9.2の巨大地震が発生した。この地震によって生じた津波は、インド洋沿岸の全域に到達し、インドネシアをはじめとするアジア諸国から、ケニアや南アフリカといったアフリカの国々を含む15ヶ国に被害をもたらした。この津波による死者・行方不明者の数は、観測史上最多の23万人近くにのぼった。そのなかには、観光や仕事のため被災地に滞在していた外国人が相当数含まれていた。

津波後、被災地には、世界各地から大量の人的、物的、金銭的な支援が寄せられた。津波評価連合（Tsunami Evaluation Coalition）の調査によると、支援の総額は、推定被害額の93億ドルを遙かに超える約140億ドルにのぼり、支援の出所は個人、民間企業、NGO、各国政府、国際機関など多岐にわたった[Flint and Hugh 2006][1]。こうした世界規模の支援が行われた要因として、多くの研究者が、メディアやインターネットを通して津波による被害状況が瞬時のうちに全世界に伝えられたという「情報面でのグローバル化」を指摘している [e.g. 林 2010：17、田中 2007：196]。

このようにインド洋津波は、それが被災地に生んだ被害や、その後に行われた支援の規模、範囲等において史上最大の災害であった。そして、そこには、グローバル化の動きが密接に関わっていたのである。

第5章　宗教実践の再編：インド洋津波後の動態

（2）インド洋津波とタイ

　タイにおいてインド洋津波は、場所によって若干の時間差はあるものの、現地時間の午前9時55分頃に南部のアンダマン海沿岸を襲った。津波の被害を受けたのは、北からラノーン県、パンガー県、プーケット県、クラビー県、トラン県、サトゥーン県の6県である（図1参照）。

　タイの歴史において、インド洋津波に匹敵する規模の津波が襲ったことはこれまでほとんどなかった。被災地の住民にとって津波は、生まれて初めて体験する自然現象であり、その存在を知らない住民も数多くいた[2]。つまり、津波は、彼らの想像を超える出来事であったのである。また、それゆえに、被災地の住民の大多数は、津波に対する警戒心を持っておらず、津波の予報や警報システムなど防災・減災のための対策は全くとられていなかった。

　その結果、この地域の津波被害は多方面に及び、かつその規模も甚大なものとなった。アジア災害準備センター（Asian Disaster Preparedness Center）が作成したレポートによると、津波による人的被害は、タイ人と外国人を合わせて死者・行方不明者8221人、負傷者8457人に及んだ［Asian Disaster Preparedness Center 2006］。経済被害は、被災した6県の県民総生産（Gross Provincial Domestic Product）の50％に相当する約857億バーツ（約2571億円）にのぼっている。その詳細は、同レポートなどの資料によると以下のようになる。

　観光業が受けた経済被害は、被害全体の84％にあたる約720億バーツ（約2160億円）に及んだ。観光関連施設の被害だけでも、ホテルとリゾート328軒、商店やレストランなど観光客に依存する他の商業施設4904軒が損壊し、その被害総額は146億バーツ（約438億円）を超えた。また、津波による間接的な経済被害として、同地を訪れる観光客が激減した。タイ政府観光庁（Tourism Authority of Thailand）によると、プーケットを訪れた外国人観光客の数は、2004年の約350万人から2005年には130万人ほどに落ち込んだ。それは、多数の犠牲者を出した事故や災害に関連する報道の氾濫によって、特定の観光地が外部からの旅行者に忌避されてしまうという「風評災害」［市野澤 2006］であった。結果として、観光客がもたらす観光関連収入は、2004年の約721億バーツ（約2163億円）から2005年には約191億バーツ（約573億

第 1 節　インド洋津波

写真 27　津波により内陸まで押し流された大型漁船
(パンガー県)

円)へと大幅に減少した。

　漁業における被害も深刻であった。津波により損壊した漁船の数は大型漁船が 1500 隻、小型漁船が 3931 隻、被害総額は約 11 億 3300 万バーツ（約 34 億円）にのぼった。網などの漁具の被害額も 4 億バーツ（約 12 億円）を超えた。水産養殖についても、養殖用生簀や養殖池といった設備に 10 億バーツ（約 30 億円）近い被害が生じた。こうした物的被害は、水産物価格の暴落や原油価格の高騰などが重なり、被災地における漁業生産を激減させることになった（写真 27 参照）。

　農業に関する被害は、4 億バーツ（約 12 億円）ほどと推計されている。1652 ヘクタールの農地が、波をかぶったことによる塩害を受けた。家畜についても、1300 頭を超える牛と山羊、2100 頭以上の豚、1 万羽以上の家禽が失われた。

　電気や水道、道路といったインフラストラクチャーは、19 億バーツ（約 57

第5章　宗教実践の再編:インド洋津波後の動態

億円)を越える規模の被害を受けた。家屋については、3302軒が全壊、1504軒が損壊した。

このように甚大な津波被害を受けたタイでは、政府が海外からの財政支援を断ったものの、国内外から物資やボランティアの提供などさまざまな支援が行われた。しかし、そうした支援は他方で、揶揄を込めて「第2の津波」と呼ばれたように、被災地に混乱を引き起こした［佐藤 2007：84］。次節では、M村における復興支援の実態について詳しく述べる。

第2節　M村における津波被害と復興支援

(1) 被害と復興支援

「こっちに大波(*khrun yak*)が来た。そっちにも行くかもしれないから逃げた方がいい。」

インド洋津波が発生した日、私はM村と同じ南タイにあるパンガー県に住む友人から一本の電話をもらった。この時、私はM村の滞在先の家人らとと

写真28　村の前浜
(M村)
注:津波はこの浜を越えて村を襲った。

第 2 節　M 村における津波被害と復興支援

もに内陸にある隣村に避難した直後だった。しかし、私は、友人が言っていることを飲み込めずにいた。なぜなら、友人が言う「大波」発生の理由に思い当たる節がなかったからだ。しかし、避難先のテレビから流れるニュースを見て、津波がタイを襲ったことをはじめて知った。それは、私だけでなく避難した他の村人も同じであった。村人の記憶では、M 村を津波が襲ったことはこれまで一度としてなく、それゆえ津波は全ての村人が生まれて初めて経験する自然現象であった。また、M 村がインド洋津波によって受けた被害は、村の災害史上、最大規模のものとなった（写真 28 参照）。

M 村の位置するトラン県が受けた津波被害は、災害防止減災局（*krom pongkan lae banthao satharanaphai*）などの資料によると、人的被害は死者 6 人、負傷者 112 人、物的被害は建物の全壊 34 棟、半壊 156 棟に及び、経済被害の総額は県民総生産の 6 パーセントにあたる 24 億 1200 万バーツ（約 72 億 3600 万円）にのぼった［Asian Disaster Preparedness Center 2006：21］。

筆者が行った世帯調査によると、M 村では津波により死者 1 人、負傷者 11 人の人的被害とともに、建物の損壊 17 棟、漁船の喪失 2 隻と破損 80 隻、漁船用エンジンの喪失 8 機と破損 65 機、養殖用生簀の破損 79 台という物的被害が

写真 29　津波で倒壊した家屋

（M村）

第5章　宗教実践の再編：インド洋津波後の動態

写真30　インド洋津波1周年の追悼式典で献花する参加者

（トラン県）

生じた（写真29参照）。また、108世帯が、漁網を中心とする漁具を失っている（写真30参照）。

津波後、さまざまな組織や団体が、M村の被災者の支援にあたった（表6参照）。このなかで最初に実施されたのが、トラン県のPタムボンに住む仏教徒住民による支援活動であった。津波から1週間と経たずに来村した彼らは、米や飲料水、衣料品といった生活物資とともに総額2万バーツ（約6万円）の義援金を村に寄付した。NGOの対応も早かった。たとえば、世界規模で活動を展開するキリスト教系NGOのワールド・ビジョンは、津波の直後から、缶詰や乾麺、飲料水といった食料品や衣料品などの支援物資を村の各世帯に配布した（写真31参照）。他にもワールド・ビジョンは、漁網や養殖用ハタの稚魚の無償提供といった漁業支援から、マングローブの植林や小学校の校舎の改築、道路の改修など幅広い分野にわたる支援を行っている（写真32参照）。

その一方で、タイ政府による復興支援は遅れた。確かに、津波の直後には、

第2節　M村における津波被害と復興支援

表6　M村で実施された主な復興支援

組織	支援内容
農業協同組合省	・被災漁船の補償金の支給（保有者1人あたり20,000B以下） ・被災エンジンの補償金の支給（保有者1人あたり10,000B以下） ・被災漁具の補償金の支給（保有者1人あたり10,000B以下） ・被災した養殖用網生け簀の補償金の支給（保有者1人あたり2,0000B以下） ・漁民への生活支援金の支給（1世帯あたり2,000B以下）
内務省	住宅の建設
教育省	被災児童への支援金の支給（1人あたり15,000B）
財務省	死亡者への見舞金の支給（1世帯あたり40,000B）
商務省	米の支給（1世帯あたり1袋）
王室	・漁網の支給（1世帯にエビ網／キス網／ガザミ網のうちの2種類） ・日用品の支給（水タンク／医薬品／衣料品／食料品などを1世帯に一定数） ・児童用学習用具の支給（児童1人に鞄／靴／雨合羽など1セット） ・小学校に食堂建設、給食の提供
ワールド・ビジョン（NGO）	・日用品の支給（衣料品／食料品／水タンク／蚊帳などを1世帯に一定数） ・カニ網の支給（1世帯に5枚） ・ハタの稚魚の支給（養殖用網生け簀の所有者1人に一定数） ・小学校に図書室、遊具などを設置
タイ国民福祉基金（NGO）	・船修理用木材の支給 ・船修理用の工具の支給
トラン県Pタムボンの有志	・義援金（20,000B）の供与 ・日用品の支給（衣料品／食料品を1世帯に一定数）

出典：筆者調査より作成。
注：B＝バーツ（1バーツは約3円）

第5章　宗教実践の再編：インド洋津波後の動態

写真 31　ワールド・ビジョンからの支援物資をもらう
　　　　　ために並ぶ村人

（M村）

写真 32　ワールド・ビジョンが小学校の校舎に作った
　　　　　児童センター

（M村）

商務省（*krasuang phanit*）が村の全世帯に米の支給を行った（写真33参照）。しかし、村の基幹産業である沿岸漁業の再建に向けた支援は、たとえば被災した漁船とエンジンの補償金が津波から約3ヶ月後に支給されるなど、その実施までにかなりの日数を要した。また、支援の中身や規模は、村の被害状況に

写真33　商務省から支給された支援米の分配の様子
(M村)

適っているとは言い難く、加えて後述するように、支援の申請と分配をめぐってさまざまな不正が行われた。

(2) 復興支援をめぐる問題

表6にまとめたように、M村ではインド洋津波後、さまざまなアクターが復興支援を行った。しかし、その現場を見ると、一部の支援で申請と分配をめぐり問題が生じていることが明らかになった。

事の発端は、M村の村長が不正を働いたことにあった。村長は、制度上、各種機関への支援の要請、申請、分配に主導的な役割を果たす職務を有していた。その彼が、職権を用いて、高額な支援を自分の近親者や子飼いの村人（*luk non*）にのみ行きわたるよう画策し、また自身もその一部を着服したのである。なかでも、村人のニーズが高かった漁業支援をめぐる不正行為は、後述するようにM村社会に混乱を引き起こす一因となった。

そもそも漁業は、多額の操業資金を必要とする経済活動である。一般に村で使われている小型漁船の一隻当たりの価格は、大きさや新品・中古の別にもよるが、エンジンを含めて4万バーツ（約12万円）から6万バーツ（約18万円）ほどになる。また、漁網は、種類により耐用期間や価格に差はあるが一年

に数回、新品と取り換えなければならない。しかし、村の漁民の大半は、月の平均収入が4000バーツ（約1万2000円）ほどの零細な漁民である。その日暮らしに近い生活を送る彼らが、外部からの支援を受けずに操業資金を賄うことは不可能であった。こうしたなか、M村では、表6にあるように、漁業に関するさまざまな支援が行われた。以下では、水産局による被災漁船と被災エンジンに対する補償金を取り上げ、その申請と分配をめぐる問題について見ていきたい。

　この支援策は、保有する漁船が被災した場合は2万バーツ（約6万円）以下、エンジンが被災した場合は1万バーツ（約3万円）以下の補償金を、その所有者に支給するというものである。申請に際して、補償金の受給を希望する者は、あらかじめ決められた期日までに、村長かカムナン（kamnan、タムボンの長でタムボンを構成する村の村長のなかから選挙で選ばれる）の署名が入った被害状況報告書と補償金申請書を、それぞれ地元の警察署と役場の水産課に提出しなければならなかった。ここで見逃せないのが、申請者の保証人（phu rap rong）として、村長かカムナンの署名が必要とされていたということである。つまり、補償金の受給希望者が、津波の被害を受けていても、村長らの署名がなければ補償金を受給するどころか申請することさえできなかったのだ。こうしたなか、M村では、多くの村人が署名を求めて村長のもとを訪れた。村長は当初、彼らの求めに応じていた。ところが、申請手続きを始めてから1週間もたたないうちに、彼は村から姿を消した。村長は、家族にさえも行き先を知らせておらず、また所有する携帯電話も不通になったために、誰も彼と連絡をとることができなくなってしまった。この時点で未だ多くの村人が、村長の署名を得ていなかった。先述のように、申請書の署名は、村長の他にカムナンのものでもよいとされていた。しかし、当時、M村の村長は、カムナンを兼任していた。このため、村長の署名を得られなかった村人が、代わりにカムナンから署名を貰うことはできなかった。その結果、津波による被害を受けた村人の多くが、補償金の申請ができないという事態に直面したのである。

　また、当時、復興支援の最前線に立つ郡の役場と警察は、限られた人員のなかで、政府から送られてくる支援の分配をはじめとした膨大な量の事務処理に

追われていた。このため、支援の現場は混乱を極めた。また、M村の村長は、職業柄、郡の警察や役場の職員と接する機会が多く、彼らと懇意にしていた。村長の不正を調べていたNGO職員や補償金を受給できた村人の話を総括すると、村長は、こうした行政側の混乱と自身が持つコネクション（sen）を巧みに利用することで、自身と自身の関係者にのみ補償金が届くよう上記機関の支援担当者らに働きかけたという。また、村長や郡役場の職員をはじめとする支援担当者が、補償金の一部を着服したともされる。こうして、被災した漁船とエンジンに対する補償金を受け取ることができたのは、最終的に申請できた59世帯のうちの僅か26世帯に留まった[3]。そして、この26世帯は、全て村長の近親者と子飼いの村人で占められたのである。加えて、彼らのなかには、実際の被害額以上の補償金を受給した者や、被害の全くない者、漁業を行っていない者が含まれていた。

　村長らによるとされる不正行為は、上述した漁船とエンジンの補償金以外にも、漁具や養殖用生簀の補償金、漁民を対象とした生活支援金の申請、分配の現場でも見られた。しかし、彼らの不正行為は、こうした漁業関係の支援に限って行われたわけではなかった。たとえば、内務省による住宅建設補助は、多くの申請者がいたにも関わらず、受給できたのは村長の近親者の5世帯だけであった。しかも、この5世帯が住む家屋の津波被害は、他の家屋と比べても軽微なものであった[4]。さらには、前出のPタムボンの住民から送られた総額2万バーツ（約6万円）の義援金は、村長が責任を持って管理するといって持ち出して以降、その行方がわからなくなっている[5]。

　以上に見てきた一連の問題は、村人のあいだに支援の受給をめぐる格差を生んだ。とくに、漁業関係の支援に関する不正は、M村の経済構造を激変させる要因となった。また、同時にそれは、村落政治のあり様にも変化をもたらした。次項では、この点について見ていく。

（3）村落社会の変化
①経済構造の変化
　インド洋津波被災後、M村の経済構造は大きく変化した。それは端的に述

第 5 章　宗教実践の再編：インド洋津波後の動態

べると、「村の基幹産業である沿岸漁業の衰退」であった。以下では、その背景と実態について述べる。

　先述のように、津波に被災した村人の多くが、貯蓄や土地などの資産を持たない零細な漁民であった。金融機関からの融資を期待できない彼らが漁業を再開するためには、補償金をはじめとした政府からの支援が不可欠であった。しかし、村で実施された主要な漁業支援は、村長らによるとされる不正などにより、一部の漁民にしか行き渡らなかった。このため、支援を受けられなかった漁民は、津波前から融資を受けてきた魚商人に援助を求めた。第 1 章 3 節で述べたように、魚商人は、傘下の漁民から漁獲物を市価より低価で買い取るかわりに、漁船や操業資金、時には生活資金を前貸しする。それには利息はつかず、また返済額や返済日は借り手である漁民が自身の都合に応じて決めることができる。いうなれば魚商人は、零細な漁民にとってのセーフティーネットの役割を果たしてきたのである。

　津波前の M 村には 4 人の魚商人がいた。彼らは津波後、中身や期間に差はあるものの、外部から十分な支援が届くまで、傘下の漁民を支援した。たとえば、当面の生活費として現金を貸し与えたり、怪我をした者を町の病院に送迎したりした。しかし、彼らには、傘下にいる全ての漁民に対して、漁船や漁具を支給するだけの経済的な余裕はなかった。なぜなら魚商人もまた、津波にともなう漁獲量の減少や水産物価格の暴落[6]に見舞われるなど、厳しい経営環境に置かれていたからである。

　こうして津波からしばらくすると、村に住む全ての魚商人の資金は底をついた。彼らは、漁獲物の卸先であり、時には融資を受けていた水産加工工場や海産物流通商人 (*phae pla*)、さらには銀行に操業資金の借り入れを求めた。しかし、他にも融資を依頼する同業者が数多くいたため、資金を借りられたとしても、全ての損失を補えるだけの額には至らなかった。こうした状況にあって、政府からの支援は、漁民だけでなく魚商人にとっても、経済活動の再開に向けて不可欠のものであった。しかし、村の魚商人は、商店経営者などの商人と同様に、津波による直接的な被害を受けていないとして誰一人、政府の支援を受けられなかった。その結果、彼らは、期間の長短こそあれ、操業の停止を余儀

なくされたのである。それは同時に、傘下の漁民が、魚商人から援助を受けられないことを意味していた。

　このような危機的状況にあって、NGOからの支援は、漁業の再開を目指す漁民に残された最後の望みであった。M村では津波の直後から、ワールド・ビジョンをはじめとするNGOが、漁業分野への支援を実施した。それは表6からもわかるように、漁網の支給が中心であった。こうしたなか、村の漁民は、NGOに対して、魚商人に代わるコミュニティ・レベルの融資制度の導入と漁船の支給を求めた。しかし、M村では、津波前に政府が導入した村落基金（kong thun muban）[7]が、ずさんな管理運営のために機能不全に陥った過去があったことに加えて、先述のように復興支援の申請と分配をめぐり問題が生じていた。NGOは、こうした村の不安定な状況を理由に、彼らの要求を受け入れなかった。資金提供者との関係もあり、常にプロジェクトの即効性、確実性を求められるNGOにとって、問題が起きる可能性の高いプロジェクトは、いくら被災者のニーズが高くても実施することはできなかったようだ。結局、被災漁民の大半は、漁船の建造や修繕、漁具の購入を自力で行わなければならなくなったのである[8]。

　こうして津波後、彼らの多くが、沿岸漁業の継続を断念した。しかし、マングローブ林に囲まれ、耕地となる土地の僅かなM村で、漁業の他に彼らが現金を獲得する機会は限られていた。このため、彼らは、新たな職を求めて村を離れることを余儀なくされた。津波後に沿岸漁業を休止した55世帯のうち、最も多い39世帯が、遠洋漁船の乗組員として隣のサトゥーン県に出稼ぎに出た（表4参照）。彼らは、長さ20〜25メートルほどの木造船に乗り込み、タイやマレーシア、時にはインドネシアの領海で網漁に従事している（写真34参照）。漁は昼夜を問わず行われる。ひとたび漁に出ると、漁獲物の陸揚げのため半日から1日ほどサトゥーン県や北マレーシアのケダー州に寄る以外、20人ほどの船員は狭い船内で共同生活を送らなければならない。また、休みは2潮（約4週間）[9]につき3、4日ほどと短く、まとまった休暇をとって村に戻ることも難しい。このように、遠洋漁船の乗組員という仕事は、村で行われる沿岸漁業とは大きく異なる労働環境にある。さらに給与は、漁獲量に比例して

第5章　宗教実践の再編：インド洋津波後の動態

写真34　村人が乗る遠洋漁船
(サトゥーン県)

上下するという点では沿岸漁業と同じだが、就業経験の違いにもとづき明確な差が設けられている。このため、転職まもない被災漁民の給与は、経験が乏しいために他の船員よりも少ない。それは、2潮につき3000バーツ（約9000円）ほどであり、彼らが沿岸漁業で得ていた収入と比べて低いものとなっている。

　では、なぜ被災した漁民の多くが、遠洋漁船の乗組員に転職したのか。その理由として彼らは、①種類は違うが漁業という慣れ親しんだ仕事であるために他の職業よりも取り組み易かったこと、②すでに津波前から多くの村人が働きに出ていたこと、などをあげた。つまり、彼らにとって転職する際のリスクが最も少ない職業が、遠洋漁船の乗組員だったのである。また、彼らは、沿岸漁業を再開するための資金を貯めるまで、過酷な労働条件ではあるがこの仕事を続けるとも語っていた。

　こうした村落経済の変化に対して、タイ政府が関心を示さないなか、NGOは種々の策を講じた。たとえば、先にも取り上げたワールド・ビジョンは、津波前から村にある「漁業グループ（*klum pramong phu'nban*）」や「主婦グループ（*klum satri maeban*）」といった住民組織と協力して、村人に職業訓練を行った。「漁業グループ」のメンバーの村人は、ワールド・ビジョンが村外から招

第2節　M村における津波被害と復興支援

写真35　ワールド・ビジョンの支援を受けて津波後、菓子の製造・販売を始めた女性

(M村)

いた講師の指導のもと、エビ味噌や魚醤（*nam pla*）の作り方を学んだ。また、出来上がった製品は、ワールド・ビジョンの資金提供で村内に作られた商店をはじめ、村の内外で販売された。「主婦グループ」のメンバーを中心に行われた菓子の製造・販売も、同じ種類の活動である（写真35参照）。これらの職業訓練を通して、ワールド・ビジョンは、村内に新たな現金獲得の機会を生み出そうと試みたのである。

　以上のように、M村では、インド洋津波に被災した後、政府やNGOによってさまざまな復興支援活動が行われた。しかし、基幹産業である沿岸漁業が衰退するなど、村の経済構造は大きく変化したのである。続いて、これまで見てきた復興支援をめぐる一連の不正や、それを1つの契機として生じた村落経済の変化が、村の政治状況に及ぼした影響について検討する。

第 5 章　宗教実践の再編：インド洋津波後の動態

②政治対立の発生と村の分裂

　先述のように、村長らによるとされる漁船関係の補償金をめぐる不正行為は、村長がその申請期間中に行方をくらましたことからはじまった。その後、郡役場で行われた補償金支給の場で、すでに申請手続きを終えていた 30 人を超える村人が、補償金を受給できないという事態が起きた。また、ほぼ時を同じくして、財務省（krasuang kankhlang）による住宅建設補助にも同様の問題が生じていることが明らかになった。

　これらの出来事を受けて、上述の支援を受けられなかった村人たちは、繰り返し村長宅へ抗議に赴いた。しかし、依然として村長の行方は知れず、残された彼の家族や親族は無言を貫いた。「このままでは埒があかない」と考えた村人たちは、村長と同様に村外に幅広い人脈を持つ OBT（タムボン自治体、詳細は p.46 参照）副首長のリーセン（男性、1970 年生まれ）をリーダーに、郡の役場と警察署に赴き、復興支援をめぐる村長の不正に関する捜査の開始と、一刻も早い補償金の支給を訴えた。しかし、先述のように、各機関の職員は、支援関係の業務に忙しく面会することが難しい上、会えても村長と懇ろな関係にあるために曖昧な返事に終始した。このため村人は、リーセンの人脈を使い、OBT の上位機関にあたるトラン県の県自治体や県庁、県警、さらには県議会議員や県自治体議員といった政治家のもとにまで陳情に出向いた。

　その甲斐あってか、津波から半年が経った 2005 年 6 月 24 日に、郡水産課の職員と警察官参加のもと、村長と村人の対話集会が村の小学校で開催された。この会合には、高額な支援を受けた村人は誰一人として現れず、支援を受けられなかった村人が終始、村長らに漁船の補償金をはじめとする消えた支援物資の行方や今後の対応等について質問を投げかけた。しかし、村長は沈黙を貫き通した。また、水産課の職員と警察官は、「申請書の記入に不備があった可能性がある」、「不正の証拠がないので対処のしようがない」、「村の問題は村人同士で解決すべき」、などと理由をつけて、村長の不正を追及するどころかその責任を村人に転嫁しようとさえした。結局、4 時間に及んだ会合では、何の解決策も見出すことはできなかった。

　こうして、支援を受けられなかった村人の怒りの矛先は、次第に支援の責任

者である村長から、支援を受けた村人に向けられていくことになった。それは、抗議や暴力といったものではなく、日常生活における一切の関係を絶つというかたちをとった。津波前には暇さえあれば談笑していた者同士が、ある日突然、目も合わせなくなる、というケースも珍しくなかった。その結果、村は、村長を中心とする高額な支援を受けた村人から構成される「村長派（phuak phu yai）」と、リーセンを中心とする支援を受けられなかった村人からなる「OBT 派（phuak o bo to）[10]」に分裂することになったのである。

　この 2 つのグループの「静かな対立」は、しばらくのあいだ続いた。ところが、任期満了にともない 2005 年 7 月 14 日に行われることになった村長選挙（定員 1 人、任期 5 年）と同年 7 月 31 日の OBT 議員選挙（定員 1 村あたり 2 人、任期 4 年）を前に、両者の対立は、にわかに尖鋭化する。

　事の発端は、村長が再選を目指して村長選挙に出馬する意向を表明したことであった。また、彼は、政敵であるリーセンを中心とする「OBT 派」の影響力を弱めるべく、腹心の 2 人を OBT 議員選挙に擁立した。村長は選挙期間中、子飼いの村人を実行役に、さまざまなかたちの選挙活動を行った。たとえば、村の至るところで票集めのための供食を開催した。先述のように、村において供食は、結婚式をはじめとする特別な機会に開かれる。そこでは一般に、鶏や羊、魚を具材にした料理が参加者に振舞われるのだが、「村長派」の供食は、村ではなかなか口にすることのできない牛肉を用いるなど豪勢なものであった。また、「村長派」は、法律では禁止されている現金を用いた買票（su sian）を、「OBT 派」の村人にまで試みた。さらに彼らは、選挙用のポスターを作成して、村内の至るところに掲示した。それは、M 村における村落レベルの選挙ではこれまで見られなかったものであった。以上の一連の事例からは「村長派」が、選挙活動に多額の資金を投じていたことがわかる。「OBT 派」の村人たちは、こうした「村長派」の資金力の大きさの背後に、復興支援の不正受給が関わっていると認識していた。

　「村長派」が攻勢を強めるなか、「OBT 派」もリーダーのリーセン宅で頻繁に会合を開いた。その結果、村長の対立候補として、村人からの信頼の厚いウィロート（男性、1955 年生まれ）の擁立を決めた。複数の候補者が出馬す

第5章　宗教実践の再編：インド洋津波後の動態

ることは、これまで無投票当選が続いてきたM村の村長選挙史上、初めての出来事であった。また、「OBT派」は、OBT議員選挙にも「村長派」と同様に、2人の候補者を送り出した。資金の乏しかった彼らは、戸別訪問を中心とする地道な選挙活動を行った。

投票前の大方の予想は、漁船の補償金をはじめとする高額の支援を受けられなかった村人が有権者の多数を占めていたこともあり、「OBT派」の勝利というものであった。また、この流れに追い打ちをかけるように、村長の指名で選ばれた副村長（phu chuai phu yai ban、当時のM村には4人在籍）の1人が、投票日の直前に突如辞任した。後に彼は、「村長は、村人に奉仕する（sia sala）義務があるにもかかわらず不正を働いた。村を分裂させた村長のためにこれ以上働くことはできなかった」と筆者に辞任の理由を語ってくれた。

しかし、投票結果は、こうした予想に反するものであった。再選は厳しいと見られていた村長は、5票という僅差で「OBT派」が擁立したウィロートに勝利したのである。一方のOBT議員選挙は、「OBT派」の擁立した2人の候補者が当選したものの、こちらも2位と3位の差が僅か3票という大激戦であった。このため選挙後、結果を不服とする者たちが、「選挙違反があった」、「票の集計に間違いがあった」などと言って、選挙の監視にあたった警察官や村の選挙管理委員会に抗議する一幕も見られた。なかには、選挙のやり直しを求めて、OBT役場や郡役場、警察署に出向く者まで現れた。また、選挙結果をめぐる支持者のあいだの口論や小競り合いが、村の至るところで起きたのである［小河2010］。この両派の対立は、M村の村長が再選を図った2005年8月27日のカムナン選挙（定員1人、任期5年）でも顕在化した。「OBT派」は、タムボン内に住む近親者や知人に対して、M村の村長に投票しないよう積極的に働きかけた。その結果、復興支援をめぐる村長の不正は広くタムボン内に知れ渡るところとなり、最終的に彼は対立候補に大差をつけられて落選した。

以上のように、M村では津波後、復興支援をめぐる村長らの不正をきっかけに、2つの対立する派閥が誕生した。そして、両者の対立関係は、地方選挙を契機に顕在化、尖鋭化することになったのである。

第 3 節　新たな宗教実践の誕生

　インド洋津波は、現象そのものに加えて、それが直接、間接に引き起こした被害の規模においても村人の想像を超えるものであった。また、前節で見たように、復興支援をめぐってさまざまな問題が起きたことも重なり、彼らの生活の再建は困難を極めた。こうしたなか、村人のあいだから「津波は何が何のために引き起こしたのか？」、「津波とはいったい何だったのか？」といった疑問の声が聞かれるようになった。また、自分たちの力では如何ともしがたい津波、いつ襲ってくるかわからない津波への恐怖とともに、「津波を何とかして防ぎたい」、「津波による被害を最小限に留めたい」、といった現世利益の獲得を希求する動きが現れた［小河 2011］。

　こうした M 村におけるインド洋津波後の物理的、心理的な状況の変化は、以下に見るように、村人の宗教実践のあり様にも変化を引き起こすことになった。本節では、タブリーグが津波の襲来を受けて新たに始めた宣教活動とアッラーへの願掛け、タブリーグの宣教用ビラの護符化という宗教実践を事例に、この点について見ていきたい。

（1） タブリーグの新たな宣教活動

　上述したような津波後の村落社会や村人の心理的状況の変化を受けて、「ダッワ・グループ」に位置づけられていた村人たちは、従来とは異なる内容と方法の宣教活動を始めた。彼らは、津波を「不信仰者に対するアッラーからの罰（bara）であり警告（kham tu'an）である」と解釈して、アッラーの恐ろしさと偉大さを再確認した。その上で、「津波を避けるためには、タブリーグの6つの信仰行為の実践を通して功徳を積むしか方法はない」と考えた。こうして彼らは、金曜礼拝の説教や村人宅の慰問などさまざまな機会に、上記のことを村人に説くようになった。そこには、津波前にはほとんど聞かれることのなかったイスラームの実践と現世利益の獲得とを結びつける語りがあった。たとえ

第 5 章　宗教実践の再編：インド洋津波後の動態

ば、イマーム（礼拝時の導師）のバンチャーは、津波前の倍近い数の村人が集まった津波後最初の金曜礼拝の説教（2005 年 1 月 7 日開催）で、参加者に対して以下のように語りかけた。

【事例 18：金曜礼拝におけるバンチャーの説教】
「（省略）何が津波を起こしたのか。それは地震だ（省略：以下、段階を追って事象の原因が示される。最後に地球にたどりついた）。では、この地球は誰が作ったのか。それはアッラーだ。アッラーは、この世界にある全ての物を創造し、そこに意味を与える。つまり、津波の主はアッラーなのだ。では、なぜアッラーは、津波を引き起こしたのか。それは、イスラームに不真面目なムスリムに罰を与えるためだ。皆さんは、ピーピー島（*Ko Phi Phi*、トラン県の北隣のクラビ県沖にある国際的な観光地）がどれだけの被害を受けたか知っているでしょう。そこでは、観光客だけでなく多くのムスリムが亡くなったり財産を失ったりした。それはなぜか。彼らはイスラームの教えに反する生活を送ってきたからだ。私たちの村は、ハンコ（タブリーグの地区支部）であり、宣教活動に熱心な村だ。だからアッラーは、他の村よりも被害を少なくしてくださったのだ[11]。津波がまた来るのか来ないのか、誰がどれだけの被害を受けるのかは、アッラーがお決めになることで我々にはわからない。しかし、これまで以上にアッラーを想起し（*nu'k thu'ng anlo*）、イスラームに敬虔になれば、アッラーは私たちを助けてくださるはずだ。（省略）」

（括弧内は筆者による補足）

さらに、後日行われた金曜礼拝の説教では、スリランカの津波被害についてタイ語で記したビラが使われた（写真 36 参照）。バンチャーによると、まずその英語版が、デリーにあるタブリーグの総本部からバンコクのタイ国支部に送られ、そこでタイ語に翻訳されたものがトラン県支部を経由して手元に届いたという。ビラには、スリランカの東海岸を襲った津波の航空写真がつけられており、①それがアラビア語のアッラーの文字（津波の航空写真の隣に書かれている）に酷似し、かつ不信仰者の村が津波により壊滅的な被害を受けたことか

第 3 節 新たな宗教実践の誕生

ら、津波はアッラーがイスラームの教えに従わない不信仰者への罰として起こしたものである、②生き残ったムスリムは悔い改めなければさらに大きな罰がくだされるだろう、とするコロンボ（Colombo）のイスラーム学者の見解が記してあった[12]。バンチャーら「ダッワ・グループ」に位置づけられていた村人は、このビラを複写して金曜礼拝の参加者全員に配った。そして、それを用いて、アッラーの偉大さとともにイスラームに敬虔であること、タブリーグの教えに従うことの必要性を村人に説いたのである。その後もこのビラは、彼らによってカットやクースーシーといったタブリーグの日帰り宣教の際にも配られ、最終的には村に住むほぼ全ての世帯がそれを保持するまでになった[13]。このように村におけるタブリーグの中心メンバーは津波後、さまざまなかたちの宣教活動を積極的に展開したのである。

以上に見た津波後のタブリーグの宣教活動は、津波前のそれと比較すると以

写真36　タブリーグの中心メンバーが村人に配ったスリランカの津波災害に関するビラ

（M 村）

193

第5章　宗教実践の再編：インド洋津波後の動態

下のような違いを指摘することができる。第一に、宣教に際してイスラームと現世利益の関係を強調したことである。確かに、津波前までのM村においてタブリーグの中心メンバーは、「現世の諸事を決めることができるのはアッラーだけ」と考えてきた。その上で、現世を「来世のための修練の場」と見なし、よりよい来世を目指してイスラームの規範に従った生活を送ることを村人に求めてきた。このため、津波前の時点で、彼らが現世利益の獲得を目的とするイスラーム実践を許容するようなことは、筆者の知る限り、前章で見た一部の例外を除いてなかった。第二に、宣教活動に際してビラを用いたことである。タブリーグの特徴として指摘されるものの1つに、本やパンフレットといった印刷物をほとんど作成、使用しないことがある［中澤 1988：81］。タブリーグが作成した印刷物は、管見では『タブリーギー・ニサーブ』と『クンカー・ソダコ（*khunkha sodako*）』という喜捨の意味を説く本があるにすぎない。M村でも津波前の時点で、タブリーグの中心メンバーが、それらとは別の印刷物を宣教活動で使用するようなことはなかった。

　以上に見てきたタブリーグの新たな宣教活動は、当時の多くの村人が抱いていた「津波とは何か？」という疑問に対して、「不信仰者に対するアッラーからの罰であり警告である」と簡潔に答えた。確かに村人は、先に見たバンチャーの語りからもわかるように、津波の科学的な原因について知っている。また、津波後、隣のC村に津波警報タワーが建てられるなど、科学的知識に基づく防災の取り組みもなされている。しかし、タブリーグが村人に提示した回答は、村人の不安と津波後、急速に高まった現世利益を求める村人のニーズにより合致した。それゆえに、タブリーグの説く津波像は、タブリーグが持つ宗教的な正当性やタブリーグの活動を牽引する村人が持つ宗教的な威光もあり、村人のあいだに急速に浸透したと考えられる。また、この動きと並行して、アッラーに対する村人の畏敬の念も深化した。その様子は、津波後モスクで礼拝をする者やタブリーグの宣教活動に参加する者の数が増加するといった現象（写真37参照）や、津波後新たに見られるようになった村人の宗教実践を通してうかがい知ることができる。次項では、後者の事例であるアッラーへの願掛けとタブリーグが配布した宣教用ビラの護符化を取り上げ、この点につ

第3節　新たな宗教実践の誕生

写真37　津波後に村モスクで行われた集団礼拝の様子
(M村)

いて明らかにする。

(2) アッラーへの願掛け

　まずは、アッラーへの願掛けについて見ていきたい。津波前のM村において願掛けは、第4章で見たターヤーイをはじめとするアッラー以外の超自然的存在を対象に、一部の村人によって行われてきた。他方で、アッラーへの祈願は広く見られたものの、願掛けは筆者の知る限り実施されていなかった。それが津波後、他の村人から「新しいグループ」と「古いグループ」に位置づけられていた村人たちによって行われるようになったのである。

　アッラーへの願掛けを概観すると、大きく①モスクや自宅などでアッラーに叶えてほしい事柄とそれが実現した際のお礼の内容を伝える祈願と、②願が成就した際のアッラーへのお礼の実施、から構成されていることがわかる。願の内容は、その多くが津波の再来の防止に関わるものであった。また、アッラーへのお礼は、供宴を開催することでは共通していた。以下では、他の村人から「新しいグループ」に位置づけられていた専業漁民のブンソン（男性、1970年生まれ）の事例を通して、アッラーへの願掛について検討したい。

195

第5章　宗教実践の再編：インド洋津波後の動態

【事例19：ブンソンによるアッラーへの願掛け】
「2005年3月12日に再び津波が起きる」という噂が、ある有名な占い師（*modu*）の予言をきっかけに村中に広まるなか、ブンソンは、2005年3月4日にアッラーに願掛けをした。その内容は、「3月12日に津波を起こさないで欲しい。願いを聞き入れてくれた暁にはお礼に鶏1羽分のカレーを奉げる」というものだった。ブンソンは、アッラーに対して津波の再発を防ぐことを目的とした願掛けを行った理由について、「津波を管理しているのはアッラーだから」と述べた。また、そのような解釈が生まれた理由として彼は、実際に船上で遭遇した津波がこの世のものとは思えないものだったこと、後日その津波を引き起こしたのがアッラーだと宣教のために自宅を訪れたタブリーグ地区支部長のコンサックの話を聞いて合点がいったことなどをあげた。3月12日に津波が起きなかったことを受けてブンソンは、同月17日のズフル礼拝（昼の礼拝）後に、自宅で10人程の近親者を招いたお礼の供宴を行った。そこでは、先の祈願の際にアッラーに告げた鶏1羽を使ったカレーが供され、ドゥアーが朗唱された。

　願成就のお礼の供宴では、このブンソンの事例のように、クルアーンやハディース由来の決まり文句であるドゥアーが唱えられた後、祈願の際にアッラーに約束した料理が参加者に振る舞われるのが一般的であった。ブンソンによると、「願成就のお礼の供宴では、ドゥアーを朗唱することで供物が直接、アッラーに届けられる」という。また、彼は、「祈願者は願が成就しなければ供宴をする必要はないが、成就した場合はいつでもよいから必ず供宴を行わなければならない」とも述べた。もし、供宴を催さなかったり、約束とは異なる供物を用いたりすると、祈願者とその家族は、アッラーから病気や事故などの罰を受けるという。
　以上に見てきたアッラーへの願掛けという宗教実践は、アッラーの力を借りることで津波を避けようとする村人の試みであった。この新たな宗教実践は、津波に対する恐怖とともに、アッラーに対する畏敬の念が高まった結果、現れた行為であったとも言える。アッラーを崇拝するという点においてそれは、イ

第3節　新たな宗教実践の誕生

スラームの教えから逸脱した行為とは必ずしも言えない。しかし、その中身と方法は、これまでターヤーイという超自然的存在に対して行われてきた願掛けとほとんど同じであることがわかる。それは、第4章で見たように、「古いグループ」と「新しいグループ」に位置づけられていた村人から、「宗教」であるイスラームとは異なる「慣習」と認識されてきたものであった。

(3) タブリーグの宣教用ビラの護符化

次に見たいのが、新たな護符の出現という現象である。確かに津波前のM村では、村外に住む呪術師がクルアーンの一節などを記した紙片や布片が護符として用いられてきた。それには、交通事故を防いだり、海に住む悪霊に憑かれることを防いだりするといった特定の効能があると考えられていた。しかし、護符は、その使用が偶像崇拝や呪術師への個人崇拝につながるとして、「ダッワ・グループ」に位置づけられていた村人らから否定的にとらえられるなど（詳細は後述）、限られた村人だけが使用してきた。また、護符は、バイ

写真38　ビラが貼られた家の戸口
（M村）

クの外装の内側や使用者の腰といった人目につかない場所につけられていた。

しかし、津波後に現れた護符は、それらの護符とはあらゆる面において性格を異にした。まず指摘できるのは、護符の形質である。ここで護符として用いられたのは、呪術師という特殊技能者が作成したものではなく、バンチャーら「ダッワ・グループ」に位置づけられていた村人が津波後、宣教のため村内に配布した前出のビラであった。写真36を見るとわかるように、このビラには、スリランカの津波被害に関する記事に加えて、津波の航空写真がアラビア語のアッラーの文字とともに付いている。このビラを護符として使用する村人は、アラビア語で書かれたアッラーの文字やそれに酷似した津波の航空写真があることを理由に、ビラを「神聖なもの」と見なしていた。その上で彼らは、「ビラを家屋に貼ることでアッラーの加護が得られる」と解釈したのである（写真38参照）。こうして、ビラに護符としての機能が付与されることになった[14]。たとえば、他の村人から「新しいグループ」に位置づけられていた専業漁民のスライマン（男性、1963年生まれ）の事例を見たい。

【事例20：タブリーグの宣教用ビラを護符として使用したスライマン】

津波の襲来を自宅から目撃したスライマンは、それが「現実とは思えなかった。夢を見ている感じだった。あのような恐ろしいものを引き起こせるのはアッラーしかいないと思った」と筆者に語った。彼は、津波直後の金曜礼拝で、津波の創造主がアッラーだとするバンチャーの説教を聞き、こうした自分の考えが正しいものだとわかったという。その上でスライマンは、「津波を防ぐには『ダッワ・グループ』が話していたようにアッラーを想起することが有効だ」と考えるようになった。そこで彼は、タブリーグが宣教用に配布したビラを自宅の戸口に貼った。スライマンによると、ビラを貼ることは、アッラーを想起することと同義であり、それと同じだけの功徳を積んだことになるので、アッラーからの加護が得られるという。

（2005年3月20日聞き取り）

この事例では、ビラを張ることで、アッラーが引き起こすとされる津波を避

けられるというアッラーの加護が得られると考えられている。
　次に指摘できるのは、護符の使用者の中身と数である。まず、ビラを護符化した村人は多岐にわたった。そこには、他の村人から「新しいグループ」や「古いグループ」、さらには「ダッワ・グループ」に位置づけられていた村人の一部までが含まれていた。また、それに比例して、ビラを護符として使用する者の数は、2005年3月末の時点で121世帯にのぼった[15]。
　このように、人目に付く場所で護符が使われること、1つの護符がこれほどまでの数の村人に普及することは、津波前のM村ではなかった。この現象は、先に見たアッラーへの願掛けと同様に、津波を契機とした村人のアッラーに対する畏敬の念の深まりを反映したものと言える。しかし、護符の使用は、いくらアッラーを想定しているとはいえ、偶像崇拝につながる可能性を持つという点で、イスラームの規範から逸脱する行為であることもまた確かである。タブリーグの宣教用ビラの護符化は、アッラーに対する信仰の高まりが護符という民間信仰の形態をとって顕在化したという点で、先に見たアッラーへの願掛けと同種の現象であったと言える。

第4節　民間信仰の再興

　インド洋津波後の村人を取り巻く環境の変化は、第4章で取り上げた民間信仰をめぐる村人の宗教実践のあり様にも変化を引き起こした。以下では、船霊信仰と村の土地神をめぐる信仰を事例に、この点について見ていきたい。

（1）船霊信仰
　津波前のM村では、タブリーグをはじめとするイスラーム復興運動の伸展にともない、船霊信仰を「神の唯一性に代表されるイスラームの規範に反するもの」と見なす解釈が、年齢やジェンダーを問わず広く村人のあいだに浸透していた。その結果、船霊信仰をイスラームとともに「日常生活に不可欠のもの」ととらえる者や、イスラーム的な要素が全くないかたちで船霊儀礼を行う

者の数は、減少の一途をたどっていた。その一方で、船霊を「イスラームの精霊であるチンの1つ」と見なし、儀礼でドゥアーを朗唱するなど船霊信仰を「イスラーム化」する者が新たに現れた。その様子は、第4章2節で見たとおりである。

　津波後、上記の動きはさらに進展した。つまり、津波前まで旧来型の形式に基づいて船霊を信仰してきた村人の多くが、そこにドゥアーの朗唱をはじめとするイスラーム的な要素を挿入させたのである[16]。たとえば、他の村人から「古いグループ」に位置づけられていたブラート（男性、1961年生まれ）について見たい。

【事例21：ブラートの船霊解釈と船霊儀礼】
　津波前の彼は、漁業を司る存在として船霊を祀ってきた。船の修理を終えた時、カニ籠を新規に購入した時、不漁時には決まって船霊儀礼を行った。ブラートによると、そこでドゥアーを朗唱することはなかったという。その彼が津波後、船霊をめぐる解釈、実践を大きく変えた。まず、ブラートは、船霊を「チン」と見なすようになった。つまり、船霊という存在を、それまで彼が遵守していた旧来の信仰体系で言うところの「慣習」の領域から「宗教」の領域にシフトさせたのである。また彼は、清めの儀式と供宴から成る船霊儀礼の構造を維持しながらも、そこにドゥアーの朗唱を加えた。

　この変化の理由としてブラートは、「津波後、アッラーが直接、現世に関わることを知った」ことをあげた。彼は、「津波が来る前までは、現世に関わるのは『慣習』で、『宗教』（イスラーム）は来世に関わるものと考えていた」。このため、ブラートにとってアッラーは、「崇高な存在」である一方、船霊など「慣習」の領域に位置する超自然的存在と異なり「私たちから遠く離れたところにいる存在」でもあったという。それが「津波後、近くにいると感じるようになった」と語った。つまり、アッラーが現世にも関わると知ったことで、「偉大な存在」であるアッラーが、「自分にとって身近な存在」になったのである。しかし、他方で彼は、「アッラーは偉大であるから、津波のような大きな事柄（*ru'ang yai*）には関わっても、私たちの日常生活のような小さな事柄

第 4 節　民間信仰の再興

(*ru'ang lek*) には関わらない」とも述べた。このため、「アッラーは漁業の領域（*phanaek pramong*）を船霊に任せている」という。船霊は、ブラートによると、「アッラーの下に位置するチン」とされる。

(2005 年 2 月 17 日聞き取り)

　こうしたブラートに代表される「古いグループ」の村人による船霊をめぐる実践は、第 4 章 2 節 1 項で見た津波前の状況と比較すると、大きな変化が生じていることがわかる。それは、「『古いグループ』に位置づけられていた村人の『新しいグループ』化の伸展」ととらえることができるだろう。
　船霊信仰については、上記の動きとは逆に、船霊儀礼を旧来の形式に近づける者も現れた。その主な主体は、他の村人から「新しいグループ」に位置づけられていた村人であった。以下では、2 人の村人の事例から、その様子について見ていきたい。

【事例 22：チューサックの船霊儀礼】
　第 4 章で取り上げたチューサック（事例 16）は、津波前の時点で、自宅でドゥアーの朗唱をともなう小規模な供宴を開く以外、船霊に対して働きかけることはなかった。しかし、津波後、彼は、船霊儀礼の規模を拡大した。たとえば、筆者も参加した 2005 年 3 月 3 日に行われた船霊儀礼では、それまで村内に住む父母と兄弟に限定していた供宴の参加者を、イトコやオジといった親族や友人にまで広げた。また、休止していた清めの儀式を、船首部に色布を巻きドゥアーを朗唱するかたちで再開した。

　チューサックとは逆に、津波の前は清めの儀式だけを行っていたアーリー（男性、1963 年生まれ）も津波後、船霊儀礼の形式を変えた。以下では、津波の被害を受けた漁船の修理が終わったことを受けて、彼が 2005 年 2 月 27 日に催した船霊儀礼について見たい。

【事例23：アーリーの船霊儀礼】
　この儀礼においてアーリーは、それまでドゥアーを朗唱するだけで終えていた清めの儀式を、旧来の形式に近づけた。たとえば、ドゥアーを唱える前に、舳先に赤、青、黄色の色布を巻いた上で船内に香水を撒いた。また、2年前から休止していた供宴も再開した。自宅で開いた供宴には、村内に住む8人の近親者が参加した。

　では、彼らが津波後、船霊儀礼の形式を、長らく休止していた旧来型のそれに近づけた理由は何であったのか。先に答えを述べると、それは、津波後の漁獲量の大幅な落ち込みと、それにともなう将来への不安の高まりに集約される。たとえば、以下のアーリーの語りは、そのことを明瞭に示している。

【事例24：アーリーの語り】
　「津波の後、イカの漁獲量が大幅に減った。(省略：津波後の水産物価格の低迷や原油価格の高騰などについて語る)このままでは、私たち家族は生活していけない。子供(高校生1人と中学生1人)も学校を辞めなければならないだろう。家族は将来を心配している。それは私も同じだ。漁を成功させ、家族を安心させたい。この願いが叶うよう、船霊にたくさん功徳を積んだんだよ。」
　　　　　　　　　　　(2005年2月28日聞き取り、括弧内は筆者による補足)

　この2人の村人の事例からは、津波を契機に、それまで休止していた儀礼実践を再開するという船霊信仰の「復古化」と呼びうる動きが、「新しいグループ」に位置づけられていた村人のあいだで起きていることがわかる[17]。加えてそこには、儀礼の規模の拡大という変化も見られたのである。

（2）ト・セ信仰
　津波前の時点では、願掛けの対象としてかろうじて存続してきた村の土地神ト・セに対する関心もまた高まった。ト・セは、「村人をさまざまな災厄から守る聖なる存在」として、第4章1節で見た共同体儀礼タムブン・バーンや願

第 4 節　民間信仰の再興

写真 39　ト・セが住むとされる大木
(M 村)

掛けの対象になるなど、古くから村人の信仰を集めてきた。これは、前章で見た「古いグループ」の村人が言うところの「慣習」に位置している。長くト・セを信仰してきた古老の1人ミート（男性、1931年生まれ）によると、ト・セは村を作った初期の村人の1人であるという。ムスリムの男性だが、固有名詞を持たず、「土地神」と見なされていた[18]。つまり、ト・セは、土着の精霊の1つであったと言える。ミートによると、このト・セに掛ける願の内容は、大病を患った家族の回復や出稼ぎに出た子供の無事の帰宅など多岐にわたっていた。願が成就した暁には、ト・セが住むとされる大木（写真39参照）の前の祠で供宴を開いたり、祠に供物を置いて祈ったり（sen wai）したという[19]。そこにおいてト・セは、「村人からのお札を直接受け取る」と考えられていた。しかし、ト・セの熱心な信者であった呪術師の死去や、アッラー以外の存在を崇拝することを禁じるイスラーム復興運動の伸展等を契機に、ト・セをめぐる目に見えるかたちでの信仰実践は次第に行われなくなっていったという[20]。ミートによると、津波前の時点でト・セを信仰していた者は、

203

第 5 章　宗教実践の再編：インド洋津波後の動態

数えるほどであった。こうして村は、ト・セに対する信仰のない「汚い（sok-kaprok）」状態となり、それに嫌気がさしたト・セは県内の別の村（K 村）に移ってしまったという（2005 年 6 月 22 日聞き取り）。

　ところが、津波襲来時にト・セに関する多くの目撃談があらわれた。たとえば、専業漁民のタワッチャイ（男性、1947 年生まれ）は、漁を終えて村に戻る途中、村の近くにある C 山の標高（約 20 メートル）と変わらない高さの黒い人影が、村の前浜に屈み両腕を広げて津波を防ぐ姿を目撃した。彼によると、その巨人はト・セであったという。また、津波襲来時、村の前浜にある自宅にいた無職のワンナー（女性、1952 年生まれ）は、頭にターバン（pha saban）を巻いた全身黒色の巨人が浜辺に横たわっている姿を見たという。ターバンを巻いた姿や、浜辺に横たわることで津波から村を防ごうとした行為をもとに、彼女はこの巨人をト・セであるとした。これらの目撃談に共通するのは、全身黒色の巨人が村の前浜に現れて津波から村を防ぐ姿であり、その巨人がト・セと見なされたことである。ト・セを目撃した村人の数は、少なくとも筆者が調べた限りにおいて 40 人近くにのぼった。彼らは、他地に比べて村の津波被害が少なかった理由を、このト・セの行為と結びつけて解釈した。つまり、「村を離れたト・セが、津波という未曾有の危機に際して帰村し、それから村人を守った」と考えられたのである。こうしたト・セの目撃談は、津波が襲来した直後から、タワッチャイら目撃者を通して村中に広がった。

　津波後、上述した目撃談や津波への恐怖等を背景に、ト・セに対する信仰が目に見えるかたちで再生した。それは、以下に詳述するように個人レベル、世帯レベルのもので、タムブン・バーン（第 4 章 1 節参照）のような村レベルのものにはならなかった。信仰の担い手は、ト・セを目撃した者を中心とする村人であった。彼らは、他の村人から「古いグループ」や「新しいグループ」に位置づけられていた村人で、「ダッワ・グループ」に位置づけられていた者は 1 人もいなかった。ト・セをめぐる解釈と信仰実践において、彼らは大きく以下の 2 つのグループに分けられる。

　第一のグループは、「土地神としてのト・セ」に対する信仰を再開した村人たちである。彼らが想定するト・セは、先のミートらが信仰するそれと同じ

第 4 節　民間信仰の再興

であった。彼らは、ト・セを願掛けの対象としており、願が成就した際には、ト・セへのお礼として供宴を行っていた。たとえば、ナタワット（男性、1945年生まれ）の事例を見たい。

【事例 25：ト・セをめぐるナタワットの解釈、実践】
　ナタワットは、長らくト・セを信仰してきた。しかし、第 4 章 1 節で見たタムブン・バーンが、1990 年前後に休止されたことを受けて、次第にト・セの存在を意識しなくなっていったという。津波発生時、ナタワットと妻は、村を流れる運河沿いに船を泊め、獲ってきたイカの陸揚げをしていた。そこを津波が襲い、漁船をはじめとする漁業資材を一気にさらっていったが、彼らは怪我ひとつしなかった。その後、上述したト・セの目撃談を弟から聞き、ナタワットのト・セに対する信仰心が蘇ったという。そして彼は、「津波が来たのに多くの村人が無事だったのはト・セが守ってくれたからだ」と解釈し、ト・セに対する願掛けを再開した。
　たとえば、津波後はじめて出漁する日の前日（2005 年 12 月 13 日）にナタワットは、ト・セに対して「私たちが海で津波に遭っても無事に帰宅できるよう守ってほしい」と心のなかで祈願し、「それを叶えてくれた暁には、お礼として蒸し鶏 1 羽とカオニャオ・ルアン 13 皿を供物として捧げる」と誓ったという。無事に漁から戻ることができたナタワットは、それから 8 日後の 12 月 21 日に、ト・セへのお礼として、上の供物を用いた供宴を自宅で開催した。筆者も参加したこの供宴では、会場となった居間の中央に、上記の供物と水、ロウソクが置かれ、それをナタワットと彼の 9 人の近親者が囲むかたちで座った。そこでは、まずナタワットがロウソクに火を付け、小声でト・セに対してお礼を述べるとともに、供物を準備したのでこちらに来て受け取ってくれるよう語りかけた。それが終わると、ナタワットはロウソクの火を消し、皆で供物を食した。

　ナタワットによると、ト・セは、「宗教」ではなく「慣習」の領域に入るという。それゆえ、ト・セは、イスラームと関係がないため、彼が供宴でドゥ

205

第5章　宗教実践の再編：インド洋津波後の動態

アーを唱えることはなかった。この供宴の中身は、ト・セに願掛けをしていた当時のそれと同じであるという。

　津波後、ト・セに対してナタワットと同様の対応をした村人は、タブリーグを否定する一方、ドゥアーの朗唱などイスラーム的な要素を入れずに他の民間信仰を実践している点において共通していた。こうした特徴や他の村人の認識を踏まえると、彼らは「古いグループ」に位置づけられていた村人であった[21]。

　第二のグループは、ト・セを土地神ではなく「イスラームの聖者（*wari*、以下、ワリー）」と見なす村人たちである。彼らによると、ト・セには固有の名称があるという。それは村人によって多少の違いはあるものの、「ト・セ・ムスタファー（*to se mustafa*）」や「ト・セ・インラニー（*to se inrani*）」などのイスラーム名であるという点において共通していた。また、ワリーであるト・セは、「アッラーの恩寵を受けた崇高な存在」とされる。このため、ト・セは、アッラーが罰として引き起こす津波から村人を防ぐことができると考えられていた。このト・セの特別な力を頼って、彼らはト・セに願掛けをした。それは、上のナタワットの事例と同様、大きく祈願と願が叶った際のお礼の供宴から構成されていた[22]。しかし、その中身においては、ナタワットらとのあいだに違いが存在した。たとえば、彼らは、供宴においてト・セにお礼を伝えた後、ドゥアーを朗唱している。この理由として彼らは、ト・セがワリーという「宗教」の領域に入る存在であることをあげた。他にも彼らは、「ト・セがメッカに赴く」という理由から、金曜日にト・セへの祈願とお礼の供宴を行わない。このように、彼らが想定するト・セは、「土着の精霊」ではなく、イスラームの聖者ワリーとしてアッラーと関連付けられた「イスラーム上の存在」だったのである。そのト・セ観や供宴の内容からもわかるように、彼らは他の村人から「新しいグループ」に位置づけられていた村人であった。また、彼らのなかには、他の村人から「古いグループ」に位置づけられていた村人が若干名含まれていたが、「ダッワ・グループ」に位置づけられていた村人は見られなかった。

　村では津波後、以上の様なプロセスのもとト・セ信仰が再生した。その信仰のあり様は、これまでの考察から明らかなように、津波前のそれとは異なって

いた。たとえば、ト・セへの祈願の内容は、家内安全をはじめ多岐にわたっていたものが津波後、津波の再来による被害の防止にほぼ統一されている。また、願が成就した際にト・セにお礼をする場所は、ト・セの祠の前から願をかけた者の住居に変わってもいた。

以上のようにト・セに対する信仰を再開した村人は、先に見た船霊信仰と同様に大きく「古いグループ」と「新しいグループ」に位置づけられていた村人から構成されていた。彼らは、その言動から判断するに、程度の差はあれ「津波が起きることは止むを得ない」とする一種の諦めに似た感覚を共通して持っていた。その上で彼らは、「津波の再来にともなう被害をト・セの力を借りて何とか最小限に抑えたい」という希望を共有していたと言える。

第5節　村人の解釈

本節では、第3節で見たアッラーへの願掛けとタブリーグの宣教用ビラの護符化を事例に、津波後、新たに生まれた宗教実践をめぐる村人の多様な解釈のあり様について考察する。

(1) 行為主体の解釈

まず注目したいのは、津波後に見られた宗教実践の主体となる村人の解釈である。先述のように、他の村人から「新しいグループ」や「古いグループ」に位置づけられていた彼らに共通するのは、アッラーへの願掛けやタブリーグの宣教用ビラを護符化するという自身の行為を、「イスラーム的に正しいもの」と認識している点である。たとえば、津波後、漁業の休止を余儀なくされたアマート（男性、1958年生まれ）は、彼が「護符」と見なすタブリーグが配布した宣教用ビラとイスラームの関係を次のように説明した。

【事例26：アマートの語り】
「（省略）（ビラを指さして）ほら、ここにアッラーの名があるだろう。こ

第5章　宗教実践の再編：インド洋津波後の動態

れを見ればアッラーを想起したことになり、アッラーから褒賞（*phon bun*）が得られるんだ。ただし、アッラーの名のないものは、他の存在（*sin thi u'n*）と関係があるので使ってはいけない。使えば、アッラー以外の存在を崇拝することになる。それはイスラームに反する悪行だ。（省略）」

　　　　　　　　　　（2005年7月23日聞き取り　括弧内は筆者による補足）

　この語りからはアマートが、ビラを護符として用いる自身の行為の宗教的な正当性を、アッラーを措定していることに求めていることがわかる。逆に、彼の解釈では、アッラー以外の存在を想起することは、「イスラーム的に問題のある行為」と見なされていた。同様の解釈は、アッラーへの願掛けにおいても見られた。また、アマートもそうであったが、ビラを護符化した村人の多くが、ビラを貼るという行為を、「日常的にアッラーを想起すること」、つまり「正しいイスラームを実践すること」と同義のものととらえていた。そうした行為は、「アッラーから褒賞が得られる」という語りからもわかるように、イスラーム的に高く評価されていたのである。

　また、タブリーグの教えに従っているということも、彼らが自身の行為を「イスラーム的に正しいもの」と認識する根拠の1つとなった。先述のように、「ダッワ・グループ」に位置づけられていた村人は、津波後に再開した宣教活動において、「1日5回の礼拝をモスクで行うなどタブリーグが説く6つの信仰行為を実践すれば、アッラーの加護により津波とそれによる被害を防ぐことができる」と説いた。そのなかの1つに、アッラーを想起するという行為があった。アッラーへの願掛けやタブリーグの宣教用ビラを護符化する者は、上で触れたように、自身の行為を「アッラーを想起したもの」ととらえており、それゆえに「ダッワ・グループ」という宗教上の威光を持つ村人が正当性を持つと見なす「タブリーグの教えに適ったもの」と認識していた。こうして彼らは、自身の行為を「イスラーム的に正しいもの」と見なしたのである。「アッラーへの願掛けはイスラームの教えに反しないのか？」と問うた筆者に、「何も間違ってはいない。なぜなら、願成就の供宴でアッラーに祈っているからだ。『ダッワ・グループ』はできるだけアッラーを想起しろと言うが、

第 5 節　村人の解釈

私はそれに従っている」と答えた前出のブンソンの語りが、そのことを明確に示している。

(2) 他の村人の解釈

　アッラーへの願掛けやタブリーグの宣教用ビラを護符として用いない村人は、彼らとは逆に、そうした宗教実践を否定的にとらえていた。「ダッワ・グループ」に位置づけられていた村人を中心とする彼らは、アッラーに祈願することやアラビア語でアッラーと書かれた物を大切に扱うことは、「イスラームの規範に則った行為」と見なしていた。しかし、他方で、願が成就した際にアッラーへの返礼として供宴を行うことや、アッラーを意味するアラビア語が書かれた宣教用のビラを護符として用いることを彼らは認めなかった。イマームのバンチャーによると、その理由は以下のようになる。

　まず、アッラーへの願掛けを否定する理由として彼は、「アッラーは料理をはじめとする一切の供物を受け取らない」ことをあげた。バンチャーによると、「アッラーは我々のイスラーム実践のみを評価する」という。護符については、「いくらアッラーの名前が付いていても、物に現世を変える力はない。それができるのはアッラーだけだ」ということを、否定する際の根拠とした。また、アッラーへの願掛けとタブリーグの宣教用ビラの護符化という2つの宗教実践が、ともに来世ではなく現世における利益の獲得を目指していることも、それらを宗教的に認めない理由として指摘された。

　このように、アッラーへの願掛けと宣教用ビラの護符化を行わない村人は、彼らが言うところのイスラームの規範（それはタブリーグの教えとほぼ重なる）に反することから、それらを「イスラーム的に正しいもの」とは見なさなかったのである[23]。逆に、彼らは、それをしないという自身の行為を、「イスラーム的に正しいもの」ととらえていた。

　以上の事例からは、アッラーへの願掛けとタブリーグの宣教用ビラの護符化という津波後に見られるようになった宗教実践をめぐる解釈において、それを行う村人と行わない村人のあいだに大きな相違が存在していたことがわかる。その一方で、彼らはみな、上記の宗教実践への自身の対応を、「イスラーム的

第 5 章　宗教実践の再編：インド洋津波後の動態

に正しいもの」と認識していた。また、自身の行為の宗教的な「正しさ」を決める際の基準の1つとして、タブリーグの教えを用いている点でも両者は共通していたのである。

注

（1）こうした過度な支援が、被災地の被害状況やニーズに合致していたとは必ずしも言えない。

（2）現在では日本語の津波に由来する「スナミ（*su'nami*）」が通用するが、インド洋津波襲来前に「津波」を意味するタイ語の単語が存在しなかったことも、そのことを如実に示している。

（3）政府は当初、津波前に被災地で操業していた沿岸漁船の多くが水産局に登録していないにも関わらず、支援の対象を登録漁船の所有者に限定した。その結果、一部の被災者にしか支援が届かないという問題が生じた。しかし、M村では、水産局やNGOの指導により、津波前から多くの漁船が水産局に登録を済ませていたことから、上記の問題が村における補償金受給者の少なさと結びついたとは考えにくい。ちなみに政府は、多方面からの批判を受けて、後に支援の対象を未登録の漁船にまで拡大させている。

（4）なかには、津波による被害を全く受けていない家屋もあった。

（5）その一方で、ワールド・ビジョンが実施した井戸などの公共財の建設や日用品の分配は、ワールド・ビジョンの職員や後述するOBT副首長が担当したこともあってか、筆者が知る限り不正は起きなかった。

（6）これは、「アンダマン海沿岸で獲れる海産物が死体を食べたために汚れている」などの風評にともなう被害の1つである。

（7）村落基金は、当時のタクシン・チナワナット（Thaksin Chinawat）内閣が地域振興を目的に始めた政策の1つで、全国約7万の村に創設された。各基金には100万バーツ（約300万円）の予算が支給され、その用途は村が独自に決めることができた。

（8）加えて村の漁民は、漁獲量の大幅な減少や津波後の造船ブームにともなう木材価格の高騰にも直面した。

（9）潮（*nam*）は、大潮（*nam yai*）から次の大潮までの期間をさす。1潮は約2週間。

（10）リーセンが副首長を務めるタムボン自治体の略称である「o bo to」を取って付けられた。

（11）このほかにも、津波襲来時に南タイのソンクラー県から来村していたタブリー

第5節　村人の解釈

グの宣教団が、避難せずにモスクでアッラーに祈り続けたことも、他の村に比べてM村の津波被害が少なかった原因として、しばしば宣教活動の際に言及された。
(12) ビラに書かれた情報の出所は、AFP通信が配信した記事であった。
(13) ビラに付された津波の航空写真も別途、村内に流通した。
(14) 彼らは、破ったり踏んだりするなどビラをぞんざいに扱うことは、アッラーの怒りを買う行為として固く禁じていた。
(15) 彼らが受けた津波被害の程度は、人により様々であった。なかには全く被害のない者もいた。
(16) 彼らのなかには、旧来の形式を変えずに船霊を信仰する者もいた。
(17) 彼らのなかには、旧来の形式に近づける際に、ドゥアーの朗唱に代表されるイスラーム的な要素を取り除く者が少数ではあるが存在した。彼らによると、第4章1節で見た伝統的なやり方に戻ることで、漁が成功する可能性が高まるという。
(18) 近隣の多くのムスリム村落にも土地神は存在したが、その呼び名は全てト・セであった。
(19) ミートによるとト・セは、近隣の村々に住む土地神たちとの会合に参加するため毎週金曜日に村を離れたという。このため、金曜日にト・セへの祈願やお礼がなされることはなかった。
(20) 類似の状況は、パンガー県パンニー島（*Ko Phanyi*）のト・セ信仰にも見られる[Phitthaya, Sompong, Carun and Salini 2001：95]。
(21) 複数の村人の話によると、津波後に「土地神としてのト・セ」に対する願掛けを再開した者のなかには、深夜にト・セの住む大木の前で願掛けをする者もいるという。
(22) ト・セの供物の受け取り方については、「直接ト・セが受け取る」というものと、「アッラー経由で受け取る」というものの2種類の解釈が見られた。
(23) しかし、彼らが、アッラーに願掛けをする者やタブリーグの宣教用ビラを護符として用いる村人を直接批判することはなかった。むしろ、津波後、彼らが「非イスラーム的」と見なす宗教実践が増えたことにより、ドゥアーの朗唱役として儀礼への参加を求められる機会が増加した。その結果、依頼を引き受ける者の数は、津波前はイマーム、コーテプ（金曜礼拝の説教師）、ビラン（礼拝の呼びかけ役）、アサートの4人であったのが（詳細は前章の第3節2項を参照）、津波後、10人程にまで増えている。

終 章

仕掛けた網を引き揚げる村の漁民たち

(M村)

終 章

　以上、本書は、筆者が長期のフィールドワークを行った南部のムスリム村落M村を事例に、現代タイに見られる「正しい」イスラームをめぐる錯綜した状況を明らかにした。その際、ムスリムの宗教実践に注目し、それが立ち現れるミクロな文脈とともに、イスラーム復興運動を中心とするイスラームをめぐるマクロな政治的、社会的な動きに連携させてとらえてきた。最後に本章では、これまでに見てきた事例をまとめつつ考察を加える。また、第5章では取り扱うことのできなかった近年のM村の状況に触れることで、長期フィールドワーク後のM村社会の変化の様相を描く。

第1節　まとめと考察

　イスラーム復興運動が世界規模で広がるなか、タイもその動きと無縁ではなかった。本書で取り上げた南部トラン県のM村にも1970年代後半以降、さまざまなイスラーム復興運動団体がやって来た。そのなかで最も大きな影響力を誇ったのがタブリーグだった。タブリーグは、村の生活環境が改善する1990年代から急速に村人の支持を集めるようになったが、その要因として大きくマクロなレベルのものとミクロなレベルのものを指摘することができる。マクロなものとしては、第一に、タブリーグに対するタイ政府の寛容な姿勢があげられる。タブリーグは、その非政治性により、これまでタイ政府から「治安上の脅威」と見なされることはなく、それゆえ取り締まりの対象となることもほとんどなかった。これによりタブリーグは、M村を含むタイ国内で、国家の干渉をほとんど受けずに宗教活動を展開することができたのである。第二に、タブリーグの組織性の高さがあげられる。先述のようにタブリーグは、タイにおいてバンコクにあるタイ国支部から村支部に至る階層構造を有しており、各支部には支部内の宣教活動を取りまとめる運営委員会が設置されている。タブリーグの宣教活動は、それらを通して国内外で組織的、定期的に行われており、人や情報の交流も盛んである。M村でも、住民の勧誘をはじめとする宣教活動が、この組織性の高さをいかすかたちで積極的に実施されていた。第2

第1節　まとめと考察

章1節2項で述べたように、タブリーグを扱った既存の研究は、これまで組織性の低さをタブリーグの特徴として強調する傾向にあった。これに対して本書は、タイの事例を通して、先行研究が見落としてきたタブリーグが持つ組織性の高さを指摘することができた。

　ミクロなレベルの要因としては、イスラームに関する活動全般を支援、管理する村で唯一の公的宗教機関であるモスク委員会とタブリーグの連携があげられる。先述のように、タブリーグは、その活動の初期段階からモスク委員会と協働してきた。1990年代に入ると、全てのモスク委員がタブリーグの運営委員を兼任するようになるなど、両者の関係はより強固なものとなった。彼らは、「タブリーグが説く6つの信仰行為を実践することは成人男性の義務」として、さまざまな機会にそのことを村人に訴えた。その際に無視できないのが、彼らが持つ宗教的な威光であった。直接選挙で選ばれた公的宗教リーダーである彼らは、村人から畏敬の念をこめて「スラオ・グループ」と呼ばれるなど、村落社会における宗教的な影響力は大きい。その彼らが、自身の持つ宗教的な威光や権威を基盤に、精力的に村人をタブリーグの活動に勧誘したのである。インフラストラクチャー整備にともなう生活環境の改善もまた、宣教団の来村回数の増加や、宣教に参加できるだけの経済的、時間的な余裕を村人のあいだに生んだという点で無視できない動きであった。このように、多様な種類、レベル、次元の動きが、複雑かつ密接に絡み合いながら、タブリーグは着実に村人の支持を集めていった。その結果、M村においてタブリーグは、多くの村人から宗教的な正当性を付与され、それが説くイスラームは「正しいもの」と認識されるようになったのである。

　こうしたなか、タブリーグへの対応をめぐって村人のあいだに「ダッワ・グループ」、「古いグループ」、「新しいグループ」という実体化されない住民範疇が生まれた。「ダッワ・グループ」に位置づけられていた村人は、「タブリーグは正しいイスラームを体現している」と見なし、6つの信仰行為をはじめとするタブリーグが説く事柄を義務として遵守していた。逆に「古いグループ」に位置づけられていた村人は、タブリーグを「イスラームの規範に反する活動を行う団体」と見なし、そこから距離を置いていた。また、「新しいグループ」

215

終　章

に位置づけられていた村人の多くは、タブリーグの宣教活動への参加を「ムスリムの義務」とは見なさないものの、「積徳やイスラーム学習の機会」ととらえ、彼らが各自に設定した条件を満たした時にのみそこへ参加していた。序章で指摘したように、イスラーム復興運動を扱った既存のタイ研究は、ムスリムをイスラーム復興運動の「賛成派」と「反対派」に分けた上で、「対立」という視点から両者の関係を分析する傾向にあった［e.g. 小野澤 1985a、1985b、Saowani 1988、Scupin 1978］。しかし、M 村における 3 つのグループの関係は、「対立」という表現で一括りにできるほど単純なものではなかった。たとえば、「ダッワ・グループ」と「新しいグループ」に位置づけられていた村人の関係を見ると、多くの場合、両グループの村人は、ともにタブリーグを肯定的にとらえながらも、それをめぐる評価や態度には相違が存在していた。しかし、他方で、「新しいグループ」に位置づけられていた村人が、「ダッワ・グループ」の村人がすでにあきらめていた「古いグループ」の村人に宣教を行うなど、宣教活動においては協働していたのである。

　以上からは、「反対派」と「賛成派」にムスリムを二極化する既存のタイ研究の枠組みではとらえきれないほどに、タブリーグをめぐる村人の解釈、実践が多様化していることがわかる。そして、そうした彼らの営為は、行為主体である本人にとっては「イスラームの規範を参照したもの」であり、その点において「イスラーム的に正しいもの」であった。それゆえ彼らは、自身の考えるところの「正しい」イスラームをめぐり対立や協働といった関係を取り結んでいたのである。

　こうした「正しい」イスラームをめぐる錯綜した状況は、イスラーム教育の領域にも見られた。M 村のイスラーム教育は、1990 年代以降、既存の宗教教育機関の整備や拡張が進んだり、新たな学習機会が誕生したりするなど「拡充」と呼びうる状況にあった。この動きの背景には、タブリーグや全国レベルでイスラーム教育の普及活動を行うクルサンパン協会といったイスラーム復興運動団体、宗教局をはじめとする国家機関等の外的諸力の存在があった。村の公的宗教機関であるモスク委員会の支援を受けて誕生したモスク宗教教室は、これら外的諸力と巧みに連携しながら教育活動を展開していった。同教室は、

第 1 節　まとめと考察

クルサンパン協会への加盟を通して近代的な教育システムを導入する一方、宗教局の支援プロジェクトに申請することで運営資金とともに「公的宗教教育機関」としての承認を獲得した。また、モスク委員会の管理のもと、モスク委員という村の公的宗教リーダーが教室の教師を務めたことや、当時、「宗教的な正当性を持つ団体」として村人から認められつつあったタブリーグやイスラーム科目が導入された村の小学校と連携したことも無視できない。こうして、モスク宗教教室は、「正しいイスラームを教える教育機関」として、多くの村人の支持を集めることに成功したのである。

その一方で、古くから村のイスラーム教育を担ってきたクルアーン塾は、衰退の憂き目にあった。同塾は、モスク宗教教室と異なり、国家による支援の対象とはならなかった。また、クルアーン塾の教師たちは、タブリーグの活動から一線を置き、旧来型の教授法を用い続けた。その結果、モスク宗教教室に対する評価の上昇もあいまって、次第に村人のクルアーン塾離れが進み、生徒数は減少した。しかし、クルアーン塾は、一方的に衰退の一途をたどったわけではなかった。同塾は、既婚女性をはじめとしたモスク宗教教室の教育対象から外れる村人や、モスク宗教教室の教育を良しとしない村人を受け入れるなど、イスラーム教育に対する村人の多様なニーズに対応することで存続していたのである。

以上のように村のイスラーム教育は、イスラーム復興運動団体や国家といった外的諸力の介入を受けながら拡充していった。そこでは、「政治と宗教の分化を背景とした国家という世俗的政治勢力による宗教の管理・統制・支配の過程」という意味での世俗化［大塚 2004b］[1]と、イスラーム復興運動という異なる志向性をもつ 2 つの動きが、相補や連携といった対立にとどまらない関係を構築していた［小河 2013］。結果として、あらゆる層の村人にイスラームを学ぶ機会が提供されることになり、個人差はあるものの、イスラームに対する村人の理解は深まることになった。また、この動きと並行して、村人が習得するイスラーム知識は多様化した。こうした背景のもと、各宗教教育機関が教授するイスラーム知識の「正しさ」をめぐり、さまざまな解釈が村人のあいだに生まれることになったのである。

終　章

　それは、イスラーム知識の普及母体である宗教教育機関に対する彼らの評価にも反映された。つまり、宗教教育機関のイスラーム的な正当性が、そこで教えられる宗教知識との関係から問われることになったのである。その様子が明瞭に見られたのが、モスク宗教教室とクルアーン塾であった。第3章で詳しく述べたように、この2つの宗教教育機関の関係者はみな、自分が関わりを持つ宗教教育機関は「イスラーム的に正しく、ムスリムの生活に不可欠な知識を教えている」と考えていた。それゆえ彼らは、関係する宗教教育機関に対して宗教的な正当性を付与したのである。しかし、逆に他の宗教教育機関については、そこで教えられるイスラーム知識に対する評価をもとに、「自分が関わりを持つ宗教教育機関よりも劣ったもの」ととらえていた。宗教知識は、それを保持する者の言動、さらにはその者自身の宗教的な「正しさ」を決める際の1つの有力な指標となる。そのことを踏まえると、イスラーム知識とそれを教授する宗教教育機関をめぐる村人の対応は、自身の信仰の「正しさ」、ひいてはムスリムとしての自身の「正しさ」を表明する行為であったと言うことができるだろう。

　タブリーグをめぐる村人の解釈もまた、上記の2つの宗教教育機関に対する彼らの見解に反映されていた。先述のように、モスク宗教教室は、タブリーグの宣教活動を授業に採用していたが、そのことを関係者の村人は、モスク宗教教室を評価する理由の1つにあげていた。しかし、タブリーグに批判的なクルアーン塾の関係者は、逆にそのことを、モスク宗教教室を批判する際の根拠としたのである。こうした村人の言動から、「ダッワ・グループ」に位置づけられていた村人がモスク宗教教室、「古いグループ」に位置づけられていた村人がクルアーン塾の関係者とほぼ重なっていることが明らかになった。つまり、「古いグループ」と「ダッワ・グループ」というタブリーグへの対応をめぐって現れた2つの住民範疇と、「正しい」イスラームをめぐる両グループの関係性が、同様に宗教教育の領域にも明瞭なかたちで見られたのである。

　こうした「正しい」イスラームをめぐる村人のせめぎ合いは、民間信仰の領域にも見られた。イスラーム復興の萌芽が見られた1980年代より前のM村では、イスラームは来世、民間信仰は現世を司るものとして相互補完の関係に

第1節　まとめと考察

あった。しかし、タブリーグの伸展やイスラーム教育の拡充等にともない、民間信仰は、公的宗教リーダーを中心とする「ダッワ・グループ」の村人たちから「イスラームの規範に反するもの」として、その存在を否定されるようになった。つまり、イスラームが、「来世とともに現世にも関わるもの」として広く認識されるようになり、イスラームと民間信仰のあいだに断絶が生まれたのである。

　だが、民間信仰は、一方的に打ち捨てられたわけではなかった。旧来の信仰体系を維持する者の数は、確かに減少傾向にあった。しかし、他方で、イスラーム上の精霊であるチンや祖先霊アルアなどタブリーグも認めるイスラーム的な超自然的存在を、さまざまなかたちに取り込みながら民間信仰を新たに解釈、実践する者が、先に見た「新しいグループ」に位置づけられていた村人を中心に多く見られた。事例11のドーラーの語りからも明らかなように、彼らは、タブリーグが支持を広げるなかでも、民間信仰をイスラームとともに「日常生活を営む上で必要不可欠のもの」と見なしていた。彼らにとって民間信仰とイスラームは、「相反するもの」や「対立するもの」ではなく、「一貫した信仰」として実践されていたのである。第4章で見た民間信仰をめぐる宗教リーダーの矛盾した態度は、対外的にはこうした民間信仰に対する「新しいグループ」の村人の行為を宗教的、社会的に認める効果があったと言える。

　2004年12月26日に起きたインド洋津波は、上記のような宗教的状況にあったM村を襲った。それは、これまでに見てきた村人の宗教実践を再編する契機となった。津波後のイスラームをめぐる状況の変化としてまずあげられるのは、村人のアッラーに対する畏敬の念が深まったことである。この背景には、「津波による被害はアッラーが不信仰者に与えた罰、警告」とする津波像の誕生とその広がりがあった。では、なぜこのような解釈が生まれたのだろうか。その理由の1つとして、津波という自然現象やそれにともなう被害が、村人の理解や想像を超えたものであったことを指摘できる。津波は、突如として村人の上に降りかかった新たな災厄であり、恐怖の対象ともなった。彼らは、この理解し難い出来事を、何とかして解釈可能なものにする、つまり自分たちの領域に馴化させることで、精神的な安定を獲得したかったのではないか。こうし

219

終　章

て、「科学（*witthayasat*）」よりも自分たちの日常により親和的な「宗教（*satsana*）」に由来する原因が導き出され、広まっていったのだと考えられる。それは、結果として、村人のアッラーに対する畏敬の念を深化させることにつながったのである。

　タブリーグは、上の動きについて考える際に無視できない存在であった。インド洋津波が襲来する以前のM村においてタブリーグは、モスク委員会やモスク宗教教室といった公的宗教機関と連携しながら、地道に宣教活動を続けてきた。その結果、タブリーグは、多くの村人から宗教的な正当性を付与され、それが説くイスラームは「正しい」イスラームと認識されるようになっていた。このタブリーグが、「インド津波による被害はアッラーが不信仰者に与えた罰、警告」とする上記の津波解釈を提示し、アッラーの偉大さを強調する宣教活動を精力的に行った。そこにおいて彼らは、インド洋津波にまつわる具体的な事例と津波の航空写真の付いたビラ（写真36参照）を用いることで、自身の津波像にリアリティを与えた。また、タブリーグが、「日頃からアッラーを想起してイスラームを熱心に実践することは、減災や防災といったアッラーの加護を得るための1つの術だ」と村人に説いたことも無視できない。このイスラームの実践とアッラーの加護の獲得を結び付ける解釈は、インド洋津波後、村人のあいだで高まった「現世利益の獲得」というニーズに合致するものであった。

　以上のような、インド洋津波の前には見られなかったタブリーグの宣教活動は、見方を変えると、「宣教のために津波を用いた行為」ととらえることができる。つまり、それは、「宣教を目的とした津波のリソース化」と言えるものであった。また、タブリーグの宣教活動は、いつ襲ってくるかわからない津波への恐怖と重なり、上述した津波像を村人のあいだに広めることに寄与した。それは、インド洋津波後の村人のアッラーに対する畏敬の念を深化させる1つの要因となったのである。

　村人のアッラーに対する畏れの感情は、モスクで礼拝をする者やタブリーグの宣教活動に参加する者の増加、アッラーへの願掛けという宗教実践の誕生、タブリーグの宣教用ビラの護符化といったかたちで村人のあいだに顕在化し

第1節　まとめと考察

た。特に、アッラーへの願掛けとタブリーグの宣教用ビラの護符化は、インド洋津波襲来前のM村には見られなかった宗教現象であった。しかし、それらを詳しく見ていくと、アッラーへの願掛けが「ターヤーイをはじめとする超自然的存在に対する願掛け」、タブリーグの宣教用ビラの護符化が「呪術師が作成した護符の使用」というように、それぞれが古くから見られる村人の宗教実践と連続していることがわかる。つまり、インド洋津波後、新たに生まれたこれらの宗教実践は、「アッラーを崇敬する」というタブリーグも推奨するイスラーム的に「正しい」行為が、「願掛け」と「護符」という民間信仰のかたちをとったものであった。人類学者のロバート・レッドフィールド（Robert Redfield）は、その著作のなかで、文明には大伝統と小伝統があり、大伝統は「学校や寺院で培われるもの」、小伝統は「自生的に作り出され農村共同体の人々によって保持されるもの」とした［Redfield 1956：41-42］[2]。この彼の大伝統・小伝統論を援用するならば、アッラーへの願掛けやタブリーグの宣教用ビラの護符化という宗教実践は、イスラームの規範という大伝統の領域に入るものが、小伝統の領域に位置する民間信仰に取り込まれた結果、生まれたものであったと言えるだろう。

　他方で、民間信仰をめぐる村人の宗教実践のあり様もインド洋津波後、大きく変化した。第5章で取り上げた船霊や村の土地神ト・セに対する村人の信仰は、ドゥアーの朗唱をはじめとするイスラームの要素を取り込む「イスラーム化」と、津波を契機に休止していた伝統的な儀礼を再開するといった「復古化」と呼びうる2つの異なる動きを見せた。この宗教実践の変化は、「民間信仰の再興」と呼びうる現象であった。しかし、それは、イスラーム的な要素をもたない旧来型の民間信仰が、そのままのかたちで再興したことを意味しない。前章で詳述したように、一部の例外はあるものの、行為主体である村人は、船霊やト・セをイスラームの精霊であるジンやイスラームの聖者であるリリーと見なすなど、イスラームのコンテキストに位置づけて解釈、実践していた。それは言い換えると、民間信仰という小伝統の領域に位置づけられるものが、イスラームの規範という大伝統の側のなかに取り込まれるという先の事例とは逆の宗教現象であったのである。

終 章

　上記の宗教実践の主体となる村人は、多くの場合、複数ある超自然的存在のうちのいずれか1つのみを信仰しているわけではない。彼らは、タブリーグの宣教用ビラを護符として用いながらト・セに願掛けするなど、自身の目的に応じて信仰の対象を取捨選択していた。デイヴィッド・ヒューム（David Hume）の信仰の振動理論をイスラーム社会に当てはめたアーネスト・ゲルナー（Ernest Gellner）は、ムスリムの信仰の振り子（志向性）が、多神教的な志向性を持つC的特性から一神教的な志向性を持つP的特性、P的特性からC的特性へと交互に振れるとした［Gellner 1968］。そこにおいて信仰の振り子は、P的特性かC的特性のいずれか一方の極に振れるという。このゲルナーの理論から、「信仰対象の掛け持ち」と言えるインド洋津波後のM村の村人の宗教実践をとらえると、その振り子は、船霊信仰をはじめとした民間信仰の再興というC的特性の側に振れながら、アッラーへの畏敬の念の深化に代表されるP的特性の側にも振れている。つまり、村人の信仰の振り子は、同時にC的特性とP的特性の双方の極に振れるというゲルナーの想定を超えた状態にあることになる。このような宗教実践をめぐる錯綜した状況は、何とかして津波による被害を克服し、かついつ襲って来るやもしれぬ津波を避けようとする村人の切実な試みの総体であった。それはまた、アッラーに献身するだけでは満たされない村人の心理的状況を反映したものでもあったとも言える。

　本書で取り上げたM村村民の多様な宗教実践は、1990年代以降のタブリーグの進展をはじめとするさまざまな領域、次元の要因が複雑に関係するなかで変容していた。それは、趨勢において、民間信仰に代表される非イスラーム的な要素を打ち捨てる傾向にあった。しかし、村人の宗教実践をめぐる全般的な傾向がそうではあっても、その変化の内実は極めて多様であった。たとえば、民間信仰は、先述した「ダッワ・グループ」に位置づけられていた村人がそれを放棄する一方、他の村人がさまざまなかたちに解釈、実践することで存続している。そこにおいて民間信仰を保持する村人は、各自が置かれた文脈のもとに、タブリーグを中心とする外的諸力が説くイスラームを参照し、流用を含めたそれとの調整を行っていた。このように、本書で取り上げた村人の宗教実践の変化は、イスラーム復興運動をはじめとするマクロな外的諸力に包摂された

村人が見せるイスラームと民間信仰、外的諸力が持ち込んだイスラームとローカルなイスラーム伝統のあいだの対立や相補、連携といったダイナミックな相互関係の総体であり、またその再編の過程でもあったのである。加えて村人は、そこにおいてほぼ必ずイスラームの規範を参照しており、その上で自身の行為を「イスラーム的に正しいもの」ととらえる傾向にあった。つまり、村人の宗教実践は、彼らにとっての「正しい」イスラームの表現であり、自身が「正しい」ムスリムであることを表明する術でもあったのである。

第2節　M村のその後

　筆者は、長期のフィールドワークを終えて2006年7月に帰国した後も、毎年継続してM村での調査を行ってきた。本節では、主に2012年10月までに行った調査で得られた資料にもとづき、近年のM村の状況を描く。また、それと第5章で取り扱った内容を比較することで、長期フィールドワーク後のM村社会の変化の様相を明らかにする。

　まずは経済について見ていきたい。前章で詳しく述べたように、村の基幹産業である沿岸漁業はインド洋津波後、復興支援をめぐる問題や水産物価格の下落、漁獲量の減少等を受けて衰退した。しかし、この状況は、時間の経過とともに着実に改善されつつある。その様子は、まずもって沿岸漁業に従事する村人が増えていることから看取できる。村レベルの統計資料が存在しないため詳細な数値は提示できないが、2012年10月に行った調査では津波後、個人差こそあれ村に住む全ての魚商人が、「契約関係を持つ漁民の数を増加させた」と述べている。2007年3月に新たに1人の魚商人が誕生したことも、M村の沿岸漁業が復興していることを裏付ける出来事と言えるだろう。また、2011年9月には、村の沿岸で獲れるクラゲ（*maengkaphrun*）の加工施設が、南タイのパンガー県とラノーン県の華人系資本によって村内に2ヶ所建設された。食用のためにクラゲを加工するこの施設では、クラゲの選別から塩蔵に至る作業が行われている。作業に従事するのは、20人程の村の女性である（写真40参照）。

終 章

写真40　クラゲ加工施設で働く村の女性たち

（M村）

炎天下で過酷な肉体労働に勤しむ彼女らの労賃は、1日あたり300～400バーツ（約900～1200円）と、M村では高額な部類に位置する。確かに、クラゲが獲れる9～12月に限定される仕事ではあるが、一度に多数の女性が現金収入を得られる沿岸漁業関係の仕事は、これまで村内には存在しなかった。この事例からも、M村における沿岸漁業をめぐる状況が好転していることがわかる。

　沿岸漁業の再興とともに無視できない経済現象に、観光開発の進展がある。これは行政の支援を契機に始まった。M村には、長さが2キロメートルに及ぶ白砂のビーチ（hat）がある。このビーチは、切り立った石灰岩の岩山を臨む風光明媚な場所にあるが、これまで観光客が訪れることはほとんどなかった。それが津波後、観光地としての価値を行政に見出され、2009年以降、本格的に外部に宣伝されるようになった。また、観光開発の一環として、雨が降るとぬかるんで移動が困難だった村と村外を結ぶ道路が舗装されたり、県道沿いにM村ビーチの案内板が設置されたりするなどインフラストラクチャーの

第 2 節　M 村のその後

整備が進んだ（写真 41 参照）。こうしたなか、村を訪れる観光客を対象とした各種の施設が村内に建設されはじめている。たとえば、数棟のコテージとレストランからなる宿泊施設が、ビーチ近くに複数、建設されている（写真 42 参照）。また、トラン県内やバンコクをはじめとする県外に住む資産家が、村はずれにあるビーチ沿いの土地を購入して別荘を建てた。こうした観光開発の動

写真 41　県道沿いに設置された M 村ビーチの案内板
（トラン県）

写真 42　建設中の観光客向け宿泊施設
（M 村）

225

終 章

きは津波後、一部の地域を除いて芳しくない被災地経済の活性化を図りたいという行政側の意図や、観光セクターの拡大にともない新たな観光地を開発したいという観光業界の思惑など、アンダマン海沿岸を取り巻くマクロな政治・経済状況と決して無縁ではない。まだ動き出したばかりで定かではないが今後、観光開発が宗教をはじめとする村人の生活に変化を生む1つの要因になる可能性は高いと言える。

　続いて、政治に目を向けてみたい。インド洋津波後、M村住民のあいだに生まれた派閥と派閥間の対立は、引き続き見られるものとなっている。それは、第5章2節3項で見た津波直後の状況と同様、主に村長選挙をはじめとする地方選挙の際に顕在化、先鋭化する傾向にあった。たとえば、復興支援の不正分配に関与したとされる村長の死亡を受けて2010年5月に行われた村長選挙では、津波後最初の村長選挙（2005年7月14日）と同じく「村長派」と「OBT派」がそれぞれ擁立した候補者の一騎打ちとなった。村人によると、選挙期間中には、「OBT派」の村人が元村長らによる復興支援の不正分配を取り上げたネガティブキャンペーンを行っていたという。結果は、2005年7月31日のOBT議員選挙に出馬して敗れた「村長派」のヤリン（男性、1960年生まれ）が初当選を果たすという「村長派」の勝利に終わった。このように、両派の溝は、津波から5年近くが経ってもなお深いことがわかる。

　続いて、宗教について見ていきたい。まず取り上げたいのはタブリーグの活動である。第5章3節1項で見たように、タブリーグの中心メンバーは津波後、津波を宣教活動に用いながら、アッラーに対する村人の信仰の強化に努めていた。この状況は、筆者が長期のフィールドワークを終えた2006年7月以降も大きく変わらない。たとえば毎年、インド洋津波が襲来した12月が近づくと、タブリーグの中心メンバーらは、宣教時のイスラーム講話などの題材に津波を用いるという（OBT副首長のリーセン談）。また、彼らは、宣教活動用に配布したビラ（写真36参照）にある津波の航空写真を、村モスクの入口や聖龕といった人目につくところに掲げて、モスクを訪れる者にアッラーの偉大さと恐ろしさを伝えている（写真43参照）。

　こうしたなか、タブリーグのトランスナショナルなネットワークを紐帯とす

第 2 節　M 村のその後

写真 43　村モスクの聖龕に掲げられた津波の航空写真
（M 村）

る M 村と海外の結びつきが強まっている。そのことを如実に示しているのが、村モスクの建て替え計画である。建設されてから 30 年以上がたつ村モスクは、天井から雨漏りがするなど老朽化が進む一方、収容力の面でも礼拝者の増加に対応しきれなくなっていた。こうした状況を受けて、タブリーグの中心メンバーでもあるモスク委員会の委員らが、津波前からモスクの建て替えに向けた準備を行ってきた。その際に大きな問題となったのが、「多額の建設費用をいかに工面するか」、ということであった。彼らは、郡役場に赴き、モスク建て替えのための金銭的補助を求めたが、受け入れられなかった。また、彼らは、時期を同じくして、村の内外で精力的にモスク建て替えのための喜捨を募った。しかし、これも思うような成果をあげることができなかった。ところがこの苦境は、2007 年 11 月にクウェートからタブリーグの宣教団が来村することによって大きく変わることになる。イマーム（礼拝時の導師）のバンチャーは、通訳を介して彼らに村モスクをめぐる苦しい状況を説明するとともに、金銭的支援を求めた。3 日間にわたる M 村での宣教期間中、村モスクに滞在してその惨状を目の当たりにしていた彼らは、バンチャーの話に熱心に耳を傾けていたという（タブリーグ地区支部長のコンサック談）。それから半年ほどが経ったある日、タブリーグ・トラン県支部の運営委員の 1 人からコン

終章

写真44　再建された村モスク
　　　　　　　　　　　（M村）

サックのもとに、クウェートの財団から村モスクの建て替えに必要な資金を無償で提供したいという連絡が来た旨、電話があった。コンサックによると、M村を訪れたクウェート人宣教団の1人が帰国後、知り合いのイスラーム系財団の関係者にM村のモスクの話をしたところ、強い関心を示し、建て替えの支援に向けた話が進んだのだという。支援の話は直ちにコンサックからバンチャーら村のモスク委員会のメンバーに伝えられ、寄付を受け入れることが決まった。こうして、2012年9月に、ドーム付きの華麗なモスクが建てられた（写真44参照）。海外のムスリムが、このように直接的なかたちで村の宗教領域に関わることは、これまでになかったことである。加えて近年では、タブリーグの宣教活動のためにマレーシアやシンガポールといった海外に赴く村人も現れている。こうしたタブリーグを紐帯とする村と海外の関係の深化が、今後どのように進んでいくのか目が離せない。

　続いて、インド洋津波後に新たに生まれた村人の宗教実践のその後の動向を見たい。まずは、タブリーグの中心メンバーが津波の直後に村人に配布した宣教用ビラの護符化である。この宗教実践は、未だに多くの村人がビラを戸口等に貼るというかたちで、現在も見られるものとなっている。しかし、同時に変化も生まれている。その主たるものとしては、ビラが持つとされる効力の範囲

第 2 節　M 村のその後

の拡大があげられる。第 5 章 3 節 3 項で見たように、当初は、ビラを貼ることによって、津波の襲来を防いだり、津波による被害を最小限に抑えたりするなど津波にまつわる災厄の除去が可能になるとされていた。その対象が、現在では津波を含む災厄全般の除去にまで広がっている。

　アッラーへの願掛けも、ビラの護符化と同様に継続して見られるものとなっている。しかし、その目的もまた多様化している。当初、アッラーへの願掛けは、アッラーの加護により、津波とそれにまつわる災厄を避けるために行われていた。しかし、2012 年 10 月の時点において、願掛けの目的は、徴兵の免除や病気の治癒、志望校の合格といった事柄にまで広がっていた。しかし、第 4 章 1 節 2 項でも触れたように従来、こうした家庭内の大事に際して村人が祈願の対象としてきたのは、祖先霊ターヤーイであった。そのことを踏まえると、現世利益の獲得にターヤーイが果たしてきた役割の多くが、アッラーに移行していることがわかる。換言すれば、この現象は、「村の宗教領域におけるターヤーイの影響力の低下」ととらえることができるだろう。

　最後に取り上げたいのは、イスラーム復興運動や民間信仰など、村の宗教領域で中心的な役割を果たしてきたアサーットが、M 村の位置する郡の文化局から「土着の知識の保持者（phumpanyachon）」に指定されたことである。タムボン内の各村から 1 人の「土着の知識の保持者」を選ぶこのプロジェクトは、地域文化の再評価や地域開発の一環として行われたという（M 村の位置する OBT の職員談）。アサーットの場合、彼が民間信仰の儀礼等で見せる呪術的な力が、「土着の知識（phumpanya thongthin）」として行政に評価されたのである。アサーットをめぐるこの出来事は、彼が M 村社会において持つイスラーム上の権威ではなく、呪術的な能力が公的に評価されたことを意味している。それは同時に、彼が呪術師であることを地域住民に広く知らしめる機会ともなった。この動きが、村の宗教領域におけるアサーットの位置づけや、彼が牽引するタブリーグに対する村人の対応のあり様に与える影響が注目される。

　以上、本節では、2012 年 10 月までに行った追跡調査の結果を踏まえて、長期フィールドワーク後の M 村の政治、経済、宗教をめぐる動きを概観した。そこからは、インド洋津波災害の長期性が看取できる一方、外的諸力の影響の

229

終　章

もと、宗教をはじめとする村の諸領域に新たな変化が生まれていることが明らかになった。観光開発の進展やタブリーグを媒体とするトランスナショナルなイスラーム・ネットワークへの更なる包摂、タブリーグの中心メンバーであるアサーットの呪術師としての側面の公定化といった出来事が、M村におけるイスラーム復興の様相に今後いかなる影響を与えるのか、その動向を注視していきたい。

注
（1）世俗化については、これまでその定義をめぐってさまざまな学問分野で議論がなされてきた。また、大塚和夫が指摘するように、世俗化という用語によって示される現象には多くの側面が見出され、かつそれらは非西洋の非キリスト教社会において必ずしもまとまりとしてあらわれるものではない［大塚2004b：404］。ここではさしあたって、上記の意味で世俗化を用いる。
（2）この対概念は、両者のあいだに優劣をつけたり、両者を対立的に見なしたりする点などが批判されているが、本書ではそうした批判を踏まえた上で、便宜的な分析枠組みとして用いる。

あとがき

　本書は、2012年3月に総合研究大学院大学文化科学研究科に提出した博士論文『周辺イスラームのダイナミズム－タイ南部村落におけるイスラーム復興運動と宗教実践の変容－』を加筆・修正したものである。

　本書で用いた民族誌的データの多くは、タイ国国家調査評議会（National Research Council of Thailand）からの調査許可と、国際交流基金アジアセンター「平成15年度次世代リーダーフェローシップ」と庭野平和財団「平成17年度研究助成」を受けて2004年から2006年にかけて実施した長期フィールドワークによって得られたものである。また、企業家研究フォーラム「平成18年度研究助成」、同志社大学一神教学際研究センター21世紀COEプログラム「平成18年度奨励研究費」、財団法人りそなアジア・オセアニア財団「平成20年度調査研究助成」、公益信託澁澤民族学振興基金「平成22年度大学院生等に対する研究助成」によって可能となった追加調査で得られたデータも用いている。上記機関とその関係者の方々に謝意を表する次第である。

　このほかにも、本書を完成させるまでには、数えきれないほど多くの方々からご協力とご支援を賜った。

　まずは、タイでお世話になった方々に感謝申し上げたい。調査地であるトラン県M村の皆さんには大変お世話になった（以下、調査地の方々のお名前は親愛の念を込めて現地での愛称を使わせていただく）。特に長期逗留を快く引き受けてくださったバン・ムートー家の皆さんは、筆者の研究について理解し、人脈や知識といった「資源」を惜しげもなく提供してくださった。彼らの支援がなければ、本書は存在しなかったといっても過言ではない。また、バン・バーオ一家、バン・ガーット一家、ト・マン一家、バン・ドゥアー一家、バン・デーン一家、バン・チン一家の皆さん、ワー・コーック、ト・ジー、ト・チェは、筆者の度重なる質問に答えてくださっただけでなく、さまざまな励ましをくださった。

あとがき

　タイでの長期フィールドワーク中、筆者の受け入れ先となってくださったのは、カセサート大学のカーンジャナパート・リウマノーモン先生とカングワーン・ジャンタラチョート先生、ソンクラー大学のタユディン・ウスマーン先生である。先生方には、調査中やその後にも貴重なご助言とさまざまな励ましをいただいた。ラーチャモンコン工科大学のトンチャイ・ニティラッスワン先生とソンクラー大学のラッピーポン・ルアンチュアイ先生にはお忙しいなか、調査地の選定にお付き合いいただいた。チュラロンコーン大学のカノクサック・ゲーウテープ先生も、幾度となく暖かい励ましの言葉をくださった。

　筆者が、いわゆるマイノリティの日常に関心を持ったのは、法政大学文学部地理学科の学部生の時である。横浜中華街にある中国系移民の同郷団体を卒業論文の研究対象に決めた私は、興味の赴くがままに調査を行った。そんな筆者を暖かく見守り、大学院への進学を後押ししてくださったのは中俣均先生である。中俣先生には、筆者が法政大学を卒業した後も折に触れて励ましの言葉を頂いている。

　タイの研究をはじめた神戸大学大学院総合人間科学研究科の博士前期課程で、何も知らない筆者を一から指導してくださったのは土佐桂子先生（東京外国語大学）である。土佐先生は、移り気な筆者を時に優しく、時に厳しく導いてくださった。神戸大学では、須藤健一先生（国立民族学博物館）、吉岡政德先生、岡田浩樹先生にも、学問から人生のいろはまでさまざまなことを教えていただいた。

　博士論文の執筆にあたっては、総合研究大学院大学文化科学研究科および国立民族学博物館の先生方に大変お世話になった。特に、主指導教員であった田村克己先生と副指導教員の西尾哲夫先生からは、数多くのご助言と励ましをいただいた。また、竹沢尚一郎先生、岸上伸啓先生、平井京之介先生、白川千尋先生（大阪大学）は、論文ゼミに毎回ご出席いただき、貴重なコメントをくださった。博士論文の審査では、予備審査の段階で西尾先生、平井先生、林勲男先生から、的確で示唆に富むコメントをいただいた。本審査の段階では、田村先生、林先生、白川先生、信田敏宏先生、西井凉子先生（東京外国語大学）から、建設的なご指摘とご批判をいただいた。

総合研究大学院大学の先輩・後輩諸氏にも大変お世話になった。とくに高城玲さん（神奈川大学）、島村一平さん（滋賀県立大学）、菅瀬晶子さん（国立民族学博物館）、山田香織さん（香川大学）、飯國有佳子さん（大東文化大学）、長沼さやかさん（静岡大学）、中井信介さん（大谷大学）、岡部真由美さん（中京大学）、中村真里絵さん（国立民族学博物館）には、ゼミや勉強会、酒宴等さまざまな機会を通して重要なご指摘と励ましをいただいた。
　また、床呂郁哉先生（東京外国語大学）、中島成久先生（法政大学）、川島緑先生（上智大学）、多和田裕司先生（大阪市立大学）、内藤耕先生（東海大学）、粕谷元先生（日本大学）、加藤剛先生（京都大学）、富沢寿勇先生（静岡県立大学）、小林寧子先生（南山大学）、黒田景子先生（鹿児島大学）、飯塚正人先生（東京外国語大学）、綾部真雄先生（首都大学東京）、長津一史先生（東洋大学）、市野澤潤平さん（宮城学院女子大学）、木村自さん（人間文化研究機構）、市川哲さん（名古屋市立大学）、福井栄二郎さん（島根大学）、石森大知さん（武蔵大学）、奈倉京子さん（静岡県立大学）、鈴木佑記さん（東洋大学）、池田昭光さん（東京外国語大学）は、学会や研究会等において貴重なコメントやアドバイス、励ましをくださった。
　調査後の執筆の段階では、京都文教大学人間学部（現総合社会学部）の特任実習職員、総合地球環境学研究所のプロジェクト研究員、大阪大学グローバルコラボレーションセンターの特任助教、常葉大学社会環境学部の専任講師として、恵まれた研究環境に身を置くことができた。
　本書の出版は、大阪大学及び大阪大学出版会の「平成26年度大阪大学教員出版支援制度」の助成により可能となった。また編集の過程では、大阪大学出版会の大西愛さんにご助言とご協力をいただいた。
　このほかにも、博士論文の執筆から本書の出版にいたるまでに、実に多くの方々からのご支援をいただいている。ここにその全ての方のお名前を挙げられないことをお詫び申し上げるとともに、以上にお名前を記した方々を含む全ての関係者の皆様に深く御礼申し上げたい。
　最後に、筆者の研究活動を理解し惜しみない支援をしてくれる父母、妻の晶子と義父母、そしていつもとびっきりの笑顔で筆者に力をくれる最愛の娘、陽

あとがき

と椛に心から感謝の意を伝えたい。どうもありがとう。
　このように本書は、多くの方々のご支援とご協力がなければ完成し得なかったものであるが、その至らぬ点については全て筆者が責を負うものである。

2015 年 5 月

小河　久志

参考文献

【日本語文献】

福田美紀
　1997「マレーシアのイスラーム運動：ダルル・アルカムのダッワー活動」『族』28: 18-46 頁。

橋本卓
　1987「タイ南部国境県問題とマレー・ムスリム統合政策」『東南アジア研究』25(2): 233-253 頁。

林勲男
　2010「総論：開発途上国における自然災害と復興支援－2004 年インド洋地震津波被災地から」林勲男編『自然災害と復興支援』（みんぱく実践人類学シリーズ　第 9 巻）明石書店、13-32 頁。

市野澤潤平
　2006「風評災害の社会学に向けて：『風評被害』論の批判的検討」『Sociology Today』15：41-51 頁。

今永清二
　1994「タイ・イスラム社会の『地域自治』に関する一考察」今永清二編『アジアの地域と社会』勁草書房、252-310 頁。

井坂理穂
　2002「ボーホラー派」大塚和夫・小杉泰・小松久男・東長靖・羽田正・山内昌之編『岩波イスラーム辞典』岩波書店、896 頁。

伊瀬知強
　2004「タイ王国」自治体国際化協会編『ASEAN 諸国の地方自治』自治体国際化協会、77-112 頁。

石井米雄
　1975『上座部仏教の政治社会学－国教の構造－』創文社。
　1977「タイ国における＜イスラム擁護＞についての覚え書き」『東南アジア研究』15(3): 347-361 頁。

参考文献

鎌田繁
　2002「シーア派」大塚和夫・小杉泰・小松久男・東長靖・羽田正・山内昌之編『岩波イスラーム辞典』岩波書店、428 頁。
北原淳
　2000「政治・行政」赤木攻・北原淳・竹内隆夫編『続・タイ農村の構造と変動―15 年の軌跡』勁草書房、376-401 頁。
小杉泰
　1986「『初期イスラーム』の規範性をめぐる考察－『共存の原理』の原型としての『マディーナ憲章』」『国際大学中東研究所紀要』2：209-242 頁。
　1996「脅威か、共存か？『第三項』からの問い」小杉泰編『イスラームに何がおきているか』平凡社、16-41 頁。
　1999「イスラーム世界の東西－地域間比較のための方法論的試論－」『東南アジア研究』37(2)：123-157 頁。
　2002a「ダアワ」大塚和夫・小杉泰・小松久男・東長靖・羽田正・山内昌之編『岩波イスラーム辞典』岩波書店、589-590 頁。
　2002b「スンナ派」大塚和夫・小杉泰・小松久男・東長靖・羽田正・山内昌之編『岩波イスラーム辞典』岩波書店、550 頁。
　2002c「タブリーグ」大塚和夫・小杉泰・小松久男・東長靖・羽田正・山内昌之編『岩波イスラーム辞典』岩波書店、613 頁。
黒田景子
　1989「『Sam Sam』と呼ばれた人々－タイ、マレーシア国境地帯の Thai-speaking Muslim」『マレーシア社会論集』2：41-76 頁。
　2012「パタニの二つの顔：タイ国の辺境、そしてイスラーム教育の中心」床呂郁哉・西井凉子・福島康博編『東南アジアのイスラーム』東京外国語大学出版会、145-170 頁。
三尾裕子
　2004「祀る」関一敏・大塚和夫編『宗教人類学入門』弘文堂、136-148 頁。
宮田律
　2000『イスラム・パワー－21 世紀を支配する世界最大勢力の謎』講談社。
村上忠良
　2001「パターン・アイデンティティの変容－タイ国北部パターン系移民の宗教とエスニシティ－」吉原和男・クネヒト・ペトロ編『アジア移民の宗教とエスニシティ』風響社、321-349 頁。

村嶋英治
　1987「現代タイにおける公的イデオロギーの形成－民族的政治共同体（チャート）と仏教的王制」『国際政治』84：118-135頁。
長津一史
　2006「イスラームの制度化と宗教変容－マレーシア・サバ州、海サマ人の事例－」『南太平洋海域調査研究報告』43：45-69頁。
中村光男
　1987「文明の人類学再考－イスラーム文明の場合－」伊藤亜人・関本照夫・船曳建夫編『国家と文明への過程』（現代の社会人類学　第3巻）東京大学出版会、109-137頁。
中澤政樹
　1988「Jemaah Tabligh: マレー・イスラム原理主義運動試論」『マレーシア社会論集』1：73-106頁。
西井凉子
　1991「南タイの村落政治にみられるムスリム－仏教徒関係：『サムサム的』ムスリム社会における宗教と政治」『東南アジア研究』29(1)：64-104頁。
　2001『死をめぐる実践宗教－南タイのムスリム・仏教徒関係へのパースペクティヴ－』世界思想社。
小河久志
　2007「タイの漁民と頭家（魚商人）」『月刊みんぱく』31(11)：22-23頁。
　2008「南タイ・ムスリム村落におけるイスラーム復興の現在－開発と『平等性』をめぐる村人の対応－」『東南アジア研究』45(4)：539-558頁。
　2009a「イスラーム教育の変容と多様化する宗教実践－タイ南部ムスリム村落の事例から－」『イスラム世界』72：27-60頁。
　2009b「イスラーム復興運動と女性－タイ南部ムスリム村落における女性の宗教実践と宗教的位置づけの変化に注目して－」『南方文化』36：69-88頁。
　2010「分断するコミュニティ－タイ南部津波被災地の復興プロセス－」林勲男編『自然災害と復興支援』（みんぱく実践人類学シリーズ　第9巻）明石書店、181-201頁。
　2011「宗教実践にみるインド洋津波災害－タイ南部ムスリム村落における津波災害とグローバル化の一断面－」『地域研究』11(2)：119-138頁。
　2012「ダッワの伸展とその諸相－タイ南部におけるムスリム社会とタブリーグ－」床呂郁哉・西井凉子・福島康博編『東南アジアのイスラーム』東京外国語大学出版会、313-333頁。

参考文献

　　2013「世俗化とイスラーム復興運動のあいだで－タイにおけるイスラーム基礎教育の事例から－」粕谷元・多和田裕司編『イスラーム社会における世俗化、世俗主義、政教関係』上智大学イスラーム地域研究機構、75-93 頁。
王柳蘭
　　2011『越境を生きる雲南系ムスリム－北タイにおける共生とネットワーク－』昭和堂。
大塚和夫
　　1989『異文化としてのイスラーム－社会人類学視点から』同文館出版。
　　2000『イスラーム的：世界化時代の中で』日本放送出版協会。
　　2004a『イスラーム主義とは何か』岩波書店。
　　2004b「イスラーム世界と世俗化をめぐる一試論」『宗教研究』78(2)：617-642 頁。
　　2004c「イスラーム」関一敏・大塚和夫編『宗教人類学入門』弘文堂、92-111 頁。
尾中文哉
　　2000「南タイの『伝統的』イスラム寄宿塾『ポノ』の文化的多元化」『茨城大学人文学部紀要社会科学論集』33：121-126 頁。
　　2002『地域文化と学校－三つのタイ農村における「進学」の比較社会学－』北樹出版。
小野澤正喜
　　1985a「タイにおける文化的同化政策の展開と少数民族のエスニック・アイデンティティ－南タイ・イスラム社会の教育体系の変容を中心として」小林哲也・江淵一公編『多文化教育の比較研究』九州大学出版会、231-257 頁。
　　1985b「国家とエスニシティ－南タイのマレー系イスラム教徒における宗教と教育」綾部恒雄編『文化人類学2　民族とエスニシティ』アカデミア出版会、46-61 頁。
　　1997「宗教とナショナリズム－上座部仏教の事例から－」青木保・内堀基光・梶原景昭・小松和彦・清水昭俊・中林伸浩・福井勝義・船曳建夫・山下晋司編『宗教の現代』（岩波講座文化人類学　第 11 巻）岩波書店、235-254 頁。
プリダー・プラプルットチョープ
　　1994「学生運動のもう一つの波」（村上忠良訳）小野澤正喜編『アジア読本タイ』河出書房新社、250-254 頁。
桜井啓子
　　1998「シーア派教育ネットワーク－タイ・トンブリーの事例から」『イスラム世界』51：75-89 頁。

佐藤宏
    1995『タイのインド人社会：東南アジアとインドの出会い』アジア経済研究所。
佐藤仁
    2007「財は人を選ぶか：タイ津波被災地にみる稀少財の配分と分配」『国際開発研究』16(1)：83-95頁。
佐藤孝一
    1996「マルチ・エスニック国家マレーシアの選択：ダクワ運動の盛衰」小杉泰編『イスラームに何がおきているか』平凡社、197-212頁。
佐藤規子
    1998「タイの十二イマーム・シーア派－そのコミュニティーと宗教儀礼に関する調査報告－」『イスラム世界』51：90-106頁。
渋谷恵・鈴木康郎
    2001「タイ－国民教育の展開と少数民族の対応」天野正治・村田翼夫編『多文化共生社会の教育』玉川大学出版部、275-292頁。
鈴木康郎
    2005「タイの基礎教育改革におけるイスラームへの対応」『比較教育学研究』31：118-137頁。
田中重好
    2007「災害におけるグローバル化」大矢根淳・浦野正樹・田中淳・吉井博明編『災害社会学入門』（シリーズ災害と社会　第1巻）弘文堂、195-202頁。
多和田裕司
    1993「『イスラーム化』と社会変化：マレー村落の事例から」『民族学研究』58(2)：121-141頁。
    2001「マレー村落社会におけるイスラームの『権威』－イスラーム実践への人類学的アプローチ－」『人文研究』53(8)：61-74頁。
床呂郁哉
    1996「アガマ（宗教）をめぐる『日常の政治学』」『社会人類学年報』22：81-104頁。
横山廣子
    1992「タイ国における中国系ムスリムの現状－国家と宗教と文化のはざまで－」黒木三郎先生古稀記念論文集刊行委員会編『アジア社会の民族慣習と近代化政策』敬文堂、309-338頁。
吉川利治
    1990「国民統合の政治文化－タイ王国の文化論」土屋健治編『東南アジアの思想』（講座東南アジア学　第6巻）弘文堂、206-233頁。

参考文献

【外国語文献】

Ahmad, Mumtaz.
  1991 "Islamic Fundamentalism in South Asia: The Jama'at-Islami and the Tablighi Jama'at of South Asia", in Marty, M. E. and R. S. Appleby (eds.), *Fundamentalisms Observed (The Fundamentalisms Project 1)*, Chicago: University of Chicago Press, pp. 457-530.

Ali, Jan.
  2003 "Islamic Revivalism: The Case of the Tablighi Jamaat", *Journal of Muslim Minority Affairs* 23(1): 173-181.

Andrews, John.
  1988 "From Bunga Mas to Minarets", *Aramco World* 39(3): 30-37.

phya Anuman Rajadhon.
  1961 *The Nature and Development of the Thai Language*, Bangkok: The Fine Arts Department.

Archaimbault, Charles.
  1957 "A Preliminary Investigation of the Sam Sam of Kedah and Perlis", *Journal of Malayan Branch of the Royal Asiatic Society* 30(1): 75-92.

Arong Suthasasna.
  1989 "Thai Society and the Muslim Minority", in Forbes, Andrew. (ed.), *The Muslims of ThailandVol 2: Politics of the Malay-speaking South*, Gaya: Centre for Southeast Asian Studies, pp.91-111.

Asian Disaster Preparedness Center
  2006 *The Economic Impact of the 26 December 2004 Earthquake & Indian Ocean Tsunami in Thailand*, Pathumthani: Asian Disaster Preparedness Center.

al-Azmeh, Aziz.
  1993 *Islam and Modernities*, London&New York: Verso Books.

Bowen, John.
  1995a "Western Studies of Southeast Asian Islam: Problem of Theory and Practice", *Studia Islamika* 2(4): 69-86.
  1995b "The Forms Culture Takes: A State-of-the-Field Essay on the Anthropology of Southeast Asia", *The Journal of Asian Studies* 54(4): 1047-1078.

Braam, Ernesto.
  2006 "Travelling with the Tablighi Jamaat in South Thailand", *ISIM Review* 17: 42-43.

Burr, Angela.

1972 "Religious Institutional Diversity-Social Structural and Conceptual Unity: Islam and Buddhism in a Southern Thai Coastal Fishing Village", *Journal of the Siam Society* 60：183-216.

1988a "Thai-Speaking Muslims in Two Southern Thai Coastal Fishing Villages: Some Processes of Interaction with the Thai Host Society", in Forbes, Andrew. (ed.), *The Muslims of ThailandVol 1: Historical and Cultural Studies,* Gaya: Centre for Southeast Asian Studies, pp.53-85.

1988b "The Relationship Between Muslim Peasant and Urban Religion in Songkhla", in Forbes, Andrew. (ed.), *The Muslims of Thailand.Vol 1: Historical and Cultural Studies,* Gaya: Centre for Southeast Asian Studies, pp.123-134.

Chaiwat Satha-Anand.

1994 "*Hijab* and Moments of Legitimation: Islamic Resurgence in Thai Society", in Keys, Charles. F. Laurel Kendall. and Helen Hardacre. (eds.), *Asian Visions of Authority: Religion and the Modern States of East and Southeast Asia,* Honolulu: University of Hawaii Press, pp.279-300.

2001 "Defending Community, Strengthening Civil Society: A Muslim Minority's Contribution to Thai Civil Society", in Nakamura, Mitsuo., Sharon Siddique. and Omar Farouk Bajunid. (eds.), *Islam and Civil Society in Southeast Asia,* Singapore: Institute of Southeast Asian Studies, pp.91-103.

2004 "Kru-ze: A Theatre for Renegotiating Muslim Identity", *Sojourn* 8(1)：195-218.

Chavivun Prachuabmoh.

1980 "The Role of Women in Maintaining Ethnic Identity and Boundaries: A Case of Thai-Muslims (Malay Speaking Group) in Southern Thailand", Ph. D. Thesis, University of Hawaii.

Cornish, Andrew.

1999 *Whose Place is This? Malay Rubber Producers and Thai Government Officials in Yala,* Bangkok: White Lotus.

Eickelman, Dale.

1982 "The Study of Islam in Local Contexts", *Contributions to Asian Studies* 17：1-16.

1987 "Changing Interpretations of Islamic Movements", in Roff, Wiliam. (ed.), *Islam and the Political Economy of Meaning: Comparative Studies of Muslim Discourse,* London & Sydney: Croom Helm, pp.13-30.

Ellen, Roy.

1983 "Social Theory, Ethnography and the Understanding of Practical Islam in South-

East Asia", in Hooker, M.B. (ed.), *Islam in South-East Asia,* Leiden: E.J. Brill, pp.51-91.

Fint, Michael. and Hugh Goyder.

2006 *Funding the Tsunami Response,* London: Tsunami Evaluation Coalition.

Forbes, Andrew.

1988 "The Yunnanese ("Ho") Muslims of North Thailand", in Forbes, Andrew. (ed.), *The Muslims of ThailandVol 2: Politics of the Malay-speaking South,* Gaya: Centre for Southeast Asian Studies, pp.87-103.

Fraser, Thomas.

1960 *Rusembilan: A Malay Fishing Village in Southern Thailand,* Ithaca and New York: Cornell University Press.

1966 *Fishermen of Southern Thailand: The Malay Villagers,* New York: Holt, Rinehart and Winston.

Gellner, Ernest.

1968 "A Pendulum Swing Theory of Islam", *Annales de Sociologie Marocaines*: 5-14.

Hasan Madmarn.

2000 "History of Islamic Studies in Thailand: Muslim Education Reform in Thailand", in Isma-ae Alee., Hasan Madman., Imtiyaz Yusuf., Yusof Talek., Airin Saidi., Muhammad Roflee Waehama. and Ibrahim Narongraksaket. (eds.), *Islamic Studies in ASEAN: Presentation of an International Seminar,* Pattani: Prince of Songkla University, pp.59-67.

Hefner, Robert. and Patricia Horvatich. (eds.).

1997 *Islam in an Era of Nation-State,* Hawaii: University of Hawaii Press.

Horstmann, Alexander.

2007 "The Inculturation of a Transnational Islamic Missionary Movement: Tablighi Jamaat al-Dawa and Muslim Society in Southern Thailand", *Sojourn* 22(1): 107-130.

Horvatich, Patricia.

1997 "The Ahmadiyya Movement in Simunul: Islamic Reform in One Remote and Unlikely Place", in Hefner, Robert.W. and Patricia Horvatich. (eds.), *Islam in an Era of Nation-State,* Hawaii: University of Hawaii Press, pp.183-206.

Ishii, Yoneo.

1994 "Thai Muslims and the Royal Patronage of Religion", *Law&Society Reviw* 28(3): 453-460.

Kessler, Clive.

1978 *Islam and politics in a Malay State, Kelantan, 1838-1969,* Ithaca: Cornell University Press.

Keyes, Charles.

1989 *Thailand: Buddhist and Kingdom as Modern Nation-State,* Boulder: Westview Press.

Khret Lap

1984 "Phet Pum Klum Dawa", *Khret Lap,* n. d.

Krom Kansatsana

2000 *Raingan Kansatsana Pracam Pi Pho. So. 2542,* Bangkok: Krom Kansatsana.

2005a *Khumu' kanprachum Sammana Phunam Satnsana Itsalam Po. So. 2548,* Bangkok: Krom Kansatsana.

2005b *Sarup Phonkan Damnoenngan / Khrongkan Fai Prasanngan Kitkan Satsana Itsalam Kong Satsanupatham Pracam Pi Ngoppraman 2547,* Kurungthep: Krom Kansatsana.

Masakari Adae.

2000 "Naewkhit Chueng Sufi khong Klum Dawa Tablik nai Cangwat Chaidaen Phak Tai knog Thai", Master Thesis, Prince of Songkla University.

Masud, Muhammad. Khalid.

2000 "Preface", in Masud, Muhammad. Khalid. (ed.), *Travelers in Faith: Studies of the Tablighi Jamaat as a Transnational Islamic Movement for Faith Renewal,* Leiden: Brill, pp.vii-ix.

Nagata, Judith.

1984 *Reflowering of Malaysian Islam: Modern Religious Radicals and Their Roots,* Vancouver: University of British Columbia press.

Nakamura, Mitsuo.

1983 *The Crescent Arises over the Banyan Tree,* Jogjakarta: Gajah Mada University Press.

Nimit Loma.

2001 "Kansu'ksa Botbat Kanpoelphae Satsana Itsalam khong Yamaat Taplik nai Prathet Thai", Master Thesis, Mahidon University.

Omar Farouk Bajunid.

1988 "The Muslims of Thailand: A Survey", in Forbes, Andrew. (ed.), *The Muslims of Thailand Vol 1: Historical and Cultural Studies,* Gaya: Centre for South East Asian Studies, pp.1-30.

参考文献

    1999 "The Muslims in Thailand: A Review", *Southeast Asian Studies*（『東南アジア研究』）37(2): 210-234.

Peacock, James. L.
    1978 *Muslim Puritans: Reformist Psychology in Southeast Asian Islam*, Berkley and Los Angeles: University of California Press.

Phitthaya Butrarat., Sompong Yodomni., Carun Yuthong. and Salini Prab.
    2001 *Ko Panyi: Wethi Turakam Klang Nam*, Bangkok: Samnakngan Kongthun Sanapsanun Kanwicai.

Phumibutra.
    2004 *106 Sop: Khwamtai mi Chiwit*, Bangkok: Khian Phendin.

Preeda Prapertchob.
    2001 "Islam and Civil Society in Thailand: The Role of NGOs", in Nakamura, Mitsuo., Sharon Siddique. and Omar Farouk Bajunid. (eds.), *Islam and Civil Society in Southeast Asia*, Singapore: Institute of Southeast Asian Studies, pp.105-116.

Redfield, Robert.
    1956 *Peasant Society and Culture*, Chicago: The University of Chicago Press.

Roff, William.
    1985 "Islam Obscured? Some Reflecitos on Studies of Islam and Society in Southeast Asia", *Archipel* 29 : 7-34.
    1987a "Editor's Introduction", in Roff, William. (ed.), *Islam and the Political Economy of Meaning: Comparative Studies of Muslim Discourse*, London & Sydney: Croom Helm, pp.1-10.
    1987b "Islamic Movements: One or Many?", in Roff, William. (ed.), *Islam and the Political Economy of Meaning: Comparative Studies of Muslim Discourse*, London & Sydney: Croom Helm, pp.31-52.

Rohani Dao.
    2003 "Itsalam kap Kansu'ksa Satsana khong Mutsalim nai Sangkhom Thai", Master Thesis, Mahidon University.

Ruohomäki, Olli-pekka.
    1999 *Fishermen No More ? Livelihood and Environment in Southern Thai Maritime Villages*, Bangkok: White Lotus.

Saidkhan, Maolana. Muhammad.
    n.d. *Lak 6 prakan nai Kandamnoen Chiwit kohng Sohaba*, n.d.

Samakhom Khurusamphan

2006 "Khumu' Kanwat lae Pramoenphon Kanrian Tamlaksut Kansu'ksa Satsana Itsalam Phakbangkhap Radap Phu'nthan Ho.So.1423 (Pho. So. 2545)", in Ongkanborihan suan Cangwat Trang (ed.), *Ekasan Prakop Kanoprom Khru Son Satsana Fanduin Pracam Matsayit nai Cangwat Trang*, Trang: Ongkanborihan suan Cangwat Trang, pp.45-120.

Saowani Citmuat.

1988 *Klum Chatphan: Chao Thai Mutsalim*, Bangkok: Kongthun Sangaruchiraamphon.

Scupin, Raymond.

1978 "Thai Muslims in Bangkok: Islam and Modernization in a Buddhist Society", Ph. D. Thesis, University of California Santa Barbara.

1980a "The Politics of Islamic Reformism in Thailand", *Asian Survey* 20(12): 1223-1235.

1980b "Thais Muslims", in Weeks, Richard. (ed.), *Muslim Peoples: A World Ethnographic Survey*, Westport: Greenwood Press, pp.783-788.

1987 "Interpreting Islamic Movement in Thailand (1)", *Crossroads* 3(2-3): 78-93.

1998 "Muslim Accommodation in Thai Society", *Journal of Islamic Studies* 9(2): 229-258.

2000 "Cham Muslims in Thailand: A Model of a Moral Community", in Hasan Madmarn., Imtiyaz Yusuf Ismae., Talek Yusof., Saidi Arim., Muhammad Roflee Wachama. and Ibrahim Narongraksaket. (eds.), *Islamic studies in ASEAN: Presentations of an International Seminar*, Pattani: Prince of Songkla University, pp.453-464.

Siegel, James. T.

1969 *The Rope of God*, Berkeley: University of California Press.

Sikand,Yoginda.

2002 *The Origins and Development of the Tablighi-Jama'at (1920-2000)*, Hyderabad: Orient Longman.

Surachai Chaisiriphan.

1996 "Khwamchu'a Phithikam lae Watthanatham thi Kiao kap Mae Ya Nang khong Chao Pramong nai Amphoe Mu'ang Songkhla Cangwat Songkhla", Master Thesis, Sinakharinwirot University.

Surin Pitsuwan.

1985 *Islam and Malay Nationalism: A Case Study of the Malay-Muslims of Southern Thailand*, Bangkok: Thammasart University.

1987 "Elites, Conflicts and Violence: Conditions in the Southern Border Provinces",

参考文献

Asian Review 1：83-96.
Umarin Tularak.
　2004 *Bot Tham Khwan Ru'a lae Phithi Tham Khwan Ru'a khong Chao Thai Phak Tai: Kansangson lae Kanthaithot,* Krungthep: Chulalongkorn University.
War Veterans Organization of Thailand
　1987 *Thailand and the Islamic World,* Bangkok: War Veterans Organization of Thailand.
Wichan Suchu'ai.
　1990 "Sangkhom Chaomutsalim nai Phak Tawanokchiangnu'a", Master Thesis, Sinakharinwirot University.
Witrut Lowithi.
　2006 "Naewthang Kanpathana Kanrian Kanson Satsana Itsalam Phakbangkhap Radap Phu'nthan (Fanduin) nai Mitimai", in Ongkanborihan suan Cangwat Trang (ed.), *Ekasan Prakop Kanoprom Khru Son Satsana Fanduin Pracam Matsayit nai Cangwat Trang,* Trang: Ongkanborihan suan Cangwat Trang, pp.17-44.
el-Zein, Abdul. Hamid.
　1977 "Beyond Ideology and Theology: The Search for the Anthropology of Islam", *Annual Review of Anthropology* 6：227-254.

【新聞】
Bangkok Post
　1997 Buddhism is Already National Religion、8月3日
The Nation
　1994 The Fall of al-Arqam、9月11日

【ウェブサイト】
クルサンパン協会
　http://www.kurusampan.com/main/content.php?page=content&ategory=13&id=24（2010年3月30日アクセス）
ソンクラー大学
　http://www.cis.psu.ac.th/main/index.php?option=com_content&view=article&id=134&Itemid=1003（2013年10月20日アクセス）
ヤラー・イスラーム大学
　http://www.yiu.ac.th/th/index.php?option=com_content&view=article&id=422&Itemid=70（2013年10月20日アクセス）

事項索引

あ 行

アーミーン 154, 165
アイデンティティ 9, 32, 40, 54, 77, 89
アカメ 44
悪運 129
悪行 80, 84, 86, 122, 123, 143, 145, 146, 148, 152, 159-162, 164, 166, 208
アクター 10, 181
アザーン 56
アジア災害準備センター 174
アスル礼拝 70
新しいグループ 36, 50, 80-84, 87, 88, 123, 124, 128, 141, 142, 146, 147, 149, 151, 152, 154-159, 161-164, 167-169, 195, 197-199, 201, 202, 204, 206, 207, 215, 216, 219
アッラー 3, 14, 55, 56, 66, 71, 81, 90, 127, 129, 138-140, 142, 145, 146, 148-151, 153-160, 162, 164-167, 169, 172, 191-196, 198-201, 203, 206-209, 211, 219-222, 226, 229
アミーン 62, 64, 70, 73-75, 89, 90
アミーン・ロープ・サップダー 70, 73
網漁 185
アユタヤー王朝 26, 27, 32, 37
アラビア語 14, 19, 39, 50, 57, 89, 90, 97, 99-101, 104, 105, 110, 118, 125, 168, 169, 192, 198, 209
アルア 128, 130, 138-142, 144, 147-149, 155-158, 168, 219
アルア・マイ 140, 147
アルア信仰 138, 141
アルアのドゥアー 139, 140, 148
暗誦 97, 101, 118, 120
安息香 136, 139, 140, 150, 153, 157, 165
アンソリ・スンナ 36
アンヌーン・モスク 89
アンマダニー・モスク 89
イカ籠 44
イギリス＝シャム条約 24
畏敬の念 77, 113, 194, 196, 199, 215, 219, 220, 222
生贄 44, 175, 177, 183
威光 77, 88, 113, 117, 126, 194, 208, 215
イシャー礼拝 65, 71-73, 105, 106, 109, 118, 140, 148
イスマーイール派 49
イスラーム・アラブ研究センター 21
イスラーム化 14, 40, 54, 151, 152, 162, 167, 200, 221
イスラーム学 4, 12, 19-21, 34, 55, 57, 73, 76, 77, 87, 95, 99, 124, 193, 216
イスラーム覚醒 14
イスラーム科目 34, 95, 109, 125, 217
イスラーム教育 3, 11-13, 19-22, 24, 25, 33, 34, 36, 37, 46, 47, 93-100, 102-126, 128, 141, 216, 217, 219
イスラーム教師 20, 27, 85, 118, 152
イスラーム行政 3, 7, 12
イスラーム協力機構 49
イスラーム講話 12, 57, 61, 65, 67, 71-76,

247

108, 109, 121, 149, 152, 226
イスラーム史　100, 101, 105, 110
イスラーム主義運動　10, 14, 18, 35, 36, 38, 40, 50
イスラーム知識　25, 37, 62, 69, 83, 113, 114, 117, 119, 129, 164, 217, 218
イスラーム的　5, 9, 10, 14, 23, 40, 46, 55, 80, 86, 122, 124, 134, 142, 144, 146, 149-151, 155, 157-160, 162, 163, 166, 167, 199, 200, 206-209, 211, 216, 218, 219, 221-223
イスラーム復興　2-5, 7-15, 18, 22, 23, 35, 38-40, 47, 48, 51, 53-56, 58-60, 62, 64, 66-68, 70, 72, 74, 76, 78, 80, 82, 84, 86, 88, 90, 94, 100, 103, 107, 121, 128, 129, 134, 142, 144, 156, 166, 199, 203, 214, 216-218, 222, 229, 230
イスラーム復興運動　2, 3, 7-15, 18, 22, 23, 35, 38, 40, 47, 48, 51, 53-56, 58-60, 62, 64, 66-68, 70, 72, 74, 76, 78, 80, 82, 84, 86, 88, 90, 94, 100, 103, 107, 121, 128, 129, 134, 142, 144, 156, 199, 203, 214, 216, 217, 222, 229
イスラーム復興思想　2, 54
イスラーム法　18, 19, 21, 30, 50, 57, 100, 101
イスラーム法学者　50, 57
イスラーム名　26, 67, 206
イスラーム暦　125, 138, 153-155, 168
イマーム　19, 30, 33, 46, 47, 67, 74, 104-106, 114, 115, 119, 129, 143, 164, 165, 192, 209, 211, 227
イラン・イスラーム革命　2, 38
炒り米　136, 153, 165
色布　132-134, 143, 150, 151, 201, 202
インターネット　173
インドネシア系　24, 28, 29
インド洋津波　4, 8, 11-14, 44, 55, 128, 141, 142, 145, 148, 158, 171-178, 180-184, 186-

188, 190-192, 194, 196, 198-200, 202, 204, 206, 208, 210, 219-223, 226, 228, 229
インフラストラクチャー　47, 48, 68, 77, 79, 175, 215, 224
ヴェール　10, 105, 106, 125
雨季　44
牛　27, 175, 189
占い師　196
ウラマー　25, 36, 57
うるち米　132, 136
ウルドゥー語　50, 59
運営委員（タブリーグ）　62-65, 69, 70, 72, 73, 75, 78, 80, 81, 86, 145, 147, 214, 215, 227
運営委員会（タブリーグ）　62, 64, 73, 78, 214
影響力　22, 23, 37, 46, 51, 59, 65, 117, 161, 163, 166, 167, 189, 214, 215, 229
エスニシティ　13, 23, 30, 31, 40
エスニック・グループ　23, 24, 29, 49
NGO　12, 45, 49, 105, 173, 178, 179, 183, 185-187, 210
エビ味噌　187
M村小学校　106, 109-111
遠洋漁船　44, 185, 186
王室　27, 37, 103, 179
大潮　210
畏れ　169, 220

―――― か 行 ――――

解釈　3, 6, 10, 13, 47, 55, 80, 84, 85, 94, 100, 101, 108, 113, 115, 117, 122-125, 128, 141, 144-147, 149, 151, 152, 155, 156, 158, 159, 161, 167, 172, 173, 191, 196, 198-200, 204, 205, 207-209, 211, 216-222
外的諸力　3, 4, 7-11, 13-15, 23, 94, 103,

113, 128, 173, 216, 217, 222, 223, 229
開発　25, 46, 51, 100, 125, 224-226, 229, 230
カオニャオ・ルアン　136, 153, 205
学生革命　37, 38
学派　30, 66, 91
家系　135
加護　139, 148, 198, 199, 208, 220, 229
ガザミ網　44, 179
菓子　73, 136, 140, 187
華人　223
家族　11, 79, 81, 83, 84, 86-88, 118, 122, 125, 132, 138, 140, 143, 145, 153, 182, 188, 196, 202, 203
語り　5, 71, 78, 80, 81, 84, 86, 87, 107, 108, 114-117, 119, 120, 122, 128, 130-132, 134-136, 140, 144, 146, 148, 152, 160, 163, 191, 192, 194, 202, 205, 207-209, 219
カット1　71-73, 76
カット2　72, 73, 76, 148
割礼　11, 90, 108, 121, 126
カナ・カオ　36-38, 50
カナ・マイ　36-38, 50
カニ籠　200
カノム・コー　136
カムナン　182, 190
粥　165
カリキュラム　20, 34, 36, 96, 98-100, 102, 106, 107, 112
カリマ　56
願　14, 82, 90, 131, 132, 136-139, 141, 143, 145, 146, 148, 149, 151, 153-156, 160, 164, 165, 167, 169, 172, 191, 194-197, 199, 202, 203, 205-209, 211, 220-222, 229
願掛け　14, 137, 146, 153, 156, 172, 191, 194-197, 199, 202, 205-209, 211, 220-222, 229
乾季　44

観光開発　224-226, 230
観光客　174, 192, 224, 225
観光業　44, 174, 226
観光地　174, 192, 224, 226
観光庁　174
慣習　5, 11, 119, 121, 125, 141-143, 149, 161, 162, 197, 200, 203, 205
勧誘　57, 68, 71, 73, 75, 77, 78, 82, 86-90, 114, 135, 214, 215
義援金　178, 179, 183
祈願　90, 131, 132, 136-139, 143, 145, 146, 148, 149, 151, 154, 155, 160, 164, 167, 195, 196, 205-207, 209, 211, 229
喜捨　18, 47, 66, 70, 76, 78, 79, 91, 194, 227
キス網　44, 179
犠牲祭　53, 119, 138-140, 147, 153, 156
基礎教育カリキュラム　96
吉祥時　132, 163, 168
規範　3-6, 14, 32, 47, 55, 74, 84, 90, 123, 134, 141, 142, 146, 147, 149-151, 154, 156-160, 164, 167, 194, 199, 209, 215, 216, 219, 221, 223
忌避　130, 166, 174
義務　18-20, 31, 33, 34, 47, 50, 72, 76, 78, 79, 81-87, 89, 91, 94, 96-98, 101, 105-109, 112, 115, 121-125, 136, 137, 148, 153, 155, 159, 190, 215, 216
義務教育　47, 94, 98, 109
義務的行為　76, 81, 96
教育区（クルサンパン協会）　99, 105
教育システム　36, 100, 102, 105, 112, 113, 217
教育省　19, 20, 34, 49, 94, 96, 109-112, 179
供宴　91, 119, 125, 127, 132, 134, 137-140, 144, 148, 150-152, 156-159, 161, 163-165, 167, 168, 195, 196, 200-203, 205, 206, 208, 209
教本（タブリーグ）　56

事項索引

教友　18, 55
漁獲物　44, 45, 48, 68, 69, 87, 184, 185
漁業グループ　186
魚醤　187
巨人　204
漁民　44, 45, 48, 87, 115, 130, 142, 145, 147, 149, 151, 152, 168, 179, 182-186, 195, 198, 204, 210, 213, 223
清めの儀式　132, 134, 143, 150-152, 167, 200-202
禁忌　130, 131, 145
近代化　10, 36
キンマ　136, 153, 165
金曜日の夜　140, 147, 148, 156, 163, 168
金曜礼拝　33, 68, 81, 84, 113, 114, 143, 149, 159, 160-162, 191-193, 198, 211
クースーシー　72, 73, 193
偶像崇拝　152, 197, 199
グジャラーティー語　49
功徳　68, 72, 80-84, 88, 108, 119, 122, 123, 125, 137-141, 147, 149-155, 157, 158, 163, 168, 191, 198, 202
供物　132, 135-137, 140, 143, 148, 153, 154, 157, 165, 166, 196, 203, 205, 209, 211
クラゲ　223, 224
クルアーン　5, 14, 18, 19, 28, 36, 40, 47, 50, 55, 56, 80, 85, 90, 95-97, 100, 101, 104, 105, 107, 110, 113-115, 117-126, 129, 134, 139, 140, 145, 147, 149-152, 157, 158, 161, 168, 196, 197, 217, 218
クルアーン塾　28, 95-97, 104, 105, 113-115, 117-124, 126, 129, 145, 149, 152, 217, 218
クルサンパン協会　12, 94, 95, 98-103, 105-107, 112, 113, 116-118, 120, 216, 217
グローバル化　173
軍事政権　37
郡文化局　12, 98

郡役場　12, 183, 188, 190, 227
警告　191, 194, 219, 220
経済構造　172, 183, 187
経済発展　7, 39
警察署　182, 188, 190
系譜　138, 147, 154
ケーク　90, 91, 125
結婚式　189
結婚誓約儀礼　115-117, 125
月例会議（タブリーグ）　65
権威　46, 113, 215, 229
県イスラーム委員会　33, 64, 65, 98
県支部(タブリーグ)　12, 59-65, 69, 70, 74-76, 78, 79, 89, 90, 192, 227
県支部運営委員（タブリーグ）　62-65, 75
県支部長（タブリーグ）　62-65, 90
現世　47, 68, 71, 72, 80, 81, 90, 141,142, 146, 153, 155, 191, 194, 200, 209, 218-220, 229
現世利益　47, 146, 153, 191, 194, 220, 229
憲法草案委員　32
県民総生産　174, 177
原油価格　175, 202
権力　37, 77
減災　174, 177, 220
交易　26, 27
硬貨　153
航空写真　192, 198, 211, 220, 226, 227
香水　132, 134, 139, 143, 150, 151, 202
公定化　230
公的イスラーム　94, 112
高等教育　21, 34, 94, 96
香粉　143
交流　28, 48, 58, 76, 89, 162, 214
コーテプ　33, 159, 160, 164, 211
五行　18, 47, 84, 122
国王　31, 32, 35, 95, 103
国民国家　7

250

国民統合　7, 24, 31, 34, 35
国民登録カード　65
ココナッツ　138
互酬関係　155
個人崇拝　197
護紐　168
国家　3, 7, 8, 10, 20, 25, 31-35, 39-41, 67, 94, 95, 97, 98, 102, 103, 105, 107, 111-113, 117, 214, 216, 217
国旗　50
国教　32
護符　172, 191, 194, 197-199, 207-209, 211, 220-222, 228, 229
コブミカン　136, 139, 153, 165
コミュニティ　24, 28, 29, 46, 96, 97, 103, 105, 129, 185
ゴム　25

さ行

サーサナー　31, 32, 34
災害防止減災局　177
最後の審判　56, 80, 125, 135, 138, 146
財務省　179, 188
災厄　141, 202, 219, 229
魚商人　44, 45, 48, 51, 68, 87, 184, 185, 223
サムサム　24, 29, 30
サラフィー主義　35, 50
サロン　26, 74
サンガ組織　33
ジー　22, 49
シーア派　9, 27, 30, 49
C的特性　222
ジェンダー　199
支援物資　178, 180, 188
潮　125, 185, 186, 210
試験区（クルサンパン協会）　99, 105

志向性　32, 34, 40, 80, 119, 217, 222
自然現象　174, 177, 219
自然災害　4, 8
始祖　135, 138, 154
子孫　26, 27, 136-138, 140, 141, 147, 148, 153, 155-158, 168
執行役　135-137
使徒　56
ジハード　91
慈悲　140, 156
シャーフィイー学派　30
社会構造　5, 6
ジャマーア　11, 30
ジャワ系　28, 29
宗教学　19, 167
宗教機関　47, 67, 77, 79, 215, 216, 220
宗教教育　11, 13, 91, 94-96, 104, 109, 112-114, 117, 129, 216-218
宗教教師　19
宗教行政　12, 109
宗教局　14, 77, 95, 97, 98, 102, 107, 112, 113, 117, 216, 217
宗教実践　3, 4, 7-15, 18, 19, 68, 81, 83, 84, 94, 104, 123, 129, 138, 171-174, 176, 178, 180, 182, 184, 186, 188, 190-200, 202, 204, 206-211, 214, 219-223, 228
宗教リーダー　36, 38, 47, 65, 68, 77, 80, 104, 105, 113, 115-117, 128, 129, 160, 161, 164, 166, 167, 215, 217, 219
集団礼拝　33, 57, 61, 65, 74-76, 101, 109, 139, 148, 195
十二イマーム派　30
宗派　13, 23, 30, 31, 40
住民範疇　55, 80, 85, 123, 128, 141, 215, 218
守護霊　29
呪術師　129, 168, 197, 198, 203, 221, 229, 230

251

事項索引

主婦グループ　186, 187
呪文　136
巡礼　18, 49, 58, 90, 125, 129
章句　19, 118
証書　102, 103, 116
小伝統　4, 5, 221
証人　115, 116, 125, 182
商務省　179-181
初等教育　94, 95, 105, 107
初等教育令　95
署名　102, 103, 116, 182
私立イスラーム学校　19-21, 34, 95
ジン　43, 177, 179-183, 221
信仰告白　18
親族　11, 90, 119, 125, 134-140, 153,154, 156, 157, 161, 168, 169, 188, 201
振動理論　222
神秘主義　51, 101
シンボル　31
人類学　4-8, 14, 167, 221
水産課　182, 188
水産加工工場　184
水産局　44, 182, 210
水産物価格　175, 184, 202, 223
ズフル礼拝　70, 73, 75, 115, 138, 196
スラオ　77, 91, 215
スラオ・グループ　77, 91, 215
スンナ　30, 36, 55, 90, 101
スンナ派　30
西欧化　40, 55
聖龕　226, 227
聖句　140, 167
聖者　206, 221
成人男性　50, 73, 76, 78-80, 82-84, 86, 87, 89, 91, 121-124, 159, 215
聖水　129, 136
精通　11, 126

正当性　3, 35, 56, 78, 79, 84, 93, 94, 96, 98, 100, 102-104, 106, 108, 110, 112-114, 116-118, 120-122, 124, 126, 167, 194, 208, 215, 217, 218, 220
制度化　3, 7
制服に関する教育省規則　96
精霊信仰　9
セーフティーネット　45, 184
積徳　77, 79, 82, 84, 87, 119, 124, 125, 135, 136, 138-140, 147-149, 152, 153, 155-157, 166, 168, 216
責務　104, 161
世俗化　40, 55, 217, 230
世俗教育　120
石灰　153, 224
説教　30, 33, 68, 81, 82, 113, 114, 143, 150, 159-162, 191, 192, 198, 211
せめぎ合い　3, 13, 93, 94, 96, 98, 100, 102, 104, 106, 108, 110, 112-126, 218
選挙　33, 38, 45, 46, 77, 125, 166, 182, 189, 190, 215, 226
宣教　2, 3, 11, 13, 14, 23, 36, 39, 40, 47, 50, 54, 56, 57, 59, 61, 62, 64-91, 107-109, 121-124, 143, 145, 147-149, 152, 162, 172, 191-194, 196-199, 207-209, 211, 214-216, 218, 220-222, 226-228
宣教団票　65, 74, 75
選挙管理委員会　190
全国会議（タブリーグ）　62, 64, 65
船主　131, 132, 134, 143, 152
船首　130, 201
操業資金　44, 181, 182, 184
葬式　29
創造主　198
相補　3, 217, 223
総本部（タブリーグ）　23, 58, 60, 76, 82, 85, 89, 192

僧侶　33
ソンクラー大学　21
村長　45, 46, 172, 181-184, 188-190, 226
村長派　189, 190, 226
村落基金　185, 210
村落経済　186, 187

た 行

ターバン　74, 204
ターヤーイ　128, 130, 135-138, 140-142, 144, 146, 147, 149, 152-157, 160, 162-165, 168, 169, 195, 197, 221, 229
ターヤーイ儀礼　135-138, 142, 152-155, 165, 169
ターヤーイ信仰　135, 141, 142, 146, 155
ダアワ　39
大アミーン　62, 64
タイ・ムスリム　3, 8, 9, 11, 13, 14, 19, 20, 22-25, 27, 29-33, 35-37, 39-41, 49, 54, 59, 66, 96, 99
対イスラーム政策　13, 31-35, 40, 94, 111
第一次国家経済開発計画　25
太陰太陽暦　168
タイ王国憲法　31
タイ研究　4, 8, 11, 54, 216
タイ語　12, 20, 25-29, 34, 38, 41, 50, 59, 71, 73, 76, 90, 95, 99, 100, 102, 112, 135, 192, 210
タイ国イスラーム中央委員会　32, 33, 37, 65, 66
タイ国イスラミック・センター財団　100
タイ国支部（タブリーグ）　12, 59-62, 64, 65, 89, 192, 214
タイ国支部運営委員会（タブリーグ）　62
タイ国ムスリム青年協会　38, 100
大伝統　5, 221

タイ名　26
タイ暦　129, 135, 136, 138, 152, 168
太陽暦　168
対立　3, 7, 10, 37, 87, 121, 128, 161, 162, 172, 188-190, 216, 217, 219, 223, 226, 230
大漁　131, 132, 145, 146
他界　135, 155, 158
「正しい」イスラーム　3, 7, 10, 11, 13, 80, 94, 113, 115, 117, 119, 121, 123, 125, 128, 173, 214-216, 218, 220, 223
ダッワ　2, 38-40, 74, 80-89, 91, 107, 108, 122-124, 128, 141-149, 154, 157-162, 164-167, 169, 191, 193, 197-199, 204, 206, 208, 209, 215, 216, 218, 219, 222
ダッワ・グループ　80-82, 84, 89, 91, 123, 124, 128, 141-149, 154, 157-162, 164-167, 169, 191, 193, 197-199, 204, 206, 208, 209, 215, 216, 218, 219, 222
ダッワ団体　39, 40
タディカー　125
タブリーギー・ニサーブ　56, 57, 71, 73, 83, 90, 194
タブリーグ　11-14, 23, 40, 47, 48, 51, 53-91, 94, 104, 107-109, 113, 121-124, 126, 128, 141, 143-145, 147-149, 152, 159, 162, 164, 166, 167, 172, 173, 191-194, 196-199, 206-211, 214-222, 226-230
タミル系　26, 27
タムブン・ターヤーイ　135
タムブン・バーン　129, 130, 202, 204, 205
タムボン　45, 46, 51, 178, 179, 182, 183, 188, 190, 210, 229
タムボン自治体　45, 46, 188, 210
ダルル・アルカム　40, 51, 67
断食明けの祭　11, 119, 138, 156
地域開発　46, 229
地域社会　65, 96-98

253

地域文化　229
地区支部（タブリーグ）　59-62, 64-66, 69-71, 74-79, 88, 144, 148, 192, 196, 227
地区支部会議（タブリーグ）　70, 71
地区支部長（タブリーグ）　65, 69, 70, 74-76, 78, 79, 88, 144, 196, 227
地方行政　46, 51, 102
地方分権化　46
チャート　31
チャム系　27, 28
チャム語　28
中間層　36, 38, 40, 51
中国系　9, 23, 26, 30
中国語　26, 29
中心性　4, 18, 49, 155, 158
中等学校　47, 94-98, 118
中等教育　94-97, 99, 101, 105, 119, 120
中東系　23, 27
チュラーラーチャモントリー　32, 33, 36, 37, 103
チュラロンコーン大学　12
超自然的存在　3, 13, 47, 128-130, 135, 159, 162, 164, 165, 195, 197, 200, 219, 221, 222
徴兵　229
チン　26, 150, 151, 168, 200, 201, 219
追善供養　138
通過儀礼　11
通婚　27-29, 31, 49
津波像　194, 219, 220
津波評価連合　173
出稼ぎ　44, 185, 203
天　国　40, 56, 68, 71, 72, 80, 125, 135, 138, 145, 146, 153, 157
転送　138, 151
ト・アム　74
ト・ジー　49
ト・ネ　142, 147, 152, 155, 156

ドゥアー　75, 90, 97, 101, 104, 118, 119, 139, 140, 148, 150, 151, 154, 155, 157, 158, 162-168, 196, 200-202, 206, 211, 221
統合政策　24, 25, 30, 34
統制　8, 33, 35, 67, 98, 107, 112, 217
同胞　2, 38, 56, 86, 159, 166
読誦　47, 97, 100, 101, 105, 118, 120, 145
読了　117, 119, 125
土地神　129, 168, 172, 199, 202-204, 206, 211, 221
トラン県公文書館　12
トラン県自治体　12, 102
トラン県支部（タブリーグ）　12, 62-65, 69, 74, 75, 78, 79, 90, 192, 227
トラン県文化局　12, 102
トランスナショナル　13, 39, 47, 54, 58, 89, 226, 230

な 行

ナラーティワート大学　21
南部七朝貢国の反乱　26
南部方言　12
難民　26-28
西アジア系　23, 27
ヌルンヒダヤッ学校　104
ネットワーク　39, 66, 226, 230
年次集会（タブリーグ）　23, 57, 59, 66, 76, 82
年中行事　11

は 行

バーヤーン・ヒダヤット　74, 75
バーンラック・アンユマン・イスラーム学校　99
買票　189

バウェン系　29
ハタ　44, 116, 117, 119, 125, 178, 179
パタニー戦役　26
ハタム　116, 117, 119, 125
罰　137, 138, 141, 153, 191-194, 196, 206, 219, 220
8種類のバーコーミー　76, 82, 91, 123
ハディース　5, 19, 36, 40, 50, 55, 56, 80, 90, 100, 101, 196
ハナフィー学派　30, 91
派閥　172, 190, 226
パンジャブ系　26
反植民地運動　35
反政府武装闘争　2, 3, 20, 24, 34, 66
ハンバル学派　30, 91
非イスラーム的　9, 10, 40, 124, 144, 151, 162, 166, 211, 222
P的特性　222
ピー・プラーイ・レー　168
日帰り宣教　57, 71, 72, 90, 145, 193
憑依　129, 136, 137
病気　64, 135, 137, 153, 196, 229
標準タイ語　12
平等性　74
ビラ　33, 106, 164, 172, 191-194, 197-199, 207-209, 211, 220-222, 226, 228, 229
ビラン　33, 106, 164, 211
ヒンドゥー　2, 43, 49
ファジュル礼拝　72, 73
フィールドワーク　3, 11, 14, 214, 223, 226, 229
風評災害　174
フォーク・イスラーム　9, 10
布教　39, 51
福祉　40, 54, 100, 179
副首長　46, 188, 210, 226
副村長　190

不信仰者　166, 191-194, 219, 220
不正　49, 172, 181, 183, 184, 187-190, 210, 226
豚　175
普通教育　95, 98, 112, 125
仏教　2, 9, 10, 27, 29, 31-35, 37, 39-41, 43, 50, 89, 95, 130, 150, 178
仏教的王制論　31
仏教徒　2, 9, 10, 27, 29, 31, 35, 37, 39, 41, 89, 130, 150, 178
復興支援　11, 12, 172, 176-179, 181-183, 185, 187-191, 223, 226
復古化　202, 221
物故親族　119, 125, 138, 140, 154, 156, 157, 168
船霊儀礼　131-133, 136, 142-144, 149-152, 161, 163-165, 167, 199-202
船霊信仰　14, 130, 134, 141, 142, 172, 199-202, 207, 222
富裕層　44
プラマハーガサット　31, 34
振り子　222
不漁　130, 132, 200
古いグループ　36, 50, 80, 84-89, 91, 123, 124, 128, 141, 142, 145-152, 154, 155, 157-164, 168, 195, 197, 199-201, 203, 204, 206, 207, 215, 216, 218
文化省　77, 97
分配　12, 49, 181-183, 185, 210, 226
平和運動党　38
北京語　26
ペルシャ系　27, 30
ベンガル系　26, 27
ベンガル語　59
法学派　30, 91
防災　174, 194, 220
ポーノ　19, 20, 25, 34, 49, 95, 118, 119

事項索引

ポーノ改編政策　20
ボーホラー派　30, 49
ボーリング条約　26
墓参　119, 125, 139, 168
補償金　179, 180, 182-184, 188, 190, 210
ボランティア　97, 176
捕虜　26, 28
ポルポト時代　28

ま 行

マーリク学派　30
マイノリティ　9, 54
マグリブ礼拝　71, 73, 104, 106, 148, 164
マスジット　32, 50, 91
マスメディア　2, 39, 50, 51, 54
麻薬　98
マルカットの夜　65
マレー系　9, 19, 20, 23-26, 30, 31, 34, 90, 95, 99
マレー語　25, 26, 29, 41, 50, 99, 125, 168
マレーシア・ムスリム青年同盟　51
マレー的　26, 29
水先案内人　71
3日間宣教　57, 65, 74-76, 90, 123, 145, 148
南アジア系　23, 26, 27, 59, 90
ミナンカバウ系　28, 29
民間信仰　3, 9, 11, 13, 47, 127-169, 172, 199, 201, 203, 205, 206, 218, 219, 221-223, 229
民主化運動　36
民主党　124
民族学　4
民族誌　4, 9
ムシャワラッ・ダッワ　74
ムシャワラッ・プラテート　62
ムスラアリー派　49
6つの信仰行為　55-57, 68, 71, 75, 78, 80-82, 86, 89, 166, 191, 208, 215
村支部（タブリーグ）　59, 60, 62, 69, 70, 72, 73, 76, 107, 214
村支部会議（タブリーグ）　70, 72 , 73, 76
モスク委員会　33, 47, 68, 77-79, 104, 107, 113, 121, 125, 130, 215-217, 220, 227, 228
モスク宗教教室　93, 95-98, 100, 102-126, 143, 164, 166, 216-218, 220
モスク宗教教室管理委員会　98, 113, 121, 125
モスク宗教教室支援プロジェクト　97, 98, 102, 107, 112
モスク道徳教育センター　97, 98

や 行

ヤーウィー　25
ヤーシーン章　139, 140, 165, 167
山羊　175
ヤラー・イスラーム大学　21, 22
ヤラー県支部（タブリーグ）　62, 89
唯一性　146, 159, 164, 199
融資　184, 185
4ヶ月間宣教　57, 61, 65, 75, 76, 79, 89
40日間宣教　57, 65, 67, 75, 76, 79

ら 行

来世　49, 56, 68, 71, 72, 77, 80, 81, 90, 135, 142, 146, 153, 157, 166, 194, 200, 209, 218, 219
ライム　132, 136
ラック・タイ　31, 32, 34, 35, 40
ラッタナコーシン王朝　25
リスク　86, 130, 166, 186
リソース化　220
理念　18, 66, 166

留学　19, 20, 22, 49, 50, 54
霊魂　56, 135, 147, 148, 168
連繋　8
朗唱　19, 96, 97, 104, 114, 117-121, 129, 134, 150, 151, 157, 158, 162-166, 196, 200-202, 206, 211, 221
ロウソク　136, 153, 165, 205
ローカル　3, 5-7, 9, 10, 54, 55, 223
六信　47, 49

ワールド・ビジョン　12, 178-180, 185, 210
ワッハーブ運動　50
ワリー　206, 221

A～Z

IPB　82
OBT議員　46, 189, 190, 226
OBT派　189, 190, 226

人名索引

あ 行

アーネスト・ゲルナー（Ernest Gellner）　222
アーネスト・ブラーム（Ernesto Braam）　66
アーマド・ワッハーブ（Ahmad Wahab）　35
アブドゥル・ハミド・エル-ゼイン（Abdul Hamid el-Zein）　4
アンジェラ・バー（Angela Burr）　9
アンドリュー・フォーブス（Andrew Forbes）　9
アンワル・イブラヒム（Anwar Ibrahim）　39
石井米雄　31
イブラヒム・クレイシィ（Ibrahim Qureyshi）　50
ウィチャン・スーチュアイ（Wichan Suchu'ai）　9

ウィリアム・ロフ（William Roff）　5
大塚和夫　14, 230
オマール・ファルク・バジュニド（Omar Farouk Bajunid）　24, 59

か 行

クライヴ・ケスラー（Clive Kessler）　15

さ 行

サイード・クトゥブ（Sayyid Qutb）　39
桜井啓子　30
佐藤規子　9
サリット・タナラット（Sarit Thanarat）　25
ジェームス・シーゲル（James Siegel）　15
ジム・トンプソン（Jim Thompson）　28
ジョン・ボーウェン（John Bowen）　7
スリン・ピッツワン（Surin Pitsuwan）　20

人名索引

た 行

ターニン・クライウィチエン 37
タクシン・チナワット（Thaksin Chinawat） 210
チャールズ・アルシャンポー（Charles Archaimbault） 29
チャールズ・カイズ（Charles Keyes） 31
チャイワット・サーターアーナンド（Chaiwat Satha—Anand） 10
チャウィワン・プラチュアップモ（Chavivun Prachuabmoh） 9
デイヴィッド・ヒューム（David Hume） 222
デイル・アイケルマン（Dale Eickelman） 5
トーマス・フレーザー（Thomas Fraser） 8
床呂郁哉 15

な・は行

西井凉子 9
ハッサン・マドマン（Hasan Madmarn） 20
ハッジ・ユースフ・カーン（Haji Yusuf Khan） 59
パトリシア・ホバティッチ（Patricia Horvatich） 7
プラチャー・ムクターリー（Pracha Muktari） 99
プリダー・プラプルットチョープ（Preeda Prapertchob） 66

プレーク・ピブーンソンクラーム（Plaek Phibunsongkhram） 37

ま 行

マウラーナー・ムハンマド・イリヤース（Maulana Muhammad Ilyas） 55
ムアンマル・カッダーフィー（Muammar Qaddafi） 39
ムハンマド（Muhammad, 預言者） 5, 18, 19, 30, 35, 50, 55-57, 81, 85
ムハンマド・アブドゥ（Muhammad Abduh） 35
ムハンマド・イブン・アブドゥルワッハーブ（Muhammad Ibn 'Abd al-Wahhab） 50
ムハンマド・イブン・サウード（Muhammad Ibn Saud） 50
ムハンマド・ラシード・リダー（Muhammad Rashid Rida） 35

や・ら行

吉川利治 50
ルーホッラー・ホメイニー（Ruhollah Khomeini） 39
レイモンド・スクーピン（Raymond Scupin） 10
ロイ・エレン（Roy Ellen） 6
ローハーニー・ダーオ（Rohani Dao） 97
ロバート・ヘフナー（Robert Hefner） 7
ロバート・レッドフィールド（Robert Redfield） 221

地名索引

あ 行

アフリカ　49, 173
アユタヤー　25-30, 32, 37, 76, 103
アラビア半島　18, 50
アンダマン海　41, 42, 49, 172, 174, 210, 226
イエメン　27
イギリス領マラヤ　24
インド　4, 7, 8, 11-14, 19, 23, 24, 26, 28-30, 35, 39, 44, 48, 49, 55, 57-59, 76, 82, 84, 85, 128, 141, 142, 145, 148, 158, 171-178, 180-188, 190-192, 194, 196, 198-200, 202, 204, 206, 208, 210, 219, 220-223, 226, 228, 229
インドネシア　7, 19, 24, 28, 29, 35, 48, 172, 173, 185
ウドンターニー　61
雲南　26
エジプト　19, 20, 27, 35, 36, 54
オマーン　76
オランダ領東インド　35

か 行

カンタン　12, 62
カンボジア　22, 28
カンポン・チャム　28
カンポン・トム　28
北タイ　9, 24, 26, 59, 62, 99
北マレーシア　24, 29, 59, 185
クウェート　19, 227, 228
クラビー　41-43, 61, 68, 174, 192
クローンチーローム　62
ケダー　24, 185
ケニア　173
コロンボ　193

さ 行

サウディアラビア　19, 20, 27, 50, 76
サトゥーン　9, 24, 25, 30, 41, 43, 61, 174, 185, 186
シーサケット　61
シンガポール　228
スマトラ島　48, 172, 173
スラーターニー　42, 61
スリランカ　192, 193, 198

た 行

ターク　59, 60
タイ深南部　2, 9, 59, 89, 125
チェンマイ　26, 27, 43, 60, 76
チェンラーイ　26, 60
チャチューンサオ　30, 61
中央タイ　24
中国　9, 23, 26, 29, 30, 76
中東　19-23, 27, 39, 49, 76, 90
中部タイ　25-28, 30, 62, 145
チュムポン　61
チョンブリー　60, 145

地名索引

デリー　58, 82, 192
東南アジア　6-8, 23, 25, 50
東北タイ　9, 99
トラート　28, 60
トラン　11-13, 30, 39, 41-43, 47, 54, 55, 58, 61-65, 69, 74-76, 78, 79, 89, 90, 99, 102, 174, 177-179, 188, 192, 214, 225-227, 230
トンギ　57
トンブリー　27

な　行

ナーナー　27
ナコンサワン　60
ナコンシータンマラート　29, 43, 61
ナコンラーチャシーマー　61, 76
ナラーティワート　21, 24, 61
ニザムッディーン　58
ノンタブリー　61, 99

は　行

バーン・クルア　28
バーンブアトーン　99
パキスタン　19, 26, 27, 49, 57, 59, 76, 82
パタニー　2, 9, 21, 24-26, 42, 43, 61, 67, 76
パッタルン　61, 76
パリアン　62
パンガー　42, 61, 171, 174-176, 211, 223
バングラデシュ　26, 27, 57, 82
バンコク　9, 10, 12, 17, 21, 22, 24-30, 35, 36, 40, 41, 43, 54, 59-61, 76, 89, 99, 100, 113, 125, 192, 214, 225
バンタット山脈　41, 42
パンニー島　211
ピーピー島　192

東アフリカ　49
東タイ　28
ピッサヌローク　60
フィリピン　15
プーケット　42, 61, 174
プルリス　24
ボーパール　57

ま　行

マレーシア　7, 19, 22, 24, 29, 39-42, 50, 51, 54, 59, 67, 76, 185, 228
マレー半島　30
南アジア　6-8, 23, 25-27, 50, 59, 82, 85, 90
南アフリカ　173
南タイ　11, 24, 25, 27, 29, 30, 34, 42, 55, 62, 95, 96, 172, 176, 210, 223
南タイ国境4県　24, 25, 34, 95, 96
ミンブリー　59
ムアンヤラー　89
メーソット　59
メーホーンソーン　60
メッカ　18, 49, 58, 82, 85, 90, 125, 129, 206
メワート　55

や・ら行

ヤラー　2, 21, 22, 24, 42, 43, 61, 62, 66, 67, 89, 147
ラーイウィンド　57
ラノーン　42, 61, 174, 223
ラムパーン　60
ラヨーン　60
ランカウィ　41, 42
レバノン　27

著者紹介

小河 久志（おがわ　ひさし）

1975 年　石川県生まれ。
総合研究大学院大学文化科学研究科博士後期課程単位取得退学。
博士（文学）。
総合地球環境学研究所プロジェクト研究員、
大阪大学グローバルコラボレーションセンター特任助教を経て、
現在、常葉大学社会環境学部専任講師。
専攻は文化人類学、東南アジア地域研究。
主な著書に、『タイを知るための 72 章』（共著、明石書店、2014 年）、『自然災害と社会・文化―タイのインド洋津波被災地をフィールドワーク―』（単著、風響社、2013 年）、『東南アジアのイスラーム』（共著、東京外国語大学出版会、2012 年）、『自然災害と復興支援』（共著、明石書店、2010 年）等がある。

「正しい」イスラームをめぐるダイナミズム
タイ南部ムスリム村落の宗教民族誌

2016 年 2 月 29 日　初版第 1 刷発行　　　［検印廃止］

　著　者　小河 久志
　発行所　大阪大学出版会
　　　　　代表者　三成賢次

〒565-0871　吹田市山田丘 2-7
大阪大学ウエストフロント
電話（代表）　06-6877-1614
FAX　06-6877-1617
URL　http://www.osaka-up.or.jp
印刷・製本　亜細亜印刷株式会社

Ⓒ H.Ogawa 2016　　　　　　　　　　Printed in Japan
ISBN978-4-87259-520-8-C3022

Ⓡ ＜日本複写権センター委託出版物＞
本書を無断で複写複製（コピー）することは、著作権法上の例外を除き、禁じられています。本書をコピーされる場合は、事前に日本複写権センター（JRRC）の承諾を受けてください。